大谷康晴・齋藤泰則 共編著
OTANI YASUHARU, SAITO YASUNORI

情報サービス演習

新訂版

JLA図書館情報学
テキストシリーズⅢ
7

日本図書館協会

TEXTBOOK SERIES Ⅲ

Information Service Skills

(JLA Textbook Series of Library and Information Science Ⅲ ; 7)

情報サービス演習　／　大谷康晴・齋藤泰則共編著．—　新訂版．—　東京：日本図書館協会，2020．— 258p　；　26cm．—　(JLA 図書館情報学テキストシリーズⅢ　／　塩見昇［ほか］編集　；　7)．—　ISBN978-4-8204-2000-2

t1．ジョウホウ　サービス　エンシュウ　t2．ジェイエルエイ　トショカン　ジョウホウガク　テキスト　シリーズ　a1．オオタニ，ヤスハル　a2．サイトウ，ヤスノリ
s1．レファレンスワーク　① 015.2

テキストシリーズⅢ刊行にあたって

情報と資料の専門機関として，地域社会の経済，教育，文化にかかわる多様な課題に応える図書館活動を創造するためには，それに携わる人材の育成が欠かせない。しかも，先人の叡智を尊重し，現代のニーズに対応し，将来の発展を見据える能力が求められる。また，世界規模での連携や協同をも視野に収めて行動する力量が期待される。こうした人材の要となる司書を養成する教育の基礎課程が，図書館法に謳われ，図書館法施行規則に明示された「図書館に関する科目」である。

日本図書館協会は，1997年の図書館法施行規則改正に基づき，司書養成教育の充実に向け，本格的なテキストブックの刊行を開始した。当時の課程は，大学で開設される「図書館に関する科目」ではなく，司書講習のためのものであった。しかし，シリーズ編集者は，この改正を「図書館に関する科目」へと展開していく段階の一つであると認識して企画を進めた。テキストブックは順次刊行され11巻を揃えるに至り，扱う題材に応じた改訂や補訂を加えてきた。2007年からは図書館を巡る情勢の変化を反映させ，内容を刷新した「シリーズⅡ」に移行した。これにより，両シリーズを通じて予定した13巻を刊行し，多くの読者の好評を得てきた。

「シリーズⅢ」は，2008年の図書館法改正に沿って「図書館に関する科目」が2012年度より適用されることを機に，これまでの構想と基調を踏まえながら，全面的な見直しを図ったものである。すなわち，現代および未来の司書養成教育として，日本図書館協会が少なくともこれだけはと考えている内容を取り上げ，教育実践の効果が高まるようUNIT方式を導入している。2単位科目を50UNIT，1単位科目を25UNITとし，スタンダードな内容を解説している。また，発展的に扱うことが望まれる内容をoptionに収めている。これにより，教員の取り組みとの協調が促されることを期待している。その上で，「シリーズⅢ」の新たな試みとして，各巻にUNIT0を設け，教育課程全体における当該科目の意義を記し，他の科目との関係を示すようにした。教育課程の体系を読者が意識できることが，学習成果を高めることにつながると確信するからである。さらに，養成教育と研修を一貫した過程ととらえ，構成と記述に配慮した。本シリーズが大学の授業教材となるとともに，図書館員のキャリア形成の素材として多面的に活用されることを願っている。

お気づきの点，ご提言やご批判，ご叱正をいただければ，専門職の技能形成という日本図書館協会の基幹事業にも貢献する。各位のお力添えを賜れば幸甚である。

シリーズ編集者

塩見昇　柴田正美　小田光宏　大谷康晴

はじめに

「情報サービス演習」は，平成22年に改正された図書館法施行規則において「図書館サービスに関する科目」の一つとして設けられた科目であり，改正前の同規則で設置されていた「レファレンスサービス演習」と「情報検索演習」を統合したものとして位置づけられる。

さて，本演習科目が対象とする図書館の情報サービスとは何であろうか。端的に言えば，利用者がわからないこと，知りたいことについて，辞書・事典や書誌・索引等のレファレンス資料を利用して，知るための手がかりを提供し，利用者がそのことについて，わかった，知ることができた，と思える状態，すなわち，利用者の知識獲得を支援するのが，図書館の情報サービスである。では，あることについて知っている，とはどのような状態を指すのであろうか。知識を扱う哲学の一領域である認識論によれば，人間（利用者）があることを知っている，といえるためには，そのことについて正しいと信じており，かつ，その信念が正しいという“根拠”を示すことができなければならない。ゆえに，図書館の情報サービスには，信念が正しいことを示す根拠を，Patrick Wilsonの言葉を借りるならば“知の典拠（cognitive authority）”を指示する機能が求められることになる。

知の典拠の指示機能を発揮する図書館の情報サービスは，情報源に関する領域と利用者サービスの領域に分けることができる。今日，いずれの領域においても，情報技術が導入されており，本書においても，情報源の領域においては電子メディア・ネットワーク情報源に多くのページを割いている。また，利用者サービスの領域においては，情報検索技法，情報技術を前提とするカレントアウェアネスサービスなど，情報技術を活用した最新の情報サービスを取り上げている。

そうした最新の情報技術を活用した情報サービスの知識やスキルを，演習を通して実践的に習得することはもちろん必要である。しかし，より重要なことは，専門職としての図書館員が知の典拠の指示機能を発揮する情報サービスを提供するために必要となる知識と実践的スキルを習得することである。その知識とスキルは大きく二つの領域に分けられる。一つは，レファレンス資料という情報源に関する基本的特性への理解と，それに基づいた利用者の情報要求を満たす情報源の選択という実践的能力である。もう一つは，利用者の情報要求に関する基本的特性への理解と，それに基づいた利用者の情報要求の把握に関する実践的能力である。

情報源と利用者の情報要求に関する基本的特性は，「情報サービス論」で学ぶべき内容であるが，同時に，それらはいずれも実践的な場面で理解され，習得されるべきものであることから，演習を通して獲得されるべきものでもある。そういう意味で，本書は，演習科目のテキストではあるが，情報サービスに関する理論や知識を，具体的な場面を設定し，実践的な観点から，改めて解説していることをご理解いただきたい。

本書の執筆者は，情報サービスの諸分野において豊富な教育歴を有する司書課程の教員と図書館現場で豊富な経験を有する図書館員の方々である。執筆者の皆さんには，早々に原稿を提出していただきながら，編集作業に手間取り，刊行が大幅に遅れたことをお詫び申し上げたい。

最後に，本書の刊行にあたり，お世話になった日本図書館協会出版部，とりわけ，編集・校正過程でいろいろとお手数をおかけした内池有里さんに感謝申し上げたい。

2015年1月13日

齋藤泰則・大谷康晴

改訂にあたって

本書は，2015年3月に刊行された『情報サービス演習』の改訂版である。初版の一部のユニットに不適切な箇所があったことから，該当箇所を修正するだけの対応にとどめず，執筆者の交代を含めて，全面的な見直しを図った。

初版に不適切な箇所があったことについては，編者にも大きな責任があることを痛感している。この場を借りて，ご迷惑をおかけした他社および他刊行物の関係者のみなさまに，心からお詫び申し上げる。初版は絶版としたものの，こうした関係者のみなさまにお認めいただき，改訂版の編集を進めることができた。また，初版において適切にご対応いただいた執筆者のみなさまのご協力も得られた。特に，新たに執筆者に加わっていただいた方々には，新たな観点からご指摘いただいた。ここに深く感謝の意を示す次第である。

2020年9月1日

大谷康晴・齋藤泰則

目次

CONTENTS

CONTENTS

TEXTBOOK
SERIES Ⅲ

情報サービス演習

新訂版

UNIT 0 情報サービス演習の学習方法について

本書は，図書館の情報サービスに関する知識やスキルを実践的に学ぶことを目的に，図書館法施行規則が定めている「情報サービス演習」の内容にそって作成されたテキストである。

図書館における情報サービスの理論と技術については，当シリーズのテキスト「情報サービス論」において体系的に解説されている。本書は「情報サービス論」で学んだ理論や技術について，具体的な演習課題を通して，実践的かつ経験的に習得することを意図したものである。

本書は，専門職としての図書館員が情報サービスの提供にあたって必要となる知識やスキルを，以下の10章に分類し，各章のもとに複数のUNITを設けて解説を行い，最後に演習課題を設定している。

1） 情報サービスの設計	2） レファレンスコレクションの形成
3） 事実検索用情報源とその評価	4） 文献検索用情報源とその評価
5） 検索の技法	6） レファレンスプロセス
7） 事実検索質問の処理	8） 文献検索質問の処理
9） レファレンス事例の記録と活用	10）発信型情報サービスの実際

1）では，情報サービスを提供するための環境を対象としている。この情報サービスの設計では，情報サービスを構成する各要素を有機的に関係づけ，図書館による組織的な取り組みとして，責任をもって情報サービスを提供するための環境づくりについて取り上げている。

2）～4）は，レファレンス資料という情報源の構築と評価を対象としている。いうまでもなく，図書館の情報サービスは，図書や雑誌を中心とする出版物を情報源として利用して提供されるサービスである。整備される情報源の種類と内容が利用者に提供されるサービスに大きな影響を与えることになる。これらの章では，レファレンスコレクションの形成に関する問題，各領域の主要な情報源の紹介と評価の実際について，取り上げている。

5），6）では，情報源から求める情報を検索するための基本的スキルとして必要な情報検索の技法や，利用者の質問の受け付けから回答の提供に至るサービスのプロセスを取り上げている。

7)，8) では，各領域におけるレファレンス質問の類型を取り上げ，回答を得るための調査プロセスを解説したうえで，具体的な課題を例題として設け，その回答例を示している。

9) では，こうしたレファレンス質問の処理を事例として体系的に記録し，レファレンス事例を評価する方法を取り上げている。

10) では，情報サービスとして，レファレンス質問の処理という受動的なサービスとは区別される，利用案内や広報活動等の能動的な発信型情報サービスを取り上げている。

以上の 1) から 10) の中に設けられている UNIT の解説をまずはよく読んで理解し，そのうえで，演習課題に取り組み，自身の理解度を確認していただきたい。

最後に，これまで学んだ知識やスキルを総合的に活用して回答することが求められる総合演習課題を出題している。主に課題解決型の情報サービスの提供にかかわるものであるが，回答のポイントを踏まえながら，取り組んでいただきたい。

「情報サービス演習」は 2 単位科目であるが，大学設置基準では，「一単位の授業科目を四十五時間の学修を必要とする内容をもつて構成することを標準とし」とあることから，2 単位科目については，予習・授業・復習の総時間数は 90 時間となる。授業時間数を前期・後期，各 15 回，90 分授業の場合，トータルの授業時間数は，2 単位科目に求められる 90 時間の 2 分の 1 程度に過ぎないことになる。ゆえに，内容が多岐にわたり学習量も多い本書の内容であるが，授業者は，授業で扱う部分と予習・復習で扱う部分とに適宜区分し，授業計画を策定していただきたい。

UNIT 1

◉情報サービスの設計

情報サービスの設計

●…………情報サービスの基本的構成要素

情報サービスは，図書館が行うべきサービスの一つである以上，図書館の基本的な構成要素と同様，情報資源，施設・設備，図書館員，そして利用者によって構成される（図 1-1）。このうち利用者は図書館の外にあるが，利用者にサービスを提供することによって目的を達成するのが図書館の使命であるので，利用者の情報要求を把握することはきわめて重要である。また，図書館を設置した親組織は，図書館によるサービス提供によって達成したい目的があって図書館を設置しているので，その点についても考慮していく必要がある。そして，利用者の情報要求に対応したサービスを提供できるよう，図書館側にある既存の構成要素を組みなおしたり，財源を調達したりして新たな要素を補充していくことになる。

上記の要素のうち，情報資源については，レファレンスコレクションの形成や，情報源の評価といった項目の中で触れていくことになるので，ここではそれ以外の要素について見ていく。

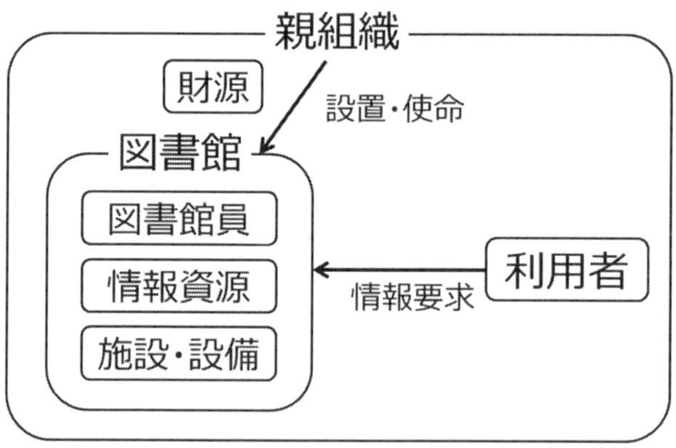

図 1-1　情報サービスの設計のための構成要素の関係図

●…………利用者の情報要求

利用個々人のいわゆる情報要求は『情報サービス論』で指摘している通りであるが，サービスの枠組みを設計していくとなると，集団として利用者を見ていく必要もある。

マーケティングの領域において，サービス対象のニーズを把握する考え方としてよく用いられているのがセグメント化である。集団を一体のものとして漠然とした形で想定するのではなく，いくつかに細分化して分析していく考え方である。営利企業の場合には，効率の観点で中心となるターゲットを設定していくことが行われるが，図書館の場合には，分析した結果を踏まえて図書館の使命と照らし合わせてそれぞれの集団にどのような配慮を行うべきなのかを考えていくのがよい。セグメント化の観点としては，年齢・性別・人種等々の人口統計的区分，地域の習慣・気候といった地理的区分，職業・学歴・所得といった社会的区分などがあげられる。図書館でも児童サービス，高齢者サービスといった利用者集団を設定して対象者別にサービスを提供しており，いくつかの観点からのセグメント化はすでに行われている。

セグメント

例として，都市圏郊外にある図書館の例を考えよう。すべての利用者に適用されるべき基本的なサービスは当然提供されなければならないが，都市圏の人々の移動を考慮すると，平日の昼間は生産年齢人口（15歳から64歳）の相当数は，都市圏中心部に通学・通勤していることになる。したがってこの時間帯の図書館が想定できる主たる利用者集団は，高齢者・児童・主婦といった人々になることを踏まえて，これらの集団を特にセグメントとしてサービスを構築していくことを考えることになる。

●…………情報サービス部門

図書館における情報サービスは，図書館という組織体で行われるものでなければならない。したがって，担当職員個人の資質・能力に任せることはあってはならない。

組織体として行われるものであるということは，まず組織として情報サービスを担当する部門が用意される必要がある。そして，その部門が組織として図書館の情報サービスの運営方針，規程，マニュアルの中身を定め，レファレンスコレクションの形成と維持を図り，施設・設備・機器といったものを整備し，担当者の配置を決定し，研修等の業務を進めていくことになる。

運営方針，規程，マニュアルを整備して，事前に図書館としてどのようなサービスをどの程度提供していくのかを決定していくことは，すべての利用者のすべての利用に際して同じ水準のサービスを提供していくために必要である。従来担当者間の暗黙の了解で済ませることが多かったが，現在さまざまな立場の職員が図書館業務に従事していることを考えると，明文化された状態で共通理解を深めていくことの重要性は高まっている。

なお，情報サービスの提供の手段については，伝統的に，専門図書館や研究図書館では情報提供，公共図書館では資料提供，学生向けの図書館では情報源や情報探索方法の提示といった形で行われることが多かった。たとえば，大学図書館では学生の課題の回答そのものとなる情報提供をしていたら課題の意味が失われるため情報源や探索方法のみを提示することが多い。大学図書館は大学の教育に資することが基本的使命であるので，上記の立場が正当化されている。このように図書館の使命との関連でサービスの提供の種別が決まってきた部分もある。一方で公共図書館での課題解決支援サービスでは，従来以上に情報そのものの提供を志向する事例も増えている。このような観点から見ても，折に触れて図書館としてサービス提供の手段をきちんと明確にしていくことは重要である。

情報提供
資料提供
情報源や情報探索方法の提示

課題解決支援サービス

運営方針・規程・マニュアルの効用としてサービス品質の標準化があげられる。利用者に公平なサービスを提供するためには，複数の担当者によって提供されるサービスの品質はより高い水準で均一でなければならないが，これらのものを標準化することである程度期待できる。

一方，サービスの標準化を情報サービス担当図書館員という視点で見ていくと，これを実現可能とするには一人一人が知識・技能・態度について高い水準でバランスよく保持している必要がある。そのためには，担当者への研修機会を用意して，計画的に能力の向上を図っていく必要がある。情報通信技術を活用した情報サービスの提供も増えているが，その場合には情報通信技術を理解するための研修が必要となっている。このように時代の変化に合わせた図書館員に対する再教育の必要性は高まっている。

●…………施設・設備・機器の整備

レファレンスコレクションや，施設・設備・機器を適切な状態で維持していくことは，サービス提供の前提である。施設・設備・機器の整備には，館内で情報サービスを提供するためのサービスポイントやサインシステム，遠隔利用のためのシステム等，情報サービスを提供できる物的環境を用意することが含まれている。

サービスポイント
サインシステム

サービスポイントとしてどのような空間を提供するのかは図書館の規模や方針によって大きく異なるだろう。小規模な図書館の場合，貸出カウンターの横に相談・案内窓口という形でサービスポイントとすることが考えられるし，一定の規模になれば，専用のデスクやカウンターを用意することもあるだろう。貸出業務とレファレンス業務は性格が大きく異なるため，可能な限り，専用のレファレンスデスクやカウンターを設けるべきである。専用のレファレンスデスクやカウンターを用意した場合には，入口付近に案内デスクを用意することが望ましい。

カウンター
レファレンスデスク

貸出デスクは，エントランスからその位置が確認でき，利用者の主要な動線から至近にあることが望ましいとされるが，レファレンスデスクの場合は，他の利用者が行き来しているところから少し離れた場所が望ましいとされている。ただし，情報を探しあぐねている利用者を見つけて適切な援助を提供できるように見通しがきく場所であることも必要である。また，さまざまな情報資源を活用するので，館内のさまざまな情報資源への参照のしやすさも考慮に入れたほうがよい。

利用者としては，図書館員に相談しにくいと感じていることが多いので，相談しやすいと感じられるような環境の整備が必要である。たとえば，利用者用の椅子を用意して，落ち着いて図書館員に相談できるようにしておくことは，重要である。また，レファレンスという名称も身近なものではないので，相談コーナー等一般の人でも理解しやすい表示にしておくのもよいだろう。

なお，情報サービス部門には以下の設備が必要となる。即答質問に対応するためのコレクション，インフォメーションファイルなどのその他の情報源，図書館として契約している各種データベースやサービスを利用できるPC機器，他の機関等と連絡をとるための通信機器などである。

インフォメーションファイル

●…………記録の活用

図書館として組織的に行う必要があるのが，情報サービス業務の記録である。利用者からの質問に対して記録票を用意しておいて質問と回答，そして回答プロセスを記録しておくものである。この記録を蓄積することによって，単に回答できた／できなかったという結果で一喜一憂するのではなく，どのように質問内容を判断して，どのような情報資源を選択したのかが専門的知識として集積されていくことになる。これらを共有していくことで，情報サービス部門の職員全員のスキルが底上げされていくことになる。

UNIT 2

◉情報サービスの設計

情報サービス設計の演習

●…………図書館の使命に基づく，情報サービスの基本方針の設定

まず，図書館の使命を確認していく必要がある。たとえば千代田区立図書館は，『千代田区立図書館宣言（2007年）』として，自らの使命を次のように謳っている。

> 千代田区立図書館は，教育・文化・社会生活の発展に向けて，基本的人権としての知る自由を保障するため，千代田区民および昼間区民への基本的な行政サービスとして，図書館サービスを提供することを任務とします。そのため，区内の大学，書店，古書店，文化施設等関連機関とも連携し，図書館サービスの充実に不断に努めます。その基盤になる理念として，「図書館の自由に関する宣言」（日本図書館協会 1979年総会議決）に定める，資料の収集と提供の自由，個人情報の保護等を尊重し，実践します。

ミッションステートメント

千代田区立図書館の例は大変明快であるが，わが国では外部に自らの使命を記した文書（ミッションステートメント）を明記している図書館はあまり多くない。しかし，図書館の基本計画，中長期計画あるいは年次報告を調べていくと，使命について述べていたり，ミッションステートメントに近いものを見つけられたりするので，それらを調べて特定していくとよい。ここにあげたような資料は，図書館のウェブサイトで公開されていることも多い。

●…………セグメント化による利用者ニーズの把握

次に，図書館の主たる利用者がどのようなセグメントから成り立っているのかを把握していく必要がある。公共図書館の場合には，設置自治体の状況を人口統計の観点でよく調べていくことである程度見えてくるだろう。千代田区の例でいうと，東京都編集の『東京都の昼間人口』を見ていくと，2015年国勢調査確定値で，昼間人口が853,068人，夜間人口が58,406人となっている。圧倒的多数の人々が日中区外から就業・就学のために流入していることになる。図書館が開館している時間と併せて考えれば，昼間人口に目を向けたサービス提供が必要になってくることがわかる。さらに，住民登録台帳を見ていけば，多くの人が居住する地域，居住する

人がほとんどいない地域も確認できる。千代田区の中で住民が多数いる地域の場合には地域住民サービスを検討すべきであるが，地域住民がほとんど登録されていない地域の図書館の場合，昼間に通勤・通学してくる人々が主要な利用対象者となることが把握できる。

年齢別人口も住民登録台帳を通じて調べられるので，年齢でセグメント化していくことが可能である。千代田区の場合，2020年1月現在では，0歳から18歳の人口は，全人口の約16.3%となっている。これは日本全国（2018年10月時点）の約15.8%と比べるとむしろ多いものである。都心のさらに中心にあるだけに子どもがいないように思いがちであるが，子どもたちへの情報サービスもきちんと実施していくことが必要であることがわかる。また，地域によっては外国人の比率といった要素にも着目すべきである。日本全国の統計は総務省統計局のサイトから簡単に入手できるので，比較することで地域の特徴が見えてくるだろう。

さらに，地方自治体が作成している各種計画や統計を見ていくことで地域の社会・産業・文化の実情や将来の方向性等が一定程度把握できる。こうした分析により，地域や地域の住民がどういうニーズを抱えていて，図書館としてどのようなサービスを提供していくのがより効果的なのかが見えてくるだろう。

●…………情報サービスのサービスポイントの評価

情報サービスのサービスポイントについて以下の諸点について評価していくことになる。

1）サービスポイントの有無

a. 情報サービスのためのサービスポイントが図書館内に
設置されている／設置されていない

b. a.で設置されている場合：サービスポイントに職員が
常駐している／常駐していないが職員が容易に駆けつけられる／職員が不在，もしくは声をかけられる雰囲気ではない

c. a.で設置されている場合：サービスポイントは，
専用の場所がある／貸出カウンターと一緒にある／その他

2）サービスポイントの立地

a. 利用者から見てサービスポイントが設置されている場所は
わかりやすい／わかりにくい

b. サービスポイントは情報源がある場所に
近い／あまり近くない／遠い

複数のフロアからなる図書館の場合，サービスポイントはどのフロアにあるのか，さらにサービスポイントのあるフロアの見取り図で，サービスポイントのある場所を見ていくとわかりやすいだろう。

これらの点を総合的に見ていくことで，図書館の情報サービスを考えていく上で現在のサービスポイントが適切なものであるかどうか考えることができるようになる。

●…………**演習問題**

1）あなたがよく利用する公共図書館について自治体や図書館のウェブサイトを閲覧して，以下の手順で図書館の情報サービスについて評価しなさい。

a. 図書館のミッションステートメントやサービス方針が公開されているかどうか調べなさい。

b. 図書館や自治体の計画や構想を収集しなさい。

c. 自治体の人口統計を収集しなさい。

d. b.とc.の情報をもとに，従来の図書館サービスでよく指摘されてきた利用者集団の中で自治体として重視すべきものを列挙しなさい。

e. 図書館が現在提供している情報サービスの種類を列挙しなさい。

f. a.からe.の作業結果に基づいて，情報公開や地域の特性を踏まえた利用者ニーズへの対応の程度といった視点から調査対象の図書館の情報サービスの設計が適切であるかどうかを確認しなさい。また，不十分な部分があるとしたら，どうしたら適切になるのか，あなたの意見を書きなさい。

2）あなたがよく利用する大学図書館の情報サービスのサービスポイントについて以下の手順で評価をしなさい。

a. 調査対象のサービスポイントの状態についてこのUNITに記述されている項目を調べなさい。

b. 図書館の見取り図（ごく簡単なもので構わない。場合によっては，自分で描いても構わない）にサービスポイントの所在を書き込みなさい。

c. a.とb.の作業結果に基づいて，図書館のサービスポイントは適切な状態にあるのか評価しなさい。さらに不十分な場合には，どうしたら改善されるのか提案しなさい。

UNIT 3

◎レファレンスコレクションの形成

レファレンスコレクションと問題解決過程

●…………レファレンスコレクションと利用者の問題解決過程

レファレンスコレクションの形成にあたっては，利用者による情報利用行動の特性を踏まえることが重要である。何らかの問題を抱えた利用者は，その問題の解決のために必要な情報を入手し知識を獲得するためにレファレンス資料を利用するからである。

情報利用行動

利用者の問題解決過程は，問題の設定に始まり，問題を焦点化し，情報の探索・収集を行い，得られた情報を利用して問題の解決を図るという一連の行動からなる。利用者が抱える問題は，わからない言葉の意味を調べるという即時的な解決が可能な問題から，ある特定のテーマに関するレポートを作成するという時間を要する複雑な問題までさまざまであるが，ここでは段階的に種々のレファレンス資料の利用が必要となるレポートの作成という問題を取り上げる。そこで，どのようなレファレンス資料が，問題解決過程のいずれの段階で利用されるのか，という視点から，図書館が形成すべきレファレンスコレクションについて，以下，解説する。

問題解決過程

●…………レファレンス資料の生産

図3-1は，利用者の問題解決過程と，問題解決に利用される情報源の生産過程との関係を示したものである。情報源の生産過程において重要なことは，一次資料の生産に続いて，どのような二次資料としてのレファレンス資料が順次，生産されるのか，という点である。情報源の生産は，一次資料としての学術論文や雑誌記事の生産から開始される。学術論文や雑誌記事が生産されると，それらの一次資料の書誌的事項の記録と検索のための手がかりが付与された情報源である「雑誌記事索引」というレファレンス資料（二次資料）が生産される（図3-1の矢印①）。

一次資料
二次資料
雑誌記事索引

ある特定分野において学術論文や雑誌記事が蓄積されると，それらの情報源をもとに当該分野の専門知識を体系的に記述した専門図書という一次資料が生産される。専門図書が生産されると，その書誌的事項の記録と検索の手がかりが付与された「書誌・索引（主題書誌，解題書誌等）」や「目録（蔵書目録，総合目録）」という二次資料が生産される（図3-1の矢印②）。さらに，ある特定分野においてこうした専門図書が蓄積されると，それらの情報源をもとに当該分野の専門知識を圧縮・

書誌
索引
主題書誌
解題書誌
目録
蔵書目録
総合目録

専門事典

百科事典

加工した「専門事典」という二次資料が生産される（図3-1の矢印③）。次いで，各分野の専門事典に記述されている専門知識について，当該分野の専門知識をもたないような利用者が理解できるように各分野の専門知識を総合的にわかりやすく解説した「百科事典」という二次資料が生産される（図3-1の矢印④）。このように，情報源の生産は，情報源に記録されている知識の専門性が高い情報源から，専門性が低く一般性を有する知識を扱った情報源の生産に向かって推移し，一次資料の生産に続いて，二次資料としてのレファレンス資料の生産へと移行することになる。

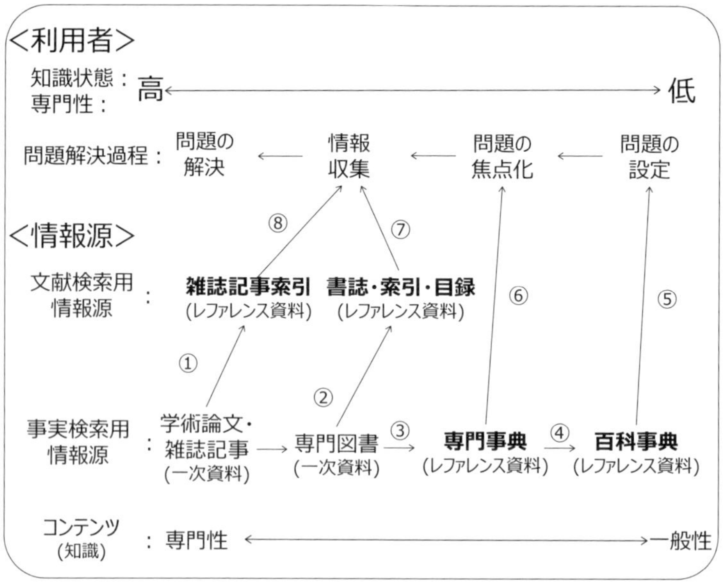

図3-1　利用者の問題解決過程と情報源の生産過程との関係

●…………問題解決過程と情報源の利用

さて，問題を抱え，その解決を図ろうとしている利用者は，こうして生産された情報源をどのような順序で利用するのであろうか。ここでは，ある主題について専門知識をもたない利用者が情報を探索・収集・利用し，最終的にその主題に関する専門知識を獲得し，レポートを作成する，という問題解決過程を取り上げる。このような問題解決過程において，基本的に，どのようなレファレンス資料を順次利用しながら，レポート作成という問題解決を図っていくのかを見ていく。

問題解決は，解決すべき問題を明確にし，問題を設定することから始まる。そこで，解決すべき問題が扱う主題の概要を把握するために百科事典を利用することになる（図3-1の矢印⑤）。次に，設定された問題を焦点化するために，問題が扱う主題に関する専門知識を獲得すべく専門事典を利用することになる（図3-1の矢印⑥）。そして，レポート作成のためには，焦点化された問題が扱う主題に関して，より専門的かつ体系的な知識が必要となる。そこで，一次資料としての専門図書を検索・入手するために，書誌・索引，目録（蔵書目録，総合目録）を利用することになる（図3-1の矢印⑦）。さらに，当該主題に関して，最新かつより専門的な知識を獲得する必要がある場合には，専門誌や学術雑誌に掲載された雑誌記事や学術論文が必要となる。そこで，特定主題に関する雑誌記事や学術論文を検索するために，雑誌記事索引を利用することになる（図3-1の矢印⑧）。

このように，利用者が問題解決過程において利用する情報源は，一般性のある知識，換言すれば専門性の低い知識を扱う情報源から，より専門性の高い知識を扱う情報源へと移行していくことになる。レファレンスコレクションの形成にあたっては，こうした利用者の問題解決過程における情報源の利用過程を踏まえたレファレンス資料の選択・収集が必要となる。すなわち，一般化された知識を提供する百科事典と圧縮された専門知識を提供する専門事典という事実検索用情報源を選択・収集するとともに，体系化された専門知識を提供する専門図書を検索するための書誌・索引，さらに最新かつより専門的な知識を提供する専門誌や学術雑誌に掲載された記事・論文を検索するための雑誌記事索引という文献検索用情報源を選択・収集することが必要となる。

事実検索用情報源

文献検索用情報源

●…………レファレンスコレクションの形成

レファレンスコレクションの形成においては，図書館の性格や目的，利用者の要求の質および量，資料購入予算の規模，書架スペースなどの条件を考慮する必要がある（長澤雅男『レファレンスサービス－図書館における情報サービス』丸善，1995，p.109）。ある図書館において，多くの利用者が特定の主題について，最新の専門的な知識を求めるよりも，専門的な知識をわかりやすく解説したレファレンス資料を求める場合には，百科事典や専門事典を重視したコレクションの形成が求められる。館種でいえば，市区町村立の公共図書館や学校図書館においては，こうしたコレクション形成方針が妥当である。ただし，市区町村立の公共図書館においても，専門性の高い知識を扱った情報源を求める利用者のために，専門性の高い情報源を保有する都道府県立図書館や大学図書館，さらには専門図書館との連携協力体制の構築が求められる。さらには，図書館以外の専門機関へのレファラルサービスの提供も必要となる。

レフェラルサービス

大学図書館においては，学習図書館機能を発揮する場合には，専門性の「低」から「中」の部分のレファレンス資料の充実・強化が特に求められ，研究図書館機能を発揮する場合には，専門性の「高」の部分のレファレンス資料の充実・強化が求められる。

学習図書館

研究図書館

図3-1では，雑誌記事索引を，専門性が最も高く最新の知識を扱う学術論文や雑誌記事の検索ツールとして位置づけている。具体的な雑誌記事索引としては，『雑

『雑誌記事索引』
『CiNii Articles』
『JDream Ⅲ』
『医中誌 Web』

誌記事索引』(国立国会図書館),『CiNii Articles』(国立情報学研究所),『JDream Ⅲ』(ジー・サーチ),『医中誌 Web』(医学中央雑誌刊行会)などがあげられる。ただし,雑誌記事索引の中には,一般誌を収録対象としているものもある。上記の国立国会図書館が提供する『雑誌記事索引』は,専門誌と学術雑誌を採録誌としているが,一般誌掲載の記事についても論壇誌等多彩な内容を取り扱い,一般的な読者を想定しているものであれば収録されている。

『雑誌記事索引』

『Web OYA-bunko』
『MagazinePlus』

一般誌に特化した雑誌記事索引としては,『Web OYA-bunko』(大宅壮一文庫)があげられる。また,『MagazinePlus』(日外アソシエーツ)は専門誌や学術雑誌と同時に,一般誌や地方誌も収録対象となっている。このように,雑誌記事索引については,高度な専門知識を扱ったものだけでなく,広く一般大衆を読者対象としたものも生産されていることに注意したい。

文献検索用情報源
事実検索用情報源

さて,図 3-1 に示したように,レファレンス資料は,雑誌記事索引や書誌・索引などの文献検索用情報源と辞書・事典などの事実検索用情報源に分けられる。学術論文や雑誌記事,専門図書などの一次資料は基本的に通読利用が前提とされる情報源であるが,特定の事実を検索するために参照利用される場合もあり,事実検索用情報源として見なすこともできる。レファレンスサービスにおいては,利用者からの質問に回答するために利用される情報源は二次資料としてのレファレンス資料が中心となる。ただし,専門事典が一次資料としての専門図書や学術論文・雑誌記事に記録された知識を踏まえて作成されていることからもわかるように,一次資料にまで遡って,質問に回答しなければならない事例もあることに注意しなければならない。

●…………演習問題

公共図書館または大学図書館を 1 館選び,その図書館が図 3-1 に示した専門性のレベルに対応してどのようなレファレンス資料を所蔵しているか,調べなさい。

なお,調査対象のレファレンス資料には,印刷メディアだけでなく,図書館がウェブサイトを通じて提供しているウェブ版のレファレンス資料(たとえば,『MagazinePlus』など)や DVD 等のパッケージ系メディアで提供しているレファレンス資料も含めること。

UNIT 4

◉レファレンスコレクションの形成

レファレンスコレクションの形成方針（1）

●…………レファレンスコレクションの形成方針

個々のレファレンス資料を選択するにあたっては，前もって作成されたレファレンスコレクションの形成方針を参照し，それに従う必要がある。アメリカ図書館協会（ALA）のRUSA（レファレンス・利用者サービス部会）では，レファレンスコレクションの形成方針に盛り込むべき項目として，次の10項目を掲げている（Perez, Alice J. ed. *Reference collection development : a manual.* Reference and User Services Association, American Library Association, 2004, 80p.）。このUNITでは，前半の5項目を取り上げて解説する。

アメリカ図書館協会

●…………第1項目：目標の記述

ここでは，コレクションによって充足される図書館・利用者について，および利用者の調査のニーズや関心について記述するとともに，予算を適切に配分する上で役立つ記述であることが求められる。

●…………第2項目：コレクションの配置

ここでは，資料利用における安全性の確保や，盗難防止の面から排架場所に留意することを含める。また，レファレンス資料が逐次刊行物などの継続資料の場合，開架と閉架に排架される期間を示す必要がある。

●…………第3項目：コレクションの収録範囲

この基準は，次の5点からなる。

1）収集対象とするレファレンス資料の言語を定める。具体的には，日本語の資料に加えて，外国語の資料としてどのような言語を含めるのかを定めておくことになる。すなわち，外国人が多く居留する地域であれば，当該外国人の母国語で書かれたレファレンス資料を含めることなどを定めておく。

2）レファレンス資料の地理的な側面から，その範囲を定める。具体的には，収集するレファレンス資料の出版国（あるいは除外される出版国）や，当該図書館において重点が置かれている地域に関するレファレンス資料を決めておく。

3)　レファレンス資料の知的内容の側面から，収集すべき出版年の範囲を定めておく。すなわち，各分野におけるレファレンス資料の最新版の収集や，旧版の資料の扱い（保存の有無など）を定めておく。また，知的内容の面から，社会科学については現在の関心領域を重視した最新のレファレンス資料を中心に収集し，人文科学については必ずしも最新の資料ばかりでなく，重要なレファレンス資料を遡及的に収集することなどを定めておく。

最新性

4)　レファレンス資料の出版年の範囲と更新（最新性）に関して定めておく。各主題領域において最新でかつ正確な内容をもつレファレンス資料の収集を行うのか，あるいは予算の関係でどの分野のレファレンス資料の更新を優先させるのか，などを決めておく。

5)　コレクションの規模を定めておく。レファレンスコレクション全体の資料数，各分野のレファレンス資料の比率などを決めておく。これには，書架スペースの狭隘化や維持管理等の問題から，印刷メディアから電子メディアに移行すべきレファレンス資料の規程なども盛り込む。

●…………第 4 項目：レファレンス資料の形態

マイクロフォーム

ここでは，印刷メディアとマイクロフォームの形態を取り上げ，電子メディアについては，次の第 5 項目として独立した扱いとする。

1)　印刷メディアについては，A. 図書，B. 逐次刊行物，C. パンフレットやファイル資料，の 3 つに区分されている。こうした形態は，レファレンス資料の特性に応じて定まる。すなわち，書誌・索引については継続資料（逐次刊行物）となる場合が多く，辞書・事典類は完結された資料として，図書の形態をとることが一般的である。また，レファレンス資料によっては，パンフレットやリーフレットの形態をとるものがある。こうした資料については，ヴァーティカルファイルとして編成できる備品が必要となる。重要なことは，印刷メディアについては，形態によって収集すべきレファレンス資料を決定するのではなく，レファレンス資料の特性に応じて図書，継続資料，パンフレット類という 3 種類の形態の資料を収集する必要があるということである。

パンフレット
リーフレット
ヴァーティカルファイル

2)　マイクロフォームの形態については，保存スペースの狭隘化等により，印刷メディアでの維持管理が困難な場合，選択される形態として検討する。

●…………第 5 項目：電子資料

第 5 項目は「電子資料」に関する規定であるが，次の 4 点から構成されている。

A.　収集対象資料が電子形態であること。

B.　電子資料の定義

C. 選択，更新，削除の基準

D. 外部との関係（他の機関との協力，コンソーシアムとの関係等）

●…………第 5 項目　A. 収集対象資料が電子形態であること。

電子形態のメディアについても，他の形態（印刷メディア，マイクロフォーム等）のレファレンスコレクションの形成に適用される基準によって選択されることになる。その基準とは，コミュニティのニーズの充足，望ましいレビューの存在，情報の最新性，著者の典拠性（authority），情報の正確さ，表現・提示の明確さ，コレクション全体におけるバランスと固有性等である。

典拠性

●…………第 5 項目　B. 電子資料の定義

1）　電子形態

電子形態とは，コンピュータによってアクセス可能な情報を指す。具体的には，CD-ROM や DVD のようなパッケージ型情報源とウェブサイトやインターネットを通じてアクセス可能なデータベースなどのネットワーク型情報源に含まれている情報を指す。ウェブサイトやデータベースについては，そのコンテンツの利用が無料であるのか有料なのかどうかを区別しておくことが重要である。

パッケージ型情報源
ネットワーク型情報源

2）　電子形態のレファレンス資料

電子形態のレファレンス資料には以下の種類がある。

a. 伝統的なレファレンス資料の電子版

ここで伝統的なレファレンス資料とは，索引，抄録，辞書・事典，コンテンツ（新着雑誌の目次等）サービス，百科事典，逐次刊行物としてのレファレンス資料（アルマナック，年鑑等），データ集等である。

コンテンツサービス

b. 全文データベース（フルテキストデータベース），数値・テキストデータベース

c. 担当職員による仲介や検索支援を必要とする電子資料

d. 館内（レファレンス・エリア）でのみ利用可能な電子資料の範囲

全文データベース
テキストデータベース

伝統的なレファレンス資料の電子版の多くは，館内または，館外（大学図書館の場合，大学内あるいは大学外）での利用となるが，レファレンス資料によっては，ライセンス契約，予算の制約，人的支援のニーズ等により，レファレンス部門でのみ利用可能とする場合がある。

●…………第 5 項目　C. 選択，更新，削除の基準

電子形態のレファレンス資料の選択，更新，削除の基準は次の 9 点からなる。

1）　コンテンツ

a. 収録範囲

書誌データベース

電子資料が扱う情報の収録期間，地理的な範囲，言語，画像の有無などである。収録期間については書誌データベースにおいて配慮が必要である。すなわち，それまで印刷メディアで刊行されていた書誌がある時点でデータベース化されている例が多い。したがって，書誌データベースについては，収録対象の文献の出版年の範囲を確認するとともに，書誌の包括性を重視するならば，データベースには収録されていない文献を対象とした印刷メディアの書誌の収集も検討する必要がある。

b.　他の情報源との重複

選択対象の電子資料が，所蔵している印刷資料や契約利用中の電子資料と収録内容において重複がないかどうかを調査する。印刷資料と重複している場合には，印刷資料と電子資料のいずれを選択するのかを決定し，既存の電子資料と重複している場合には，検索機能等を考慮し，いずれの電子資料を選択するのか決定する。

c.　提供される情報の質

誤りがないこと（書誌データベースであれば，記録されている書誌的事項が正確であること等），適時更新がなされていることなどを確認する。

d.　更新や改訂の頻度

特に書誌データベースや統計資料の場合，更新や改訂がどのような頻度で行われているかを確認する。また，更新・改訂履歴が正確に逐次示されているかについても把握する。

e.　応答時間

論理演算子

システムの応答時間について，使用するコンピュータやネットワーク環境にも依存するが，環境に依存しない，検索システム自体の検索性能を確認する。特に，文献検索では，異なる論理演算子が使用可能な場合，検索結果が遅滞なく出力されるかどうか確認することが重要である。

f.　他の形態の代替資料

これは上記のbの基準にも関わるが，選択対象の電子資料がすでに所蔵されている印刷資料に代わって利用可能なものかどうかを確認する。

2）　利用の可能性

当該電子資料の利用が見込まれる利用者集団の人数と利用頻度について推計し，選択の可否を判断する。

3）　検索

検索システムについて次の点について評価する。

a.　利用面：インタフェースが優れていること，利用のしやすさ，検索画面のわかりやすさ。

索引語
見出し語

b.　検索能力：事典類等であれば索引語，見出し語による検索に加えて全文検索が可能かどうか，論理演算子の使用が可能かどうか，画像の取り扱いができるかどうか。

c. 印刷やデータの転送（ダウンロードや電子メールでの送信）が容易に利用できるかどうか。

4） 職員や利用者への教育訓練の必要性

電子資料の利用にあたり，職員や利用者に対して教育訓練が必要になるのかどうか，確認する。職員が当該電子資料の利用方法を習得し，利用者の利用支援が必要となる場合，支援体制が編成できるかどうか検討する必要がある。

5） アクセス

a. アクセスの場所：館内でのアクセスか，それとも館外からのアクセス（大学図書館の場合には，大学内か学外からのアクセス）を決定する。

b. アクセスの手段：OPAC，その他のネットワーク経由でのアクセスなのか，スタンドアロンでのアクセスなのか。また，セキュリティ，インストールの簡便さなどを評価する。

6） 業者：業者が信頼できるか，テクニカルサポートは利用できるのか，マニュアル等は整備されているかを評価する。

7） 契約内容

a. ライセンスの内容：許諾されている利用者数やアクセスの場所，利用者の属性など。

b. アーカイブ機能やバックアップファイル：過去のデータは保持されているのか

c. 教育訓練費用やマニュアル類：セットアップの案内やユーザガイドなどの整備

d. 著作権遵守や「公正利用」の規程

e. 試行期間の設定

f. リースや購入のオプション

8） 価格設定：印刷版を維持する場合の割引，複数年の契約等

9） その他の費用（回線の費用や特別な機器類に要する費用）

●…………第5項目　D．外部との関係（他の機関との協力，コンソーシアムとの関係等）

外部との関係では，電子ジャーナルや書誌データベース等の導入において，コンソーシアムなどの連携協力関係が構築されているかを評価する。

●…………演習問題

公共図書館または大学図書館のウェブサイト上で公開されているレファレンス資料の選択方針（収集方針）等を参照し，上記の形成方針の第3項目に関連して，どのような方針が記述されているか調べなさい。

UNIT 5

◉レファレンスコレクションの形成

レファレンスコレクションの形成方針（2）

●…………レファレンスコレクションの形成方針

前の UNIT に続き，ALA の RUSA（レファレンス・利用者サービス部会）が策定したレファレンスコレクションの形成方針（Perez, Alice J. ed. *Reference collection development: a manual.* Reference and User Services Association, American Library Association, 2004, 80p.）に盛り込まれた 10 項目のうち，後半の 5 項目について取り上げ，解説する。

●…………第 6 項目：図書館分類法による主題記述

ここでは，図書館分類法が示す主題区分ごとに，選択・収集すべきレファレンス資料を決定する。選択・収集にあたっては，次の 2 点について考慮する。

A. 各主題領域ごとに，主なレファレンス資料の類型について，収集すべきか否かを決定する。

B. コレクションのレベルの設定

各主題領域について，以下で示すようなコレクションのレベルのどれを選択するかを決定する。

1） 最少レベル

当該主題領域について，最小限の調査を支援できるコレクションとし，一般的な資料については限定的なコレクションにとどめ，特定の主題を直接扱った継続するレファレンス資料（書誌・索引等）やより詳細な電子情報源は収集対象とはしない。

2） 基礎的レベル

当該主題を紹介・定義するようなコレクションであり，一般的な図書館利用者のニーズを支援するコレクションのレベルである。大学図書館においては学部の 1・2 年生の利用に供するようなものであり，次のようなコレクションを含むものとする。

・一般的なレファレンスツールに関する限定されたコレクション
・館内および館外からのアクセスが可能な書誌的ツールやデータ集に関する限定されたコレクション

これらのコレクションについては，情報の最新性について，頻繁にかつ体系的に見直しが図られるべきである。 最新性

3）　調査・教育レベル

当該主題について，体系的な方法ではあるが，研究に特化したレベルではない方法で情報を提供するコレクションである。大学図書館においては，学部教育および大学院博士前期課程の教育における図書館利用者のニーズを支援するようなコレクションである。

4）　研究レベル

博士後期課程や独立した研究に必要となる主要な出版物を含むコレクションであり，以下のようなコレクションが該当する。

・一般的，専門的なレファレンス資料のきわめて広範なコレクション
・日本語以外の言語資料を適宜含めた広範なコレクション
・館内・館外からのアクセスが可能な，書誌的ツールやデータ集等を含む電子情報源への確定されたアクセス

5）　包括的レベル

可能な限り，網羅的に収集することに努める特定知識分野のコレクションである。

●…………第７項目：レファレンス資料の類型

レファレンスコレクションの目標は，最新の，典拠となり，館内で利用される，以下のような類型からなるレファレンス資料のコレクションであり，多様な主題に関する基本的な情報への迅速なアクセスの提供を可能にするものである。

事実検索用情報源として，百科事典，辞書・事典，アルマナック・年鑑，地図帳，用語索引，ディレクトリ，統計資料等があげられる。 事実検索用情報源 アルマナック 年鑑

文献検索用情報源として，書誌・索引，図書館目録があげられる。 文献検索用情報源

●…………第８項目：図書館の各部門の資料選択における責任の範囲

A.　レファレンスコレクションの形成におけるレファレンス部門の責任範囲

レファレンスコレクションの形成における図書館のコレクション形成に関わる他部門との関係については，明確にしておく必要がある。

レファレンス資料の選択に関する責任の所在については，次のような３つのケースが考えられる。

1）　レファレンス担当部門のスタッフが選択の実務と責任を有する。

2）　利用者サービスに関わる部門のスタッフ全体がレファレンス資料の選択に関わる。

3） すべての図書館資料の選択の責任を有する図書館長および専門職の資格を有するスタッフからなる組織体がレファレンス資料の選択の責任を有する。

B. レファレンス資料における分館・部局図書館等との重複

公共図書館では中央図書館と分館，大学図書館では中央図書館と学部図書館において，それぞれ，レファレンス資料の重複購入の可否とその範囲を定めておく。以下のような規定が考えられる。

1） レファレンス資料の重複購入は，貸出用に限る。

2） 各分館の重複購入は，最小限の範囲で認める。

3） 学部図書館間の重複購入は，最小限の範囲で認める。

●…………第 9 項目：選択，更新，除架の基準

レファレンス資料の選択，更新，除架にあたっては，次のような基準に照らして行う。

A. コミュニティのニーズ

公共図書館においては，地域住民が共通して有するニーズ，たとえば地域の課題解決等に関わるニーズを満たす資料を選択する。

大学図書館においては，学部や専攻単位で，共通する学習課題の解決等に役立つ資料を選択する。

B. 好評価

当該レファレンス資料がレファレンス資料を紹介している文献案内や書誌等において，好評価を受けていること。

最新性
適時性

C. 最新性・適時性

各主題分野において，最新で適時な情報を提供するレファレンス資料を選択するとともに，すでに所蔵されている資料については最新版が刊行されたならば更新する。

書誌・索引については，最新の文献情報を提供するように，更新に努める。

典拠性

D. 著者の典拠性

情報内容の信頼性を保証するために，当該主題分野の専門知識を有する専門家が著者・編者であるようなレファレンス資料を選択する。

E. 情報の正確さ

記録・掲載されている情報が正確であるレファレンス資料を選択する。このことは，上記 D であげた著者の典拠性が保証されることにより，情報内容の正確さを判断することができる。

F. 表現・提示の明確さ

情報内容の表現や提示の仕方がわかりやすく，見やすく，明確であること。

形や物などが記述対象となっている場合には，適宜，図や写真などが取り入れられていること。

G.　バランス

特定分野において取り上げられている項目に偏りがないこと。多様な見方や考え方のある事象については，特定の見方に偏った記述が行われていないこと。

H.　形態に関する状態

特に印刷メディアの場合，製本の堅牢さ，印刷の鮮明さなど，形態に関する状態を確認する。

I.　コレクション全体における独自性

当該レファレンス資料がレファレンスコレクションにある既存の資料にはない独自の情報を扱っていること。

●…………第10項目：外部機関との関係

A.　他の資源（地域の図書館，国立図書館，その他の機関）との関係

コンソーシアムの形成や協力レファレンス体制の構築などがあげられる。

コンソーシアム
協力レファレンス

B.　資源共有

コンソーシアムへの参加により，参加館のレファレンスコレクションを共有し，あるいは，公共図書館と大学図書館との協定により，レファレンス資料の相互利用を可能にする。

●…………演習問題

公共図書館または大学図書館のウェブサイト等で公開，提供されているレファレンス資料の選択方針（収集方針）等を参照し，上記の形成方針の第9項目に関連して，どのような方針が記述されているか調べなさい。

UNIT 6

◉レファレンスコレクションの形成

レファレンス資料の評価

●…………レファレンス資料の評価

UNIT 4とUNIT 5で取り上げたレファレンスコレクションの形成方針に基づいてレファレンスコレクションを形成するには，個々のレファレンス資料について評価し，選択・収集すべきかどうかを判断しなければならない。レファレンス資料を評価するための要素としては，次の3つの要素があげられる。第一に「製作にかかわる要素」，第二に「内容に関わる要素」，第三に「形態に関わる要素」である（長澤雅男，石黒祐子『レファレンスブックス－選びかた・使いかた　三訂版』日本図書館協会，2016，p.14-26）。以下，これらの3要素について解説する。

●…………製作に関わる要素

第一の「内容に関わる要素」は，レファレンス資料の主要な書誌的事項である「編著者」，「出版者」，「出版年」に着目することにより，当該資料を評価しようとするものである。レファレンス資料において最も重要なことは，記述されている情報内容が正確であり，信頼できるということである。レファレンス資料は，わからないことについて，知るようになるために参照される資料であり，“知の典拠（cognitive authority）”として機能することが求められる。ある特定主題について，知の典拠となりうるかどうか判断する際の重要な手がかりが，当該資料の編著者である。ある特定主題に関する専門的な知識を有する人物・団体が編著者を構成しているならば，その資料の情報内容は信頼できるものと考えることができる。出版者についても，編著者と同様に，特定主題に関する専門資料の出版に実績があり，社会的に評価されているならば，その出版者が刊行した資料は信頼できると判断できる。電子メディアについても，編著者と出版者が明記されているかどうかを調べる必要がある。編著者の履歴等の情報は印刷メディアであれば奥付等に記載されており，信頼性の判断に利用することができる。

知の典拠

この編著者や出版者という要素は，ウェブ情報源をレファレンス資料として選択するかどうかを判断する場合，特に重要となる。たとえば，『JapanKnowledge』（http://japanknowledge.com）というウェブサイトに収録されている辞書・事典類（『日本国語大辞典』，『国史大辞典』，『日本歴史地名大系』等）はたしかにウェブ情

ウェブ情報源

『JapanKnowledge』

『日本国語大辞典』『国史大辞典』『日本歴史地名大系』

報源ではあるが，印刷メディアとして出版されてきており，各領域を代表するレファレンス資料として高く評価されているものである。したがって，一定の信頼性があるといえよう。しかし，ウェブ情報源の多くは，こうした出版物としての履歴をもつことなく，新たに製作されたものであり，検索エンジンによって検索されるような情報源である。こうしたウェブ情報源については，知の典拠としての機能が求められるレファレンス資料として位置づけられるかどうかを，慎重に評価する必要がある。すなわち，出版物の編著者に相当する当該ウェブ情報源の内容を記述している人物・団体，そのウェブサイトを管理運営している機関（サーバーの管理者）が，掲載されている情報内容を製作する上での専門知識を有する専門家・団体であるのかどうかを確認する必要がある。当該ウェブ情報源の製作者に関する情報が記載されていない場合には，情報内容の信頼性を判断できないことから，そのウェブ情報源はレファレンス資料として選択することは避ける必要がある。

信頼性

知の典拠

「出版年」という要素は，情報内容の新鮮度（最新性）と信頼性の評価において重要な要素といえる。出版年は，記載されている情報内容がいつの時点での知見に基づいているのかを示すものであり，出版年が新しければ新しいほど，最新の知見が反映されていると判断できる。学問の進展は著しく，特に自然科学分野の知識の寿命は一般に短いとされており，正しいとされていた知識が時間の経過とともに，不十分な知識となり，信頼性を欠く内容となるような場合も出てくる。ゆえに，正確さと信頼性が重視されるレファレンス資料では，同一主題で最新の資料が出版されたならば，可能な限り，最新の資料を選択・収集することが望ましい。ウェブ情報源については，出版年にあたる更新履歴等の情報の明示がレファレンス資料としての選択・利用の可否を判断する上で不可欠な要件といえる。

新鮮度
最新性

●…………内容に関わる要素

レファレンス資料の内容に関わる要素は，「範囲の設定」，「扱いかた」，「項目の選定」，「排列方法」，「検索手段」，「収録情報の信頼性（信憑性）」の6つの要素からなる。

1）「範囲の設定」では，当該レファレンス資料が扱っている主題，すなわち，その資料からどのような情報が得られるのかを把握する。資料の主題は，第一にそのタイトルに反映されているが，いうまでもなくタイトルが示す主題は概略に過ぎない。凡例や目次等に記載された情報から，当該資料の主題範囲を正確に把握することはレファレンス資料の選択において最も基本となる作業である。ウェブ情報源の場合であれば，当該ウェブページのタイトルのみならず，内容紹介等の概要に関する記述を確認し，当該ウェブ情報源の主題範囲を把握する必要がある。

2）「扱いかた」では，当該レファレンス資料が扱う主題を構成する各要素について均等に扱っているのか，あるいは重点的に取り上げている要素があるのかを把握する。また，特定の主題について，どのような利用者を対象にしているのかも重要となる。たとえば，ある特定の主題に関する文献を収録した主題書誌の場合，学術文献を中心に収録しているのか，それとも，当該主題に関する専門知識をもたない利用者でも利用可能な文献も収録対象としているのか，を把握する必要がある。

3）「項目の選定」とは，扱う主題に関する説明対象とする項目のレベルをいう。すなわち，当該主題を構成する主要な領域を上位概念として設定し，その上位概念を項目として設定し，その項目のもとに下位概念を取り上げていく方法と，下位概念を項目として選定し，説明対象とする方法がある。前者を大項目主義，後者を小項目主義という。大項目主義をとるレファレンス資料では，下位概念にあたる事項を索引語として設定し，下位概念からの検索も可能にするなどの方法が講じられる。また，小項目主義をとるレファレンス資料では，小項目相互の参照，あるいは上位概念を示す索引語の設定，下位概念を表す項目への参照指示を行うなどの方法が講じられているかどうかを把握する必要がある。

大項目主義
小項目主義

4）「排列方法」とは，見出し語の排列方法を指す。見出し語は原則として五十音排列，あるいはアルファベット順排列をとるが，漢和辞書のように，部首分類，画数順による排列をとる場合がある。また，主題の体系順，年代順，地域順などに従って排列される場合もある。

排列
漢和辞書

5）「検索手段」では，求める情報を探す手がかりとして，どのようなものが設定されているかを把握することになる。印刷メディアでは，見出し語と索引語が基本的な検索の手がかりとなる。小項目主義，大項目主義のいずれにおいても，索引語の種類と語数を確認し，見出し語以外に，多面的な検索手段が設定されているかを確認する必要がある。電子メディアの場合，書誌データベースについては，タイトルや抄録中の語（自由語）での検索に加えて，検索結果の再現率を向上させる件名（統制語）による検索が可能かどうかを確認する必要がある。また，論理演算子の使用の可否の確認も重要である。

自由語
再現率
件名
統制語
論理演算子

6）「収録情報の信頼性」は，レファレンス資料の最も重要な評価基準である。先述のとおり，製作に関わる要素はこの信頼性を判断する手がかりとなるが，加えて，見出し項目を執筆した専門家の署名，出典が明記されているかどうかは，記述内容の信頼性を判断する上で重要な指標となる。また，専門家による執筆であっても，記述されている内容が特定の視点に偏っていないかどうか，多様な見方を紹介しているかどうかなどについて，同一主題の他のレファレンス資料の記述内容と比較して確認することも重要である。ウェブ情報源の場合も，同様に，執筆にあたり参照した文献が出典・典拠として明示されているかどうかを十分に確認する必要がある。

●…………形態に関わる要素

印刷メディアのレファレンス資料においては，印刷，挿図類，造本などが形態に関わる要素として評価対象となる。印刷については，見出し語と本文のフォントサイズの違い，印刷の鮮明さ，字下げなどに着目し，検索と参照のしやすさを評価する。挿図類については，項目の内容に応じて，必要な図や写真が挿入されているかどうか，記述内容を理解する助けとなっているかどうかを評価する。造本については，レファレンス資料の利用頻度の高さを踏まえ，製本の堅牢さ，ページの繰りやすさ，背文字の明確さなどを評価する。

レファレンス資料としてのウェブ情報源についても，画面のレイアウト，フォントサイズ，画像の適切な使用，ページスクロールなどを確認し，参照利用に適したインタフェースを備えているかどうかを評価する。

●…………演習問題

1）同じ主題を扱った異なる事典を取り上げ，製作に関わる要素，内容に関わる要素，形態に関わる要素について，それぞれ比較評価しなさい。

2）大学図書館のウェブサイト上で紹介されているウェブ情報源（ウェブ版の辞書・事典，書誌データベース類は除く）を複数選択し，収録情報の信頼性について，評価しなさい。

「レファレンス資料評価票」とその記入例

次ページの記入例について簡単に説明する。「データのタイプ」については，当資料は特定人物が取り上げられている事典類を掲載していることから，書誌・索引としての機能を有するとともに，簡単な人物説明（略歴）も記載されているので，事実検索用情報源として機能を有している。「扱いかた」については，より専門的な解説を求める際に利用可能な事典類を示している点で学術的利用に供するものであるが，調べたい人物の簡単な履歴を調べるためにも利用可能であることから，一般利用にも対応しているといえる。「検索手段」については，索引はなく，見出し人名の五十音排列による検索のみである。「収録情報の信頼性」については，掲載事典類の調査を基にしていること，およびレファレンス資料の刊行実績で知られている出版者の出版物である点，保証されているといえる。「印刷・表示」のうち，「字間・行間」，「フォント」項目については，参照のしやすさ等により，適宜，評価を与えることになるが，ここでは，いずれも特に問題はないと判断し「適」とした。最後に，特記事項として，本資料が属するシリーズ等について記述している。

「レファレンス資料評価票」

タイトル （アドレス）	（URL:// ）		
編著者		出版年 / 製作年 （最終アクセス日）	
出版者・ 制作者		頁数（冊数）	
内容に関する要素			
記述言語	□日本語　□英語　□フランス語　□ドイツ語　□その他（　　）		
対象範囲 （主題・地域・時代等）			
収録項目			
収録期間		収録件数	
データのタイプ	文献検索用情報源：　□全文　□抄録　□書誌・索引 事実検索用情報源：　□文字　□数値　□図表　□映像　□その他（　　）		
扱いかた	□学術的　□一般的	項　目	□大　□中　□小
排　列	排列方法：　□五十音順　□ ABC 順 □体系順（　　）		
利用対象	□専門家　□一般成人　□学生　□児童・生徒　□その他（　　）		
検索手段	索引：　□無　□有［○五十音索引　○事項索引　○人名索引　○その他（　　）］ □見出し語　目次：□有　□無		
収録情報の信頼性	出典：　□有　□無　署名：□有　□無 その他（　　）		
形態に関する要素			
物理的形態	□冊子体（印刷メディア） □パッケージ系電子メディア（CD-ROM　DVD）　□オンライン系電子メディア（インターネット）		
印刷・表示	字間・行間：　□適　□不適　フォント：　□適　□不適 画面レイアウト（電子メディア）：　□適　□不適		
挿図類	□有　［○白黒　○カラー］　□ 無		
造本 （印刷メディア）	カバー：□ハード　□ソフト　開閉の容易さ：□有　□無 ページの繰りやすさ：□有　□無		
その他（特記事項等）			
評価日：　年　月　日		評価者：	

（出典：長澤雅男『レファレンスサービス』丸善 1995 p.110 の「レファレンス資料評価表」を基に作成。）

タイトル (アドレス)	日本人物レファレンス事典　思想・哲学・歴史篇 (URL://　　　　　　　　　　　　　　　)		
編著者	日外アソシエーツ株式会社編	出版年 / 製作年 (最終アクセス日)	2013
出版者・ 制作者	日外アソシエーツ	頁数（冊数）	581p
内容に関する要素			
記述言語	■日本語　□英語　□フランス語　□ドイツ語　□その他（　　　）		
対象範囲 (主題・地域・ 時代等)	古代から現代までの日本の思想家・哲学者・歴史家が，どの事典にどの名前で掲載されているかを記述した総索引。収録事典は295種428冊の事典にのぼっている。		
収録項目	人名見出し，人物説明，掲載事典		
収録期間	古代から現代	収録件数	8899人
データの タイプ	文献検索用情報源：　□全文　□抄録　■書誌・索引 事実検索用情報源：　■文字　□数値　□図表　□映像　□その他（　　　）		
扱いかた	■学術的　■一般的	項　目	□大　□中　■小
排　列	排列方法：　■五十音順　□ ABC順 □体系順（　　　　）		
利用対象	■専門家　■一般成人　■学生　□児童・生徒　□その他（　　　）		
検索手段	索引：　■無　□有［○五十音索引　○事項索引　○人名索引　○その他（　　）］ ■見出し語　　目次：□有　■無		
収録情報の 信頼性	出典：　■有　□無　　署名：□有　■無 その他（レファレンス資料に関する豊富な刊行実績がある出版者によるものである。）		
形態に関する要素			
物理的形態	■冊子体（印刷メディア） □パッケージ系電子メディア（CD-ROM　DVD）　□オンライン系電子メディア（インターネット）		
印刷・表示	字間・行間：　■適　□不適　　フォント：　□適　□不適 画面レイアウト（電子メディア）：　□適　□不適		
挿図類	□有　［○白黒　○カラー］　■ 無		
造本 (印刷メディア)	カバー：□ハード　■ソフト　　開閉の容易さ：■有　□無 ページの繰りやすさ：■有　□無		
その他（特記事項等）			
本資料は，「人物レファレンス事典」シリーズの一環であり，分野別の事典総索引として，本資料のほかに，「文芸篇」，「美術篇」，「科学技術篇」，「音楽篇」が刊行されている。			
評価日：　2○○○年　○月　○日		評価者：　○○○○	

UNIT 7

◉レファレンスコレクションの形成

レファレンス資料の形態とレファレンス資料の選択過程

●…………レファレンス資料における印刷メディアと電子メディア

ウェブ情報源

レファレンス資料の形態には印刷メディアと電子メディアがあり，電子メディアについては，さらにDVD，CD-ROMというパッケージ型のメディアと，インターネット上で提供されているネットワーク型のメディア（ウェブ情報源）に分けられる。こうした形態による区分は，情報源の利用法や検索法のみならず，その維持管理や予算・経費の面にも違いをもたらすことになる。ゆえに，選択・収集の対象となるレファレンス資料がいずれの形態で提供されているのかを把握しておくことが重要となる。

『現代用語の基礎知識』
『日本大百科全書』

レファレンス資料の中には，印刷メディアでの刊行を停止し，ウェブ情報源に移行する例（『現代用語の基礎知識』等）も見られる。また，印刷メディアとウェブ情報源の両方で提供されるレファレンス資料（『日本大百科全書』等）もあるなど，その提供形態はさまざまであるが，5つの類型に整理することができる（表7-1）。なお，以下，電子メディアはウェブ情報源を指すものとする。

表7-1　形態から見た情報源の類型

形態 / 類型	印刷メディア	電子メディア（ウェブ情報源）	
		ライセンス（有料）	公開（無料）
情報源A	○		
情報源B	○	○	
情報源C	○		○
情報源D		○	
情報源E			○

情報源Aは，印刷メディアのみによって刊行されているレファレンス資料であり，図書館が所蔵している既存のレファレンス資料の多くはこの類型に属している。新たに刊行されるレファレンス資料も，依然としてこの類型に属するものが多くを占めている。

情報源Bは，印刷メディアと同時に，電子メディアを通じて有料で提供されているレファレンス資料である。『日本国語大辞典』，『日本大百科全書』，『国史大辞典』，『日本歴史地名大系』（いずれも『JapanKnowledge』に収録）や，『大宅壮一文庫雑誌記事索引総目録』（ウェブ版は『Web OYA-bunko』）など，各領域を代表する主要な事実検索用のレファレンス資料や書誌・索引がこの類型に属しており，今後，次第にその数は増加することが予想される。

『日本国語大辞典』
『日本大百科全書』
『国史大辞典』
『日本歴史地名大系』
『大宅壮一文庫雑誌記事索引総目録』
『Web OYA-bunko』

情報源Cは，印刷メディアで刊行され，同時に電子メディアとしても無料で提供されているレファレンス資料である。代表的な統計資料である『日本の統計』，『日本統計年鑑』はこの類型に属するレファレンス資料である。

『日本の統計』
『日本統計年鑑』

情報源Dは，電子メディアを通じてのみ有料で提供されているレファレンス資料である。『JDream Ⅲ』，『医中誌 Web』，『MagazinePlus』など，代表的な書誌・索引がこの類型に属するレファレンス資料である。

『JDream Ⅲ』
『医中誌 Web』
『MagazinePlus』

情報源Eは，電子メディアを通じて無料で提供されているレファレンス資料である。国立国会図書館の『雑誌記事索引』や国立情報学研究所の『CiNii Books』，『CiNii Articles』など，わが国の包括的な雑誌記事索引，代表的な一般書誌がこの類型に属するレファレンス資料である。

『雑誌記事索引』
『CiNii Books』
『CiNii Articles』

●…………レファレンスコレクションの形成

レファレンスコレクションの形成にあたっては，表7-1に示した情報源の類型に従って，購入可能な印刷メディアのレファレンス資料だけでなく，使用許諾を得て有料で利用可能な各種のデータベース，さらには電子メディアで公開されている情報源を含めた方針を策定しておくことが求められる。その際，同じレファレンス資料でも，異なる形態で利用可能な場合，どの形態を採用するのかを個々のレファレンス資料について決めておく必要がある。たとえば，『日本大百科全書』の場合，先述の通り，印刷メディアと電子メディア（有料）という二つの形態をもつ。この場合，1）印刷メディアでの提供，2）電子メディアでの提供，3）両方の形態での提供，という3通りの方法がある。図書館の方針として，このいずれを採用するのかをあらかじめ決定しておかなければならない。その決定の際には，印刷メディアのレファレンス資料が電子メディアでの利用も可能となった場合，一律に電子メディアに移行することには慎重でなければならない。

その理由として，印刷メディアのレファレンス資料が書架上に排架されていることの重要性があげられる。書架上に排架されていれば，容易にその存在を確認することができるレファレンス資料でも，電子メディアに移行した場合，利用者には次のような一連の認知行動が求められるからである。すなわち，利用者は，図書館のウェブサイトを参照し，そこに当該レファレンス資料が掲載されていることを確認し，そのアクセス方法を理解しなければならない。ゆえに図書館には，電子メディアで当該レファレンス資料が提供されていることを利用者が容易にわかるようなウェブサイト表示の工夫が求められる。

●…………レファレンス資料の選択過程

レファレンスコレクションの形成にあたっては，個々のレファレンス資料について，コレクションに加えるべきかどうかを判断し，選択を決定することになる。個々のレファレンス資料の選択の判断は図 7-1 に示したような過程をたどる。

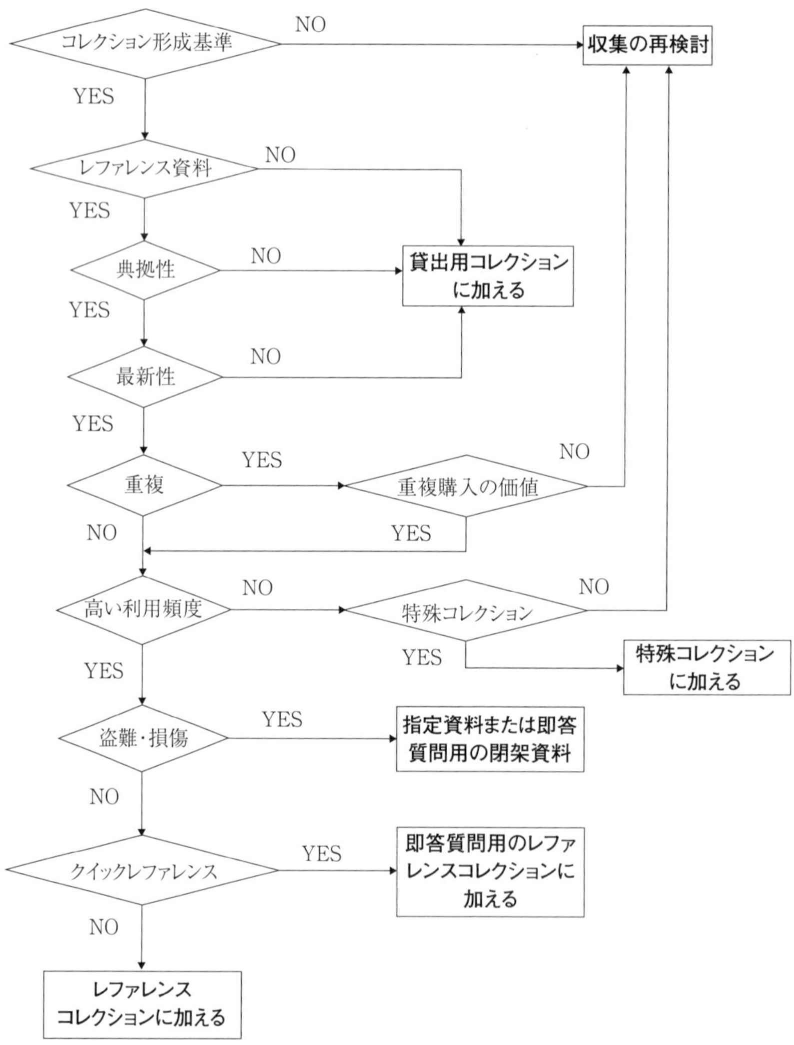

図 7-1　レファレンス資料の選択過程

（出典：Nolan, C.W. *Managing the reference collection*. ALA, 1999, p.22）

レファレンス資料の選択は，当該資料が図書館のコレクション形成基準に合致しているかどうかの判断から始まる。UNIT 4とUNIT 5で取り上げたレファレンスコレクションの形成方針は，図書館のコレクション形成基準の一部を構成するものとなる。当該資料が図書館のコレクション形成基準に合致しているならば，次にその資料がレファレンス資料としての特性を有するものかどうかを確認する。具体的には，参照利用される資料であって，事実検索用情報源あるいは文献検索用情報源としての機能を有しているかどうかをチェックすることになる。レファレンス資料ではなく，通読利用が基本となる資料と判断された場合には，貸出用のコレクションに加えられる。コレクション形成基準に合致していないならば，当該資料の収集を再検討のうえ，収集対象外として扱われることになる。

典拠性

レファレンス資料と判断された資料については，その典拠性（authority）が判断される。レファレンス資料に求められる最も重要な条件はこの典拠性である。ここで典拠性とは信頼できる正確な情報を利用者に提供できる，というものである。UNIT 5で取り上げたレファレンスコレクション形成方針にも著者のもつ典拠性が明記されている。レファレンス資料には，貸出対象となり通読利用される一次資料以上に高度な典拠性が求められる。レファレンス資料に高度な典拠性が認められない場合，典拠性においては一次資料に相当するものとして，貸出用コレクションに加えられる（レファレンス資料と一次資料の典拠性についてはoption Bを参照）。

最新性

高度な典拠性があると判断されたレファレンス資料については，最新の情報が扱われており，情報が更新されているかを評価し，それが認められない場合には，貸出用コレクションに加える。このように，典拠性とともに，情報の最新性もレファレンス資料が備えるべき重要な要素となる。

次に，当該レファレンス資料の重複調査が行われ，典拠性・最新性の要件を満たしていても，所蔵資料と重複している場合には，複本として所蔵する価値があるかどうかを評価する。その価値が認められれば，重複での受け入れ対象とし，認められなければ，収集対象の是非を再検討する。

次いで，当該レファレンス資料の利用頻度を評価する。典拠性・最新性があっても，利用頻度が低いものについては，開架資料とはせず，特別コレクション扱いとし，閉架に排架するか，収集の是非を再検討する。

即答質問

さらに，利用頻度が高い資料のうち，盗難や破損等の恐れがある場合には，指定資料扱い，または，レファレンスカウンター内に設けられた書架に排架された即答質問用のレファレンスコレクション扱いとする。

クイックレファレンス

盗難や破損等の恐れがなく，クイックレファレンス用の資料として利用されるものについては，利用者のアクセスが可能な即答質問用のレファレンスコレクションに加える。

特にクイックレファレンス用の資料ではないものについては，一般のレファレンスコレクションに加える。

●…………演習問題

図書館において電子メディア（ウェブ）で提供されているレファレンス資料について，図書館のウェブサイト上で当該資料がどのように紹介されているか調査しなさい。利用者が当該レファレンス資料の存在をウェブサイト上で確認するまでのプロセスを示し，利用者が当該資料を発見しやすいかどうか，評価しなさい。

◉——option B

レファレンス資料と一次資料の典拠性

なにゆえ，貸出用の一次資料に比べて，レファレンス資料にはより高度な典拠性が備わっているといえるのであろうか。また，レファレンス資料における典拠性の程度とは何であろうか。

ここで典拠性とは，信頼できる正確な情報が提供されているという性質のことである。貸出用の一次資料としての専門図書は確かに特定の専門家によって執筆されており，その特定の専門家の専門知識に依拠して，当該専門図書の典拠性が保証されている。それに対して，たとえば専門事典の場合，通常，当該分野を代表する多くの専門家によって執筆されており，その分野において広く共有されている専門知識に依拠して，その専門事典の典拠性が保証されている。このように，一次資料としての専門図書もレファレンス資料も典拠性が保証されているものの，レファレンス資料のほうが，より多くの専門家の専門知識によって，その典拠性が保証されているという点で，一次資料に比べて典拠性の程度が高い，といえる。

したがって，レファレンス資料であっても，その分野を代表するような専門家たちによって執筆・編集されたのではなく，必ずしもその分野を代表してはいない，ごく限られた専門家によって執筆・編集されている場合には，その典拠性の程度において，一次資料としての専門図書に近似している，と考えられる。

◉——option C

レファレンスサービスのための情報源としての『Wikipedia』の問題点

『Wikipedia』は，日常的な検索エンジンの検索ではよく見かけるページであり，百科事典と銘打っていることもあって，その記述内容をついつい信用してしまいがちである。しかし，レファレンスサービスのための情報源として，内容，編集実態，そして編集方針を見ていくと，慎重に取り扱うべきであることがわかる。

『Wikipedia』は，ボランティアによる共同制作の百科事典という形態をとっているため，誰でも見出しや内容の追加登録，修正が可能である。このため，誰でも編集ができるということは，意見が対立しやすい項目については，いわゆる編集合戦と呼ばれる，各自の立場による恣意的な編集作業が乱発されることも多い。内容上の同一性が保障されていないことも，問題であるといえよう。

そして，『Wikipedia』の編集方針にも問題があるといえよう。『Wikipedia』の基本的な考え方は，まず記事が作成され，それが多くの手によって改善されて次第に質が向上していくというものである。このことを指して『Wikipedia』は自らを「途切れることのない，終わりなきプロジェクト」（Wikipedia：規則の概要）と定義している。したがって，最初から完成度が高い形で記事を用意していくわけではない。「何もないよりは，後で改善されるだろうアマチュアによる記事の方がよいと考えている」し，書きかけの記事が多くても「過程として見るならば，ウィキペディアをある時点での状態によってではなく，いかに成長しているか，最終的な形にいかに近づきつつあるかによって判定」（Wikipedia：よくある批判への回答）すべきと考えている。

『Wikipedia』の考え方に賛同するか否かは別にして，『Wikipedia』がこのような考え方に立脚している以上，『Wikipedia』を使用する者が特に注意して内容を吟味していく必要があることは間違いない。同時に『Wikipedia』は方針として，「情報源を明記」（Wikipedia：出典を明記する）することを掲げている。情報源が明記されている場合には，ぜひ情報源を確認するべきであり，明記されていない場合には編集方針に従っていない以上，信頼性は低いと考えて他の情報源を見ていくべきであろう。

以上の点から，レファレンス質問への回答に使用する情報源として『Wikipedia』を選択，利用することには慎重でなければならない。

UNIT 8

◉事実検索用情報源とその評価

言葉・文字に関する情報源の評価

●…………言葉・文字に関する情報源

レファレンスサービスにおいてしばしば言葉に関する質問が寄せられる。たとえば「○○という言葉の意味が知りたい」,「○○という言葉のヨミが知りたい」,「○○という言葉がいつごろから使われているのか調べたい」といったものである。

こうした言葉に関する質問に対して，探索の手段となるのが言葉・文字に関する情報源である。言葉・文字に関する情報源は一般的に辞書・辞典などと呼ばれることが多いが，ここでは「辞書」で統一する。なお，いわゆる事実・事象について解説を求める情報源は「事典」であり，言葉の意味・読み・成り立ちなど言葉に関する情報源である辞書とは区別される。

辞書
事典

●…………辞書の種類

辞書は大きく分けて以下のように区分される。一般的に「見出し語」が一定の排列順序で並べてあり，見出し語に対する解説が与えられたものである。

国語辞書
漢和辞書
対訳辞書

(1)　国語辞書
(2)　漢和辞書
(3)　対訳辞書
(4)　その他の辞書

国語辞書は日本語の見出し語に対して意味，用法，語源などを説明する情報源である。単に国語辞書という時には見出し語は現代語を中心に集めてあり，古語を対象としたものは古語辞書として区別する。

古語辞書

漢和辞書は漢字を見出し語とし，その読みと意味，成り立ちや用法などを説明する情報源である。

対訳辞書は外国語と日本語，日本語と外国語，または外国語と外国語をそれぞれ見出し語と説明として用いる情報源である。たとえば英和辞書であれば英語を見出し語とし，対応する意味を日本語で説明するものである。

故事成語・慣用句辞書
類語辞書
新語辞書
外来語辞書

その他の辞書として，故事成語・慣用句辞書，類語辞書，新語辞書，外来語辞書，略語辞書，難読語辞書，隠語辞書，語源辞書，方言辞書などがある。

略語辞書
難読語辞書
隠語辞書
語源辞書
方言辞書

多くは印刷資料として刊行されているが，最近では電子資料の辞書も出版されている。以前はCD-ROM等で頒布されていたが，近年ではオンラインデータベースによって提供されている。その代表的なものとして『JapanKnowledge』（ネットアドバンス）がある。

『JapanKnowledge』

●…………国語辞書

言葉の意味，用法，語源などについて調べる情報源が国語辞書である。通常，日本語（日本語化したカタカナ語・外来語を含む）の言葉を見出し語とし，五十音順に配列する。見出し語自体が検索の手がかりとなっているため，中規模以下の国語辞書には索引が存在しないものもある。

主な国語辞書として以下のものがある。

▶『日本国語大辞典』第2版　日本国語大辞典第二版編集委員会，小学館国語辞典編集部編，小学館，2000-2002，13冊＋別巻

『日本国語大辞典』

本文13巻と別巻を合わせた全14冊から構成される。別巻には漢字索引，方言索引，出典一覧がある。

刊行されている国語辞書の中では最多となる50万以上の見出し語を有する。見出し語は文献に用いられた一般語彙，方言，隠語，専門用語，地名，人名，書名などから収録されている。国語辞書では最多となる豊富な見出し語があることから，レファレンスサービスにおいて言葉の意味・用例を調べる際にはよく用いられる情報源である。

またこの資料の特徴として，見出し語となった言葉の出典が示されていることがあげられる。レファレンス質問において「この言葉はいつごろから用いられているか」といった質問があるが，こうした質問に対して出典で示された文献の出版年（成立年）を確認することで対応できる。

▶『広辞苑』第7版　新村出編，岩波書店，2018.1，2冊

『広辞苑』

約25万の見出し語を有する国語辞書である。第7版は2冊から構成され，見出し語に対する意味，用例等が示される本文と，漢字小字典・日本文法概説など付録が豊富に含まれる別冊がある。

見出し語は一般語彙のほか，学術専門語や百科事典に収録されるような用語をも含む。現代語中心であるが，古代から近世にわたる主要な古語も収録しており，中規模の国語辞書としては豊富な語彙をもつ。解説の分量も簡潔にまとめられているため，クイックレファレンスなどに対応しやすい。

▶『大辞林』第4版　松村明，三省堂編修所編，三省堂，2019.9，1冊

約25万の見出し語を有する国語辞書である。単冊で構成される大型国語辞書である。本文に先立ち特別ページがあり，主題や言葉に関する解説がある。また巻末に付録があり，品詞の活用表や外来語の表記，漢字・難読語一覧など収録されている。

見出し語として現代語を中心とした一般語彙のほか，古語，日常語，専門分野の用語，地名，人名，アルファベット表記などから収録されている。『広辞苑』同様に解説は簡潔にまとめられており，単純な意味の確認などには適している。

●…………漢和辞書

漢字の読み，成り立ち，用例などについて調べる情報源が漢和辞書である。漢字を見出し語（親字）とし，通常は部首索引・音訓索引・総画索引，四角號碼（号碼）索引（漢字の四隅の形状を元にした漢字の検索方法）など索引から検索を行う。

部首索引
音訓索引
総画索引
四角號碼索引

主な漢和辞書として以下のものがある。

『大漢和辞典』

▶『大漢和辞典』修訂第2版　諸橋轍次著，鎌田正，米山寅太郎修訂，大修館書店，1989-1990，2000，13冊＋補巻2冊

本文13巻に補巻2巻を合わせた全15冊より構成される。本文は中国の主要な辞書・文献を情報源としている。また補巻は先の文献の再調査および新たに出版された字典に加え，日本国内の漢籍を情報源としている。

見出し語となる親字が約5万，用例となる語彙が約50万ある。見出し語は部首順に排列され，同一部首内では総画数順である。索引が充実しており，総画索引，字音索引，字訓索引，四角號碼索引がある。また，補巻には追加された親字・語彙のほか，語彙索引がある。

親字の下に漢字の読み，意味，語彙の出典，用例とその意味などが示されている。特に用例が豊富で，語彙索引から直接検索できるのも特徴である。漢和辞書としては最大のものであり，レファレンスサービスにおいて漢字を調べる際によく用いられる情報源の一つである。

『大漢語林』

▶『大漢語林』鎌田正，米山寅太郎著，大修館書店，1992，1冊

単冊で利用できる大型漢和辞書の一つである。情報源は漢籍，常用漢字などを中心としており，親字の数は約14,000字である。見出し語の排列は部首順であり，同一部首内では総画数順である。常用漢字は色刷りにするなど，見やすさに工夫がされている。

索引は部首索引，音訓索引，総画索引がある。付録が充実しており，中国学芸年表や中国歴史地図，故事成語名言分類索引などがある。単体で利用できるので，常用漢字の確認など簡単なレファレンス質問に対応するのに適している。

また，別冊に『大漢語林語彙総覧』がある。こちらは用例で取り上げられた語彙が五十音に排列されているほか，四角号碼索引がある。

●…………対訳辞書

対訳辞書は英和辞書，和英辞書，英英辞書などに代表されるように，外国語と日本語，あるいは外国語同士の組み合わせによって見出し語の意味，用例，関連情報等を示す辞書である。多数出版されておりそれぞれ特徴を有する。ここではいくつか代表的な対訳辞書として英和辞書を紹介する。

英和辞書
和英辞書
英英辞書

英和辞書は英語の単語を見出し語として，その日本語としての意味を解説する資料である。以下にあげた資料はいずれも語彙数が豊富で，一般用語だけではなく学術用語や専門用語をも収録対象としているものもある。

『研究社新英和大辞典』第6版　竹林滋ほか編，研究社，2002，1冊
『小学館ランダムハウス英和大辞典』第2版　小学館ランダムハウス英和大辞典第2版編集委員会編，小学館，1994，1冊
『リーダーズ英和中辞典』第2版　研究社，2017，1冊
『リーダーズプラス』研究社，1994，1冊

『研究社新英和大辞典』
『小学館ランダムハウス英和大辞典』
『リーダーズ英和中辞典』
『リーダーズプラス』

●…………その他の辞書

国語辞書において確認できない言葉は，その時代や用いられる集団に留意して情報源を選択する必要がある。

「古語辞書」は特定の時代において用いられていた言葉の意味，用例などを解説する辞書である。例として以下のようなものがある。

古語辞書

『角川古語大辞典』中村幸彦［ほか］編，角川書店，1982-1999，5冊
『時代別国語辞典』上代編　室町時代編，三省堂，1967-2001，6冊
『岩波古語辞典』補訂版　大野晋［ほか］編，岩波書店，1990，1冊

『角川古語大辞典』
『時代別国語辞典』
『岩波古語辞典』

「新語辞書」は新たに用いられるようになった言葉を解説する辞書である。多くは年刊で刊行され，直近1年間で文献やニュース等で取り上げられた言葉を収録している。既存の国語辞書に未収録の言葉を多く取り上げ，時事用語辞書としての特徴を有する。例として『現代用語の基礎知識』（自由国民社，年刊）があげられる。また近年ではオンラインデータベースで提供されるケースが多く，先の『現代用語の基礎知識』のほか，『イミダス』（集英社）や『知恵蔵』（朝日新聞社）などがある。

新語辞書
時事用語辞書
『現代用語の基礎知識』
『イミダス』
『知恵蔵』

また，使用される範囲が限定されることによって，用いられる言葉やその意味が

変化する場合もある。方言は特定地域において用いられる言葉であるが，この場合は「方言辞書」を用いる。たとえば『日本方言大辞典』（小学館，1990，3 冊）がある。

方言辞書
『日本方言大辞典』

また特定の団体・集団において限定的な意味で用いられる言葉を隠語というが，そうした「隠語辞書」も数多く刊行されている。たとえば『新修隠語大辞典』（皓星社，2017，1 冊）などがある。

隠語辞書
『新修隠語大辞典』

表 8-1　その他の言葉の辞典

辞典の種類	用途	例
類語辞典	似たような意味・定義をもつ言葉を調べる	日本語シソーラス 第 2 版（大修館書店）2016
難読語辞典	通常の読み方をしない言葉の読み方を調べる	難読語辞典 新装版（東京堂出版）2009
外来語辞典	国外の言語の言葉が日本語に定着した言葉を調べる	宛字外来語辞典 新装版（柏書房）1997
略語辞典	略称の正式な名称を調べる	略語大辞典 第 2 版（丸善）2002
故事成語・慣用句辞典	故事成語や慣用句などを調べる	故事俗信ことわざ大辞典 第 2 版（小学館）2012

●…………演習問題

次のレファレンス情報源について，テキスト本文の記述を参考にしながら以下の点に留意して，解題の作成と評価を行いなさい。

・資料の目的（何について調べられる資料か）と作成上の工夫
・情報の収録範囲（収録項目数，収録対象年など）
・情報の排列方法
・見出し語に対して解説で示される情報の種類
・索引の有無と使用法
・類書（同じようなことが調べられる情報源）にどのようなものがあるか

1）『日本国語大辞典』（小学館）
2）『大漢和辞典』（大修館書店）
3）『研究社新英和大辞典』（研究社）
4）『故事成語名言大辞典』（大修館書店）
5）『東京堂類語辞典』（東京堂）
6）『現代用語の基礎知識：カタカナ語・略語版』（自由国民社）

UNIT 9

◉事実検索用情報源とその評価

事象・事項に関する情報源の評価（1）

●…………事象・事項に関する情報源（事典）

レファレンスサービスにおいてある事象・事項に対する解説を求める質問が寄せられることがある。たとえば「○○という現象はどのようなものなのか，その詳細が知りたい」，「○○という出来事について解説がほしい」，「○○という芸術作品について作品の背景を知りたい」といったものである。

こうした特定の事物・事象・事項・事実に関する質問に対して，探索の手段となるのが事象・事項に関する情報源である「事典」である。いわゆる「事（こと）」に関する情報源であることから，しばしば「ことてん」と呼ばれ，言葉に対する解説を行う辞書とは区別される。特にレファレンスサービスにおいては両者を明確に区別し，事象・事項に関する解説を求める質問に対しては事典を用いるよう心がける。

ことてん

事典は大きく「百科事典」と「主題事典」に分けられる。百科事典は「百科」の言葉のとおりあらゆる科目（主題）について扱う事典である。それに対して主題事典は特定の主題・専門領域を対象とした事典である。

百科事典
主題事典

●…………事典の構成

事典は一般的に見出し語を有し，それに対する解説が付与されている。見出し語に対する排列は事典によって異なるが，日本語を見出し語とする場合は五十音順，アルファベットを見出し語とする場合はアルファベット順となることが多い。

扱う情報の範囲が広いことから多巻構成となることが多く，索引を有することが一般的である。したがって事典を用いる時は，まず索引を参照して検索する。索引を用いることで見出し語だけではなく，特定の見出し語の解説内にある用語（索引語）を拾うことも可能となる。

索引

解説に付随する情報として，執筆者名，参考文献などがあげられる。これらはその事象・事項に関連する情報を再探索する際の手がかりとなる。こうした探索法をチェイニングといい，質問回答サービスにおいてはよく行われる探索手法である。

チェイニング

一般的な事典の構成として，「大項目主義」と「小項目主義」という二つの手法がある。

大項目主義
小項目主義

大項目主義は見出し語の扱う主題範囲を広く取り，それらに対して相当の分量の解説を与える手法である。小見出しで細分化されることも多く，複数の観点から解説が記述される。大項目主義の長所として，百科事典単独である程度十分な解説を得ることができることがあげられる。一方，短所として見出し語数が少なくなり，調査事項に対する直接的な説明が得られない場合がある。

小項目主義は見出し語数を増やし，特定の事象・事項に対する簡潔な解説を与える方法である。小項目主義の長所として，見出し語数が多いため調査対象に関する直接的な解説を得られる可能性が高まることがあげられる。一方，短所として解説の分量が絞られることから，求める情報要求に対して解説が不足する場合があることがあげられる。

双方に一長一短があるが，目的に応じて使い分けることが必要である。たとえばレファレンス質問の主題を明確にしたい場合や，調査対象がどのようなものなのかといった簡潔な解説が得られればよい場合（クイックレファレンス）においては，小項目主義の事典が適している。逆に，ある程度まとまった情報を入手したい場合や，なるべく多くの情報がほしいという情報要求に対しては，大項目主義の事典を用いるのが適している。

クイックレファレンス

また注意すべき点は，収録されている「情報の範囲」である。特に情報の収録対象年や，収録された情報がどの時点における情報であるのか把握して用いる必要がある。

収録対象年は，いつ頃からいつまでの範囲の情報が収録されていることを示すものである。当然，それ以降に起きた出来事，新たに発見された事実は記載されていない。またどの時点における情報かは，記述されている内容の科学的裏づけや情報の信頼性に影響する。レファレンスサービスにおいてはこれらに注意のうえ，適切な情報源を選択して用いなければならない。

●…………百科事典

主要な百科事典として以下のものがあげられる。

『世界大百科事典』

▶『世界大百科事典』改訂新版　平凡社，2007-2009，31 冊＋ほか 3 冊

本文は 30 巻構成であり，31 巻が索引巻となる。別に日本地図，世界地図，百科便覧がある。見出し語数約 9 万であり，解説量は見出し語によって異なるものの基本的に小項目主義の事典である。見出し語の下に解説があり，文末に執筆者名が挙げられている。日本地図，世界地図は地図帳として用いられるほか，百科便覧には追加された見出し項目やデータ・資料などが収録されている。

冊子体で刊行される百科事典としては比較的新しいものであるが，刊行後の改訂

作業の対象となっている最新の事象・事項について調べるためにはオンラインデータベース版（『JapanKnowledge』に収録）を使用する必要がある。 『JapanKnowledge』

▶『日本大百科全書』第2版　小学館，1994-1998，26冊 『日本大百科全書』

全26巻構成であり，25巻が索引巻，26巻は補巻となる。見出し語数は約14万であり，ベースは小項目主義である。見出し語の下に解説があり，文末に執筆者名と参考文献があげられている。補巻には資料や統計，新たに追加された項目の解説などがある。またオンラインデータベース版（『JapanKnowledge』に収録）があり，継続して情報の更新が行われている。

▶『ブリタニカ国際大百科事典』第3版　フランク・B. ギブニー編，TBSブリタニカ，1996，21冊 『ブリタニカ国際大百科事典』

全21巻構成であり，20巻が総索引，21巻がブリタニカ国際地図となっている。本書は海外で出版されたものの翻訳版であり，特に日本についての記述については国内の執筆者による追加が行われている。見出し語数は約16万である。大項目主義を採用し，ある程度まとまった分量の解説を得ることができる。

かつては『ブリタニカ国際大百科事典　小項目版』が別に刊行されていたものの，第3版以降では電子資料となっている。またオンラインデータベース版として『ブリタニカ・オンライン・ジャパン』がある。 『ブリタニカ国際大百科事典　小項目版』『ブリタニカ・オンライン・ジャパン』

▶『ポプラディア：総合百科事典』新訂版　ポプラ社，2011，12冊 『ポプラディア：総合百科事典』

全12巻構成であり，12巻が索引である。子ども向けにつくられた百科事典であり，漢字にルビが振られているほか，表現を簡潔・平易にする，図・写真などを多く収録するなど工夫がされている。見出し語数は約2万4千あり，小項目主義である。また，オンラインデータベース版として『ポプラディアネット』がある。 『ポプラディアネット』

●…………地域百科事典

「地域百科事典」とは特定の地域に特化して作成された百科事典である。通常は都道府県別にまとめられ，当該地方の出版社・新聞社などから刊行されていることが多い。一例として以下のようなものがある。 地域百科事典

『群馬新百科事典』上毛新聞社，2008，1冊 『群馬新百科事典』

『埼玉大百科事典』埼玉新聞社，1974-1975，5冊 『埼玉大百科事典』

地域百科事典の特徴は，当該地域に特有の事象・事項について取り上げていることである。その地域の地名，歴史，縁のある人物など，一般的な百科事典では取り上げられていないこともある地域特有の情報を調べられる点が特徴である。

ただし，出版から相当期間が経っているものも多い。現在においては必ずしも正

確ではない記述となっているケースや，最新の情報が含まれていない場合がある点は注意する必要がある。

●…………主題事典

主題事典

「主題事典」は特定の主題について事項・事象の解説が得られる事典である。特定の主題に特化している分，一般的な百科事典よりもその領域に関する情報が幅広く詳細に収録されている。

主題事典の多くは，その専門主題領域に関する学協会や専門家によって編集・出版されている。例として以下のようなものがある。

『国史大辞典』

『国史大辞典』国史大辞典編集委員会編，吉川弘文館，1979-1997，17 冊

『新教育学大事典』

『新教育学大事典』細谷俊夫ほか編，第一法規出版，1990，8 冊

『科学技術大百科事典』

『科学技術大百科事典』Douglas M. Cosidine, Glenn D. Considine［編］，太田次郎［ほか］監訳，朝倉書店，1999，3 冊

『集英社世界文学大事典』

『集英社世界文学大事典』世界文学大事典編集委員会編，集英社，1996-1998，6 冊

これらはあくまで一例であり，それぞれの主題ごとにさまざまな情報源が出版されている。図書館職員，特にレファレンスサービスに従事する職員は，それぞれの主題領域において代表的な情報源についてある程度理解しておくことが求められる。しかし，実際には数多くの情報源が存在するため，これらをすべて承知することは困難である。そうした場合，三次資料を活用することも一つの方法である。三次資料は「書誌の書誌」とも呼ばれる情報源で，ある主題についてどのようなレファレンス情報源が存在するの確認するのに有効である。

三次資料

書誌の書誌

▶『日本の参考図書』第 4 版　日本図書館協会日本の参考図書編集委員会編，日本図書館協会，2002

これはレファレンスブックの解題書誌である。辞書・事典，便覧，図鑑，統計など図書館でよく用いられる情報源が主題順にまとめられている。特定主題に関する解説を求める質問に対し，具体的にどの情報源を用いるべきか情報源を選択する際に用いる。なお，刊行後の補足として『日本の参考図書　四季版』があるので，参考にするとよい。

また，インターネット情報源として『リサーチ・ナビ』（国立国会図書館，https://rnavi.ndl.go.jp/rnavi/）がある。レファレンスサービスにおいて頻繁に用いられる資料，ウェブ情報源，各種データベースなどを調べることができる。

●…………演習問題

次のレファレンス情報源について，テキスト本文の記述を参考にしながら以下の点に留意して，解題の作成と評価を行いなさい。

・資料の目的（何について調べられる資料か）と作成上の工夫
・情報の収録範囲（収録項目数，収録対象年など）
・情報の排列方法
・見出し語に対して解説で示される情報の種類
・索引の有無と使用法
・類書（同じようなことが調べられる情報源）にどのようなものがあるか

1）『日本大百科全書』（小学館）
2）『世界大百科事典』（平凡社）
3）『ブリタニカ国際大百科事典』（TBS ブリタニカ）
4）それぞれの地域における地域百科事典
5）『有斐閣経済辞典』（有斐閣）
6）『天文学大事典』（地人書館）
7）『世界美術大事典』（小学館）
8）『標準音楽事典』（音楽之友社）

UNIT 10

◉事実検索用情報源とその評価

事象・事項に関する情報源の評価（2）

●…………事象・事項に関する情報源（便覧・図鑑）

事象・事項に対するレファレンス質問は，必ずしも特定の事柄に対する解説を求めるだけにとどまらないことがある。たとえば「○○という制度について概要と具体的な事例が知りたい」，「○○という花はどのような形をしているのか知りたい」というような情報要求に対しては，事典では不十分な場合がある。

便覧

「便覧」はある主題について体系的に解説を取りまとめた資料であり，その主題領域に対する知識を概要から各論という形で展開していくものが多い。たとえば「ごみのリサイクルについて調べている」といった質問の場合，リサイクルの仕組みの概要から，ごみの種別によるさまざまなリサイクルの方法まで知りたいといったニーズが考えられる。こうした場合，便覧は体系的に解説が取りまとめられており有効である。

図鑑

また「図鑑」は図・写真などを用いてその形態や様子などを視覚的に説明し，それに解説を付与した情報源である。特に文章による解説だけでは理解することが難しい事柄を調べる際に適している。たとえば昆虫や鳥といった生物の形態を調べたいという場合や，歴代の切手の図柄を確認したいといった場合に，情報を視覚的に確認することができる。

●…………便覧

ハンドブック
マニュアル
手引
必携

「便覧」という名称は必ずしもタイトルに必須のものではなく，その表現は便覧だけではなく「ハンドブック」，「マニュアル」，「手引」，「必携」などさまざまな表現がなされている。またタイトルに「事典」という表現がなされていても実体は便覧であるケースもある。いずれも特定主題を対象とし，概要から専門的事項までを体系的に取りまとめている情報源であれば，便覧に相当する情報源と考えられる。

一般的に目次があり，章・節や項目を立てて特定のトピックについてまとまった分量の解説がなされている。索引が付与されているものも多く，索引から特定の用語・事象について確認するといった事典的な利用も可能である。また関連法令やデータ・統計，用語集，資料などが収録されている場合もある。

便覧も主題ごとにさまざまな情報源が出版されている。一例として以下のものをあげる。

▶『図書館ハンドブック』第6版補訂2版　日本図書館協会図書館ハンドブック編集委員会編，日本図書館協会，2016

『図書館ハンドブック』

図書館および図書館情報学に関して総論から各論に至るまで体系的にまとめてある。総論の後に図書館サービス，図書館経営，図書館資料，資料・メディアの組織化，特論，図書館職員，図書館施設，関連領域に関する特論がある。また，資料編として参考文献，関連法規・基準等，年表がまとめられている。巻末に索引がある。図書館職員が実務に用いたり，図書館情報学に関わる教員・学生らが教育・研究に用いたりすることが考えられる。

▶『理科年表』国立天文台編　丸善，年刊

『理科年表』

自然科学全般に関するデータブックである。構成は暦，天文，気象，物理／化学，地学，生物，環境の各部に大別され，それぞれ体系的にデータがまとめられている。巻末に索引がある。また，オンラインデータベース版として「理科年表プレミアム」がある。

たとえば「東京湾における2020年4月1日の満潮・干潮の日時が知りたい」，「世界の海溝の最深部の深さと一が知りたい」といった自然科学上の数値・事実の確認のために用いることができる。

これらはあくまで一例であり，それぞれの主題ごとにさまざまな情報源が出版されている。辞書・事典同様にそれぞれの主題領域において代表的な情報源について理解しておくことが求められるが，適宜『日本の参考図書』（日本図書館協会）や『便覧図鑑年表全情報』（日外アソシエーツ）のような三次資料を活用することも必要である。

『日本の参考図書』

『便覧図鑑年表全情報』
三次資料

●…………図鑑

「図鑑」は図・写真などを用いて対象の形態を視覚的に表現し，解説を与えた情報源である。対象となる主題は生物について取り上げたものや，鉱物を取り上げたもの，切手や貨幣，乗り物といった人間がつくり出したものなど多岐にわたる。いずれも対象の視覚的形態が重要な情報となっており，それらの特徴について文章で解説を与えることが多い。

内容は学術的につくられたものから，子ども向けのもののように理解を促すことを目的とするものまで幅広くある。以下に一例をあげる。

『APG原色牧野植物大図鑑』

▶『APG原色牧野植物大図鑑』北隆館，2012，2冊

植物の図鑑である『原色牧野植物大図鑑』を底本とし，近年の分子系統学の研究成果を反映したAPG分類システムによって体系づけられている。内容は詳細な植物の挿絵を中心とし，和名・学名・生態などについて解説を得ることができる。

『国旗と国章図鑑』

▶『国旗と国章図鑑』最新版　苅安望著，世界文化社，2018，1冊

独立国およびオリンピック委員会加盟地域の国旗・国章または域旗・域章を，国・地域別に体系的にまとめた図鑑である。現在の国旗・国章とその変遷が一望でき，それぞれの制定年や色・図案の意味などが確認できる。

『医学の歴史大図鑑』

▶『医学の歴史大図鑑』河出書房新社，2017，1冊

医学について古代から現在に至るまで時系列を追ってその時々のトピックを取り上げている。図鑑という名称であるが便覧的な体裁となっており，トピックごとにイラストや写真を多く取り入れながら文章で解説されている。巻末には用語解説，索引，図版出典がある。

図鑑は必ずしも「レファレンス資料扱い」とならないこともある。所蔵館における扱いによるが，一般資料扱いとなっているものもあることに注意する。

『牧野日本植物図鑑インターネット版』

『牧野日本植物図鑑』

『同　増補版（訂正版）』

『Yahoo! きっず図鑑』

また近年ではインターネットで公開されている図鑑もある。たとえば『牧野日本植物図鑑インターネット版』(北隆館，http://www.hokuryukan-ns.co.jp/makino/) がある。これは印刷資料である『牧野日本植物図鑑』(北隆館，1940）および『同　増補版（訂正版)』(北隆館，1956）をウェブ上で閲覧できるようにしたものである。

また『Yahoo! きっず図鑑』(Yahoo! Japan，https://kids.yahoo.co.jp/zukan/）のようにサーチエンジンの子ども向けサイトの中に含まれるものもある。『Yahoo! きっず図鑑』は「動物」,「植物」,「星空」,「ペット」,「食材」,「お仕事」の6つにジャンル分けされ，各ジャンル内で名称や種類などから検索できる。ただし，提供される情報は他のウェブサイトを出典としており，利用にあたってはその出典を確認するよう留意する。

インターネット上で閲覧できる図鑑は便利であるが，これらを利用する場合にはその情報の信頼性をどのように担保するかが課題となる。たとえば政府機関や地方公共団体，大学・学術機関，その分野の専門家が作成したものでかつ出典が明確なものや，印刷資料として刊行された図鑑をウェブサイト版として提供しているものは情報源としての信頼性を確認しやすい。

●…………演習問題

次のレファレンス情報源について，テキスト本文の記述を参考にしながら以下の点に留意して，解題の作成と評価を行いなさい。

・資料の目的（何について調べられる資料か）と作成上の工夫
・情報の収録範囲（収録項目数，収録対象年など）
・情報の排列方法
・見出し語に対して解説で示される情報の種類
・索引の有無と使用法
・類書（同じようなことが調べられる情報源）にどのようなものがあるか

1）『環境年表』（丸善）
2）『日本史総覧』（新人物往来社）
3）『マクミラン世界科学史百科図鑑』（原書房）
4）『岩石と鉱物の写真図鑑』（日本ヴォーグ社）
5）『楽器ビジュアル図鑑』（ポプラ社）
6）『新編世界イカ類図鑑　ウェブ版』（全国いか加工業協同組合）

UNIT 11

◉事実検索用情報源とその評価

歴史・日時に関する情報源の評価

歴史事典
年表
事物起源事典
統計年鑑

歴史・日時に関する質問は広範で多岐にわたっているが，典型的な質問——たとえば「○○事件について」というような質問であれば，歴史事典（歴史辞典）や年表の類が回答の情報源となる。あるいは「○○の歴史について」というような事物（コト・モノ）を主体とする質問であれば，事物起源事典や統計年鑑の類が回答の情報源となる。

●…………歴史事典

地域別・国別の歴史事典
歴史人名事典
テーマ別につくられた歴史事典

古今東西，歴史上のことに関する質問に対し，回答の情報源としてまず思い浮かぶのは歴史事典の類であり，その基本となるのは世界史事典・日本史事典である。もちろん，「世界史」と一括りにするではなく地域別・国別の歴史事典（これは地理に関する情報源と重なるところがある）というものもあるし，歴史上の人物がかかわっていることであれば歴史人名事典の類（これは人物に関する情報源と重なるところがある）も回答の情報源となる。また，たとえば哲学史・政治史・美術史の事典——テーマ別につくられた歴史事典というものもある。しかし，網羅性からみて，まず世界史事典・日本史事典にどういったものがあるかを知っておくことは基本であり，ここではこれらをあげることに徹するが，それだけでも以下にみる通り枚挙に暇がない。

1)　世界史

『世界歴史事典』
『世界歴史大事典』

世界史事典は，全巻ものでいえば，『世界歴史事典』新装復刊（平凡社，1990）全10巻（もともと全20巻＋索引1巻で出ていたものを1956年に学生版として縮刷，1990年に復刻），『世界歴史大事典』スタンダード版（教育出版センター，1995）全21巻（1985年に出版されたものの縮刷）などがあるが，近年において大部なものは出ていない。

一冊ものでは以下のものなどがある。

『角川世界史辞典』

▶『角川世界史辞典』西川正雄ほか編，角川書店，2001

1,244ページ，19cm。項目数は約14,000からなる。各項目に執筆者表記あり。付録に，主要王朝系図・主要王朝統治者表・主要国政治指導者表・主要人名対照表・主要地名対照表・紀年対照表・各国要覧・アルファベット略語一覧。

▶『山川世界史小辞典』改訂新版　世界史小辞典編集委員会編，山川出版社，2004

『山川世界史小辞典』

1,063 ページ，19cm。項目数は約 9,400 からなる。付録に，世界史年表・主要王朝系図・主要王朝および主要国統治者表・西暦対照東洋年代表・ヨーロッパ人名対照表・ヨーロッパ地名対照表・世界各国要覧・略号一覧など。

2)　日本史

明治時代に出版された『国史大辞典』（吉川弘文館，1908）は，わが国最初の日本史事典とされる。インターネット情報からいえば，今日これは『国立国会図書館デジタルコレクション』で閲覧可能である。その後，大正時代の増訂などを経て，昭和時代に出版された全巻ものは，わが国最大の日本史事典として現在に至る。

『国史大辞典』(1908)
『国立国会図書館デジタルコレクション』

▶『国史大辞典』国史大辞典編集委員会編，吉川弘文館，1979-1997，15 巻 17 冊（第 15 巻が上・中・下に分冊）

『国史大辞典』

27cm。総項目数は約 54,000 からなる。各項目に参考文献表記，執筆者表記あり。歴史はもちろん人類学・民族学・民俗学・国語学・国文学などの隣接分野，また古典籍・古文書・古記録などの項目も多数採取とある。本文中の図版のほかに別刷りの図版ページ（一部カラー）を設ける。第 15 巻の上は「補遺」，「史料索引」，「地名索引」，中は「人名索引」，下は「事項索引」からなる。インターネット情報として，『JapanKnowledge』が会員制でオンラインでコンテンツを提供している。

『JapanKnowledge』

ほかに『日本歴史大辞典』普及新版（日本歴史大辞典編集委員会編，河出書房新社，1985-1986）全 10 巻＋別巻 2 巻，『日本史大事典』（平凡社，1992-1994）全 7 巻，『日本歴史大事典』（小学館，2000-2001）全 4 巻などがある。

『日本歴史大辞典』
『日本史大事典』
『日本歴史大事典』

一冊ものの日本史事典は巻末付録にも注目したい。「度量衡表」や「方位・時刻表図」など全般的なところでの図表のほか，時代別にたとえば古代なら「官位相当表」，中世なら「鎌倉室町幕府諸職表」「戦国群雄表」，近世なら「江戸幕府諸職表」「大名配置表」，近代なら「明治初期主要官職補任表」というように，似かよったテーマで図表が収録されているのがわかるが，事典ごとに独自の図表もつくられている。『角川日本史辞典』（高柳光寿ほか編，角川書店）は初版（1966），第 2 版（1974）と長く使われてきた（使われてきている）が，新版との違いは付録を比べてみてもよくわかる。

巻末付録

▶『角川日本史辞典』新版　朝尾直弘ほか編，角川書店，1996

『角川日本史辞典』

1,468 ページ，19cm。項目数は約 16,000 からなる。第 2 版の項目数は約 13,400。地域史・社会史の進展に対応して新しい項目を掲げ，世界史・民俗学・文学・宗教・美術・建築・自然科学などの分野からも項目を広くとり入れたとある。実際，増やしただけではなく減らした項目もあり，内容には加筆修正もみられる。1997 年にワイド版が出版されている。

『日本史広辞典』

▶『日本史広辞典』日本史広辞典編集委員会編，山川出版社，1997

2,275ページ，26cm。項目数は約44,000からなる。項目は諸種の辞書事典類・研究書・教科書を調査して精選採録，国文学・言語学・地理学などの関連分野や，従来扱われることの少なかった日常生活における習俗や儀式作法，伝統的な芸能・スポーツ・祭礼・行事・遊びなど百科事典的項目まで広範にわたって採録とある。外国と日本との関連を知る視点からも項目を設定している。巻末付録「日本史要覧」は別だてで164ページからなり，時代別に各図表を収める。2001年に出版された『山川日本史小辞典』新版は，本書をベースに項目数を約9,100に厳選したものであり，その後2016年に改訂新版が出ている。

『岩波日本史辞典』

▶『岩波日本史辞典』永原慶二監修，岩波書店，1999

1,802ページ，23cm。項目数は約19,000，準項目索引を別だてで13,000以上，これを合わせると30,000以上になる。巻末付録「日本史備要」は約500ページからなり，時代別に系図・諸表・諸図・特殊年表など180タイトルを収載とある。2000年にCD-ROM版が出ている。

時代別の日本史事典

時代別の日本史事典は，その時代に特化してつくられたものなので，より詳しい情報が期待できる。以下のものなどがある。

『日本古代史大辞典』

▶『日本古代史大辞典』上田正昭監修，大和書房，2006

『平安時代史事典』

▶『平安時代史事典』古代学協会，古代学研究所編，角川書店，1994

平安遷都1200年記念出版。2006年にCD-ROM版が出ている。

『江戸学事典』

▶『江戸学事典』西山松之助ほか編，弘文堂，1984

1994年に縮刷版が出版されている。

『江戸東京学事典』

▶『江戸東京学事典』小木新造ほか編，三省堂，1987

2003年に江戸開府400年記念の新装版が出版されている。

『明治時代史大辞典』

▶『明治時代史大辞典』宮地正人ほか編，吉川弘文館，2011-2013，4巻

『日本近現代史辞典』

▶『日本近現代史辞典』日本近現代史辞典編集委員会編，東洋経済新報社，1978

『最新昭和史事典』

▶『最新昭和史事典』毎日新聞社編，毎日新聞社，1986

『戦後史大事典』

▶『戦後史大事典』増補新版　佐々木毅ほか編，三省堂，2005

戦後60年特別企画による。

●…………年表

歴史事典同様，古今東西，歴史上のことでも特に日時に関する質問に対する回答の情報源として，単独で，あるいは歴史事典との併用で，欠かせないのが年表である。たとえば宗教史・経済史・音楽史の年表――テーマ別につくられた年表もあるが，ここでは基本となる世界史年表・日本史年表をあげる。

テーマ別につくられた年表

1）　世界史

▸『世界史大年表』増補版　石橋秀雄ほか編，山川出版社，2018　『世界史大年表』

748ページ，27cm。1991年まで。巻末付録は別だてで48ページからなり，主要国王朝系図・主要国統治者表などを収める。CD-ROM付属。

▸『世界史年表』第4版　日比野丈夫編，河出書房新社，1997　『世界史年表』（河出書房新社）

661ページ，19cm。1972年まで。総合年表と特殊年表（個別の戦争・革命など）という構成である。

▸『世界史年表』第3版　歴史学研究会編，岩波書店，2017　『世界史年表』（岩波書店）

508ページ，20cm。2015年まで。巻末は付録1「世界の暦」，付録2「主要年表リスト」，ほかに「索引」などからなる。

▸『クロニック世界全史』講談社，1994　『クロニック世界全史』

1,303ページ，29cm。1993年まで。主要な出来事は記事としてあらわす。カラー図版・写真を多数収録。巻末は「国別に見る世界全史」，「図表で見る世界全史」，「索引」からなる。

2）　日本史

▸『日本史総合年表』第3版　加藤友康ほか編，吉川弘文館，2019　『日本史総合年表』

1,286ページ，27cm。2019年5月1日まで。『国史大辞典』の別巻的位置づけで，巻末は「典拠一覧」，「索引」，「備要」による約400ページからなる。

▸『日本史年表』第4版　日本歴史大辞典編集委員会編，河出書房新社，1997　『日本史年表』（河出書房新社）

392ページ，19cm。1985年まで。巻末付録は別だてで「考古学年表」，「付表」，「地方制度沿革一覧」の115ページからなる。

▸『日本史年表』第5版　歴史学研究会編，岩波書店，2017　『日本史年表』（岩波書店）

427ページ，20cm。2015年まで。巻末は付録と索引で約60ページからなる。

▸『日本史年表』増補5版　東京学芸大学日本史研究室編，東京堂出版，2014　『日本史年表』（東京堂出版）

584ページ，19cm。2012年まで。巻末は付録1～9で約50ページからなる。

▸『日本全史ジャパン・クロニック』講談社，1991　『日本全史ジャパン・クロニック』

1,279ページ，29cm。1990年まで。カラー図版・写真を多数収録。主要な出来事は記事としてあらわす。巻末は「都道府県の歴史」，「日本史データ」，「索引」からなる。

時代別にユニークなものも出てきている。吉川弘文館の『誰でも読める　日本古代史年表』（2006）は原始から1155年まで，『誰でも読める　日本中世史年表』（2007）は1156年から1599年まで，『誰でも読める　日本近世史年表』（2007）は1600年から1867年まで，『誰でも読める　日本近代史年表』（2008）は1868年から1945年まで，『誰でも読める　日本現代史年表』（2008）は1946年から2004年

『誰でも読める日本古代史年表』
『誰でも読める日本中世史年表』
『誰でも読める日本近世史年表』
『誰でも読める日本近代史年表』
『誰でも読める日本現代史年表』

『JapanKnowledge』

までで，巻末索引が『国史大辞典』と連動，すべての漢字にふりがな付きである。インターネット情報として，『JapanKnowledge』が会員制でオンラインでこれらすべてのコンテンツを提供している。

時代別の日本史年表
『日本古代史年表』
『クロニック戦国全史』
『江戸東京年表』
『近代日本総合年表』
『昭和・平成　現代史年表』

ほか時代別の日本史年表には以下のものなどがある。

▶『日本古代史年表』笹山晴生編，東京堂出版，上（1993），下（2008）

▶『クロニック戦国全史』講談社，1995

▶『江戸東京年表』増補版　大濱徹也・吉原健一郎編，小学館，2002

▶『近代日本総合年表』第4版　岩波書店，2001

▶『昭和・平成　現代史年表』増補完全版　神田文人・小林英夫編，小学館，2019

新聞

●…………新聞

新聞記事

歴史上の事件や出来事，それが起こった「時点」ではどうだったのか。回答の情報源として，新聞記事が使える。言うまでもなく，これは近代以降のことになる。縮刷版などの本，マイクロフィルム，またデジタル化資料としてのディスク，インターネットによるオンラインデータベースなどがある。詳しくはUNIT 15で紹介している。

事物起源
時代考証

●…………事物起源・時代考証（日本）

『事物起源辞典　衣食住編』
『舶来事物起原事典』
ルーツ

事物を主体にみて，その歴史・起源などを調べるときの回答の情報源として，巻頭目次と巻末索引を備えた『事物起源辞典　衣食住編』新装版（朝倉治彦ほか編，東京堂出版，2001）や『舶来事物起原事典』（富田仁著，名著普及会，1987）などがあるが，ここではルーツと思しきものから紹介する。

『守貞謾稿』
『近世風俗志（守貞謾稿）』

▶『守貞謾稿』東京堂出版，1992，5巻

▶『近世風俗志（守貞謾稿）』岩波書店，1996-2002，5巻

江戸時代（以前）の事物について，江戸末期，喜田川守貞によって著された考証随筆。国立国会図書館所蔵本によれば，1837年に起稿，1853年に成立，1867年に加筆ということがわかる。時勢・家宅・人事・生業・雑業・貨幣・男扮・女扮・男服・女服・雑服・織染・妓扮・娼家・音曲・雑劇・沐浴・春時・夏冬・遊戯・笠・傘履・食類・駕車・雑器など，テーマ別に原史料は30冊以上からなるものだが，これを活字翻刻し，巻だてを全5巻にして索引を付し，事典的に使えるようにしている。多数の絵図版（挿図）が理解の一助となるが，これに関連していえば，『守貞謾稿図版集成』（高橋雅夫編著，雄山閣，2002）という本も出版されている。インターネット情報として，原本は『国立国会図書館デジタルコレクション』の古典籍資料（貴重書等）で閲覧可能である。

▶『明治事物起原』増補改訂　石井研堂著，春陽堂書店，1996，2巻　『明治事物起原』

1944年の増補改訂版を復刻したもの。主に文明開化後の事物を調べるにあたって，人事・法政・国際・美術・音楽・宗教・教育学術・新聞雑誌及文芸・交通・金融商業・農工・軍事・病医・遊楽・暦日・地理・衣装・飲食・居住・器材・動植物の全21編（テーマ）からなる。初版は明治末の1908年にあらわされているが，インターネット情報として，これは『国立国会図書館デジタルコレクション』で目次機能付きで閲覧可能である。

●…………統計年鑑

統計年鑑

事物の歴史的変遷・推移を調べるには，回答の情報源として，統計年鑑が使える。世界と日本のそれでいえば，『国際連合　世界統計年鑑』日本語版（国際連合統計局編，原書房，1953-）と『日本統計年鑑』（総務省統計局編，日本統計協会，毎日新聞社，1949-，これより前は『日本帝国統計年鑑』『大日本帝国統計年鑑』1882-1941），また主要な統計を選んでハンディな形にした『日本の統計』『世界の統計』（総務省統計研究所編，日本統計協会）などがある。

『国際連合　世界統計年鑑』
『日本統計年鑑』
『日本帝国統計年鑑』
『大日本帝国統計年鑑』
『日本の統計』
『世界の統計』

統計は多種多様であり，インターネット情報から得られるものもある。

▶『政府統計の総合窓口（e-Stat）』（http://www.e-stat.go.jp/）　『政府統計の総合窓口（e-Stat）』

各府省のウェブサイト上で提供されている統計データであれば，総務省統計局のこのサイトでひとまとめに検索，閲覧できる。

●…………演習問題

1）『角川日本史辞典』（角川書店）の第2版と新版を以下の点をもとに比較して，気づいたことを書きなさい。

・項目名が変わった部分があればどう変わったか，またその内容について

・付録の違いについて

併せてほかの歴史事典の付録とも比較しなさい。

2）次に示すレファレンス資料について，テキスト本文の記述を参考にしながら以下の点に留意して，解題の作成と評価を行いなさい。

・どのような項目を対象としているのか

・同じ目的のほかの資料と比べてどのような特徴を有しているのか

収録項目数

編集方針

索引・付録をはじめとする工夫

a.『旺文社世界史事典』旺文社

b.『年中行事大事典』吉川弘文館

UNIT 12

◉事実検索用情報源とその評価

地理・地名に関する情報源の評価

『最新地理学辞典』 『最新地理学用語辞典』 『地理学辞典』 『人文地理学辞典』

地理に関する専門用語は百科事典の類でもある程度まで調べることができるであろうが，専門書には『最新地理学辞典』新訂版（藤岡謙二郎編，大明堂，1979）や，この本の改訂をもとにしてできた『最新地理学用語辞典』改訂版（浮田典良編，大明堂，2003），また『地理学辞典』改訂版（日本地誌研究所編，二宮書店，1989），『人文地理学辞典』普及版（山本正三ほか編，朝倉書店，2012）などがある。他方，「○○の地名について」，「昔の地図（絵図）」，「○○（地名・地域）の変遷について」といった基本的な質問に対する回答の情報源には，地名事典（地名辞典）・地図・地誌などがある。

地名事典 地図 地誌

●…………地名事典

1）　世界

『世界地名大事典』

▸『世界地名大事典』朝倉書店，2012-2017，9巻

27cm。地名項目数約48,000からなる。執筆者表記あり。「アジア・オセアニア・極Ⅰ・Ⅱ」（1・2巻），「中東・アフリカ」（3巻），「ヨーロッパ・ロシアⅠ～Ⅲ」（4～6巻），「北アメリカⅠ・Ⅱ」（7・8巻），「中南アメリカ」（9巻）という巻だてである。以前の『世界地名大事典』（朝倉書店，1973-1974，8巻）からすると，約3倍の項目数となっている。

『コンサイス外国地名事典』

▸『コンサイス外国地名事典』第3版　三省堂編修所編，三省堂，1998

1,154ページ，18cm。項目数約21,000からなる。巻末付録に，国名地図とラテン文字索引・漢字索引がある。

2）　日本

『角川日本地名大辞典』 『日本歴史地名大系』

現今の二大事典といえば，『角川日本地名大辞典』（角川書店）と『日本歴史地名大系』（平凡社）であろう。都道府県別＋索引からなる全巻ものだが，巻別にみた場合，たとえば「東京都（の地名）」の巻は『角川日本地名大辞典』が1978年刊，『日本歴史地名大系』が2002年刊と後者が新しいのに対し，「奈良県（の地名）」のそれは『角川日本地名大辞典』が1990年刊，『日本歴史地名大系』が1981年刊と前者のほうが新しいところに注意を要する。

これらをはじめとして，一冊ものを含めて以下のものなどがある。

▶『角川日本地名大辞典』角川日本地名大辞典編纂委員会編，角川書店，1978-1990，49巻＋別巻2巻 『角川日本地名大辞典』

23cm。全国47都道府県別の巻だてで，北海道と京都府だけ上下巻で計49巻，各巻内容は「総説」，「地名編」（五十音順），「地誌編」（郡市区町村別），「資料編」からなる。別巻1は「日本地名資料集成」として全11章（図表あり），別巻2は「日本地名総覧」として総索引・難読地名一覧などを収める。2002年にCD-ROM版，2011年にDVD-ROM版が出ている。

▶『日本歴史地名大系』平凡社，1979-2005，50巻 『日本歴史地名大系』

27cm。全国47都道府県別の巻だてで，京都市を別だてとする48巻と，第49巻「総索引」，第50巻「分類索引」からなるが，大阪府と兵庫県が2分冊になっていることから全52巻ともみられる。各巻書名は"○○の地名"。内容は「総論」の後，郡区市町村別の構成になっているので，各巻巻末の五十音順索引から引くことになる。旧地名項目の下に現地名表記があるので，新旧地名を対照することができる。

インターネット情報として，『角川日本地名大辞典』も『日本歴史地名大系』も『JapanKnowledge』が会員制でオンラインでコンテンツを提供している。 『JapanKnowledge』

▶『大日本地名辞書』増補　吉田東伍著，冨山房，1969-1971，8巻 『大日本地名辞書』

27cm。初版は1900-1907年刊。第1巻「汎論・索引」，第2巻「上方」，第3巻「中国・四国」，第4巻「西国」，第5巻「北国・東国」，第6巻「坂東」，第7巻「奥羽」，第8巻は続編「北海道・樺太・琉球・台湾」という巻だてである。第1巻は冒頭に大隈重信の序，原敬の題言，牧野伸顕の叙，渋沢栄一の序，重野安繹の序，久米邦武の評論などが並ぶが，索引部分は現代かなづかいによる五十音順のかな索引と部首別画数順の漢字索引からなる。インターネット情報として，原本は『国立国会図書館デジタルコレクション』で閲覧可能である。 『国立国会図書館デジタルコレクション』

▶『コンサイス日本地名事典』第5版　三省堂編修所編，三省堂，2007 『コンサイス日本地名事典』

1,330ページ，19cm。項目数は約21,000からなる。巻末に漢字索引がある。

▶『日本地名百科事典』コンパクト版　浮田典良ほか監修，小学館，1998 『日本地名百科事典』

1,465ページ，19cm。項目数は約10,000からなる。五十音順。巻頭口絵にカラー地図，巻末に文化ガイド索引と難読索引がある。本書はオールカラー図版・写真を配する『日本地名大百科　ランドジャポニカ』（小学館，1996）からテキスト部分を抽出し，コンパクト版事典としてまとめたものである。 『日本地名大百科ランドジャポニカ』

●…………地図

変動する地理・地名に関する情報，"現時点"のそれを地図の中にみるなら，インターネット情報が評価できる。拡大縮小自在な『Googleマップ』，『Yahoo!地図』，『Bing Maps』の3地図をあげておく。 『Googleマップ』『Yahoo!地図』『Bing Maps』

地図帳
アトラス

本でいえば，大型の地図帳（アトラス）に以下のものなどがある。

1） 世界

『世界大地図帳』

▸『世界大地図帳』7 訂版　平凡社，2015

341 ページ，43cm。「世界各国図」，「世界主要都市図」，後半は「世界各国情勢」，「世界遺産」，「略語一覧」，「地名索引」からなる。

『世界大地図』

▸『世界大地図』小学館，2009

『最新世界大地図』

270 ページ，43cm。「世界」，「主要都市」で国別・地域別・都市別の地図，巻末は「各国要覧」，「和文索引」，「欧文索引」，「世界遺産索引」からなる。後継に『最新世界大地図』（2017）がある。

2） 日本

『日本大地図帳』

▸『日本大地図帳』10 訂版　平凡社，2007

237 ページ，43cm。ランドサット画像，50 万分の 1 の「分県図」，15 万分の 1 の「地域図」（主要観光地域），2 万分の 1 の「市街図」（県庁所在都市），「地名索引」からなる。4 訂版以降この 10 訂版まで，1 ～ 2 年ごとに刊行されていた。のち，2011 年に内容項目がほぼ同じで縮尺の違う『日本分県大地図』，2016 年にその 2 訂版が出版されている。

絵図
古地図

●…………絵図（古地図）

たとえば，人文社からはいろいろな形態でいろいろな地域の絵図集成が出版された。柏書房からは日本だけでなく世界都市の古地図集成大型本が，中央公論美術出版からは『江戸切絵図集成』や『古板江戸図集成』といった江戸図集成が出版されている。

『江戸切絵図集成』
『古板江戸図集成』

ニーズに合わせて使うことになるが，今日，絵図（古地図）を探したり確認したりするにはインターネット情報がやはり便利である（2020 年現在）。

『国立国会図書館デジタルコレクション』

▸『国立国会図書館デジタルコレクション』（https://dl.ndl.go.jp）

古典籍資料（貴重書等）から“絵図”を選ぶ。出版年で絞り込むことができる。拡大縮小が自在である。

『東京国立博物館研究情報アーカイブズ』

▸『東京国立博物館　研究情報アーカイブズ』（https://webarchives.tnm.jp/database）

データベース一覧から古地図データベース“閲覧する”へ進み，カテゴリの“地域”を選ぶ。外国図・地域図（日本国内）・都市図（京都・江戸東京・大阪）・日本図からなる。拡大縮小が可能である。

『国際日本文化研究センター　所蔵地図データベース』

▸『国際日本文化研究センター　所蔵地図データベース』
（http://lapis.nichibun.ac.jp/chizu/）

“閲覧する”へ進むと，“地域別”（都道府県・世界広域など），“地図名”（五十音・アルファベット），“年代別”，“形態別”で多様に検索することができる。拡大縮小が自在である。

▶『古地図コレクション』（https://kochizu.gsi.go.jp）

国土地理院による。世界図も数点みられる。“高精細画像閲覧”できるものが拡大縮小が可能である。

『古地図コレクション』

●…………地誌

古今東西，時代別，地域別。地誌には新旧あり，広範で多種多様だが，ここでは現代の世界と日本，網羅性のあるシリーズ全巻もので，新しいものからあげる。

▶『世界地誌シリーズ』朝倉書店，2011-

26cm。各国（地域）別にテキストとして出されているが，巻末索引から検索して使うことができる。各巻「さらなる学習のための参考図書」でレファレンスブックを探すことができる。

『世界地誌シリーズ』

▶『日本の地誌』山本正三ほか編，朝倉書店，2005-2012，10巻

27cm。執筆者表記あり。全21巻の大著『日本地誌』（日本地誌研究所編，二宮書店，1967-1980）刊行から四半世紀以上過ぎたことを意識し，新たなものをというニーズに応える。第1・2巻「日本総論」，第3巻「北海道」，第4巻「東北」，第5・6巻「首都圏」，第7巻「中部圏」，第8巻「近畿圏」，第9巻「中国・四国」，第10巻「九州・沖縄」という巻だてである。巻末索引から調べることになる。

『日本の地誌』

●…………演習問題

1） 『角川日本地名大辞典』（角川書店）と『日本歴史地名大系』（平凡社）それぞれから同じ県（都・道・府）の巻を選んで，それぞれの発行年を確認の上，以下の点をもとに比較して，気づいたことを書きなさい。

・同じ地名を引いて，その内容・書き方の違いについて

・使用している参考文献について

2） 次に示すレファレンス資料について，テキスト本文の記述を参考にしながら以下の点に留意して，解題の作成と評価を行いなさい。

・どのような項目を対象としているのか

・同じ目的のほかの資料と比べてどのような特徴を有しているのか

収録項目数

編集方針

索引・付録をはじめとする工夫

a. 『世界地理大百科事典』朝倉書店

b. 『日本地名地図館』小学館

UNIT 13

◉事実検索用情報源とその評価

人物・団体に関する情報源の評価

●…………情報源の類型

人名・団体情報を探索するためのレファレンスツールは，索引語や見出しが人名，団体名となっているが，機能別にみると，大きく次のように分けることができる。

人名よみかた辞書
人名事典
一般人名事典
専門人名事典
人名鑑
一般人名鑑
専門人名鑑
人名索引
人物文献索引
団体機関名鑑

(1)　人名よみかた辞書（難読姓名辞書）

(2)　人名事典：(A)　一般人名事典　(B)　専門人名事典

(3)　人名鑑　：(C)　一般人名鑑　　(D)　専門人名鑑

(4)　人名索引

(5)　人物文献索引

(6)　団体機関名鑑

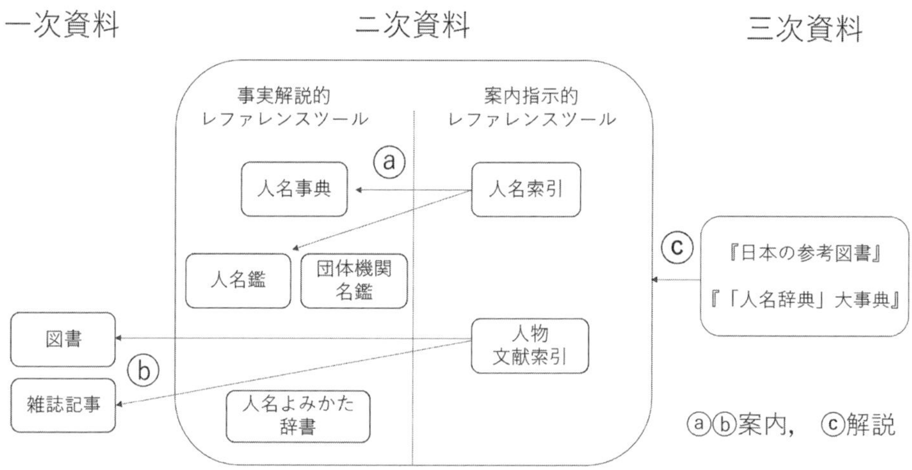

図 13-1　人物・団体に関する情報源の関係図

(1)人名よみかた辞書は，(2)以降の各ツールを使う上で，人名のヨミや表記（綴り）を明らかにする役割を果たす。この(1)と，(2)人名事典，(3)人名鑑，(6)団体名鑑は，人物・団体に関する解説が簡潔にまとめられているために，事実解説的レファレンスツールとなる。一方で，(4)人名索引，(5)人物文献索引は，前述の解説とは異なり，対象人物の文献（一次資料）や事典（二次資料）の存在，文献名や事典名の書誌的事項を教えてくれるので，案内指示的なレファレンスツールである。

図13-1は，これらの関係性を図示したもので，二次資料から伸びるⓐⓑの矢印は案内指示的レファレンスツールの収載対象を表している。ただ闇雲に事実解説的レファレンスツールや一次資料に当たるより，まずは案内指示的レファレンスツールを用いるほうが効率的であろう。さらに，ⓒで示すように(1)～(6)の二次資料を横断的に収録し，個々に解説を加えてリスト化したものを三次資料という。これらの役割ごとに具体的な事典・データベース（DB，主として一般的な図書館で利用可能なツール）を取り上げたい。

●…………人名よみかた辞書（難読姓名辞書）

人名事典の探索前に，漢字のヨミ，アルファベット表記を確定させておけば，索引内を探す手間が省けたり，検索結果の精度や再現率を高めることが期待できる。また，同一人物であっても本名とペンネーム，外国人の場合は原綴表記とカタカナ表記があるので，人物を同定することのできる著者名典拠録を用いることも効果的である。なお，DBの人名事典には，これらの機能を有しているものもある。

『名前10万よみかた辞典』日外アソシエーツ，2002　『名前10万よみかた辞典』

『西洋人名著者名典拠録』日外アソシエーツ，2004　『西洋人名著者名典拠録』

『外国人名読み方字典』ウェブリオ，https://www.weblio.jp/cat/dictionary　『外国人名読み方字典』

●…………人名事典

一定の人物の収載基準はあるものの，テーマは限定せず幅広い分野で活躍した人物を収載する（A）一般人名事典と特定のテーマや時代に特化して人物を収載する（B）専門人名事典に分けられる。肖像に特化した事典や年表もある。

・一般人名事典

▶『日本人名大辞典』講談社，2001（CD-ROM付属）　『日本人名大辞典』

記紀神話～現代の65,000人を収載。『JapanKnowledge』，『コトバンク』にも収録。　『JapanKnowledge』『コトバンク』

『日本人名辞典』思文閣，1972，復刻（1914初版）　『日本人名辞典』

『日本人名大事典』平凡社，1979　『日本人名大事典』

・専門人名事典

▶『国学者伝記集成』日本図書センター，1997，復刻　『国学者伝記集成』

慶長以降から大正9年までの国学者1,400人の生没年・系図・経歴等を収載。

▶『新版　日本架空伝承人名事典』平凡社，2012　『新版　日本架空伝承人名事典』

歴史人物から現代までの架空人物を網羅的に収載。『JapanKnowledge』にも収録。

『国書人名辞典』岩波書店，1993-1999　『国書人名辞典』

『明治大正俳句史年表大事典』世界文庫，1971　『明治大正俳句史年表大事典』

・**肖像事典**

『歴史人物画像データベース』

▶『歴史人物画像データベース』国文学研究資料館，http://base1.nijl.ac.jp/~rekijin/index.html

国書古典籍に収録されている絵入り叢伝の中から，明治以前の人物画像を収録。

『日本肖像大事典』

『日本肖像大事典』日本図書センター，1997

『歴史人物肖像索引』

『歴史人物肖像索引』日外アソシエーツ，2010

・**人物年表**

『日本人物在世年表』

▶『日本人物在世年表』吉川弘文館，1984

天正元（1573）年から明治45（1912）年の歴史的人物に限定した年表。年号と年齢・在世の有無，出来事を相互に参照できる。

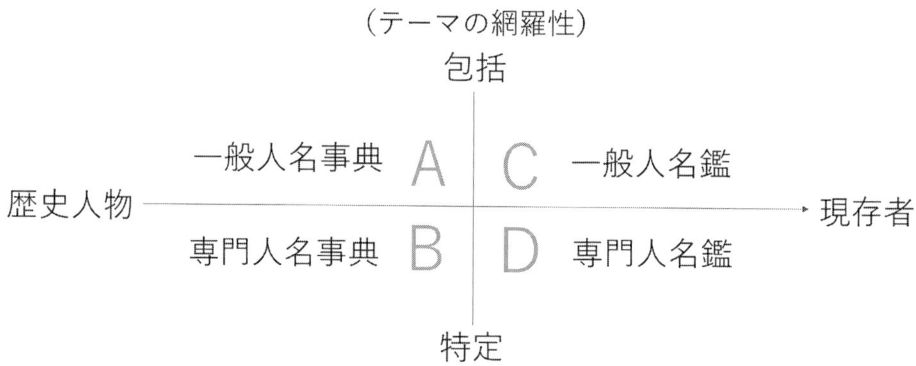

図 13-2　人名事典と人名鑑の収載範囲

●…………**人名鑑（人名録）**

人名事典が，歴史的人物や評価の定まった人物を収載対象に，一定量の解説を収録する一方，人名鑑は現存者を中心にカレントな情報を広く提供することに主眼をおいたツールである。この違いにテーマの網羅性という軸を加えて図示したものが図13-2である。人名鑑は（C），（D）にあたるが，さらに，テーマを設けず収載範囲を広くとったものを（C）一般人名鑑，特定のテーマに限定したものを（D）専門人名鑑と呼ぶ。また，物故者のみ収録した物故人名鑑もある。

物故人名鑑

これらは，名簿のように人物と組織との関係性が一覧できるものもある。経歴や所属は刻々と変化するために，ツールの刊行（収録）年や刊行頻度には留意したい。

・**一般人名鑑**

『現代外国人名録2020』

▶『現代外国人名録2020』日外アソシエーツ，2020

世界を対象に政治・経済・社会・学術・芸能・スポーツなどの分野で活躍する外国人を1万人ほど収録。更新頻度も4年おきと高いため，現存情報も新しい。

『新訂　現代日本女性人名録』

『新訂　現代日本女性人名録』日外アソシエーツ，2001

・**専門人名鑑**

▶『職員録』国立印刷局，1886-　『職員録』

1886（明治19）年から官庁・地方公共団体に所属する職名・氏名を収録。年代によって役職の収録範囲が異なるので注意されたい。

▶『日経 Who's Who』日本経済新聞社　『日経 Who's Who』

全国の上場企業など管理職以上，官公庁・都道府県・市の幹部職員以上を収録。属性・職歴・学歴等を記載。『日経テレコン21』，『G-Search』を通して利用できる。　『日経テレコン21』『G-Search』

・**物故人名鑑**

物故者に限定した人名鑑である。人物や事象は歴史的評価が定まり，人名事典に収載されるまでには相応の時間を要することから，人名探索ツールの網羅性を担保するための貴重なツールとなる。人名事典と人名鑑をつなぐ架け橋的存在ともいえよう。

▶『現代物故者事典』日外アソシエーツ，1980-　『現代物故者事典』

約1万人を収載し，生没年に加え享年・死因も記載。

▶『明治過去帳　物故人名辞典』東京美術，1971　『明治過去帳　物故人名辞典』

明治期に没した人物情報を収録。『大正過去帳　物故人名辞典』も同様の機能をもつ。『国立国会図書館デジタルコレクション』でも閲覧できる。　『大正過去帳　物故人名辞典』『国立国会図書館デジタルコレクション』

▶『日本人物情報大系』皓星社，1999-　『日本人物情報大系』

女性編，満州編，起業家編，学芸編，書画編，朝鮮編，諸芸編，宗教編と索引から成る。冊子と連動したDB索引が用意されている（一部のみ）。

●…………人名索引

複数の人名事典で扱っている人名を一つの事典に集約し，横断的に検索できるよう排列を施したツールである。探索したい人物が，どの人名事典に収載されているのか明らかにしたい時に用いたい。

▶『人物レファレンス事典』日外アソシエーツ，1996-　『人物レファレンス事典』

時代別に「古代・中世・近世編」「明治・大正・昭和（戦前）編」「昭和（戦後）・平成編」，分野別に「郷土人物編」「美術篇」「文芸篇」などに分かれている。

▶『日本人名情報索引（人文分野）データベース』「リサーチ・ナビ」国立国会図書館，https://rnavi.ndl.go.jp/jinmei/index.php　『日本人名情報索引（人文分野）データベース』『リサーチ・ナビ』

国立国会図書館所蔵の人名事典の中から，人名の見出しを横断検索できる。下記の人物文献索引の機能も有する。

『歴史人物肖像索引』日外アソシエーツ，2010　『歴史人物肖像索引』

●…………人物文献索引

検索対象となる人物（被伝者）自身が執筆した文献や被伝者に関する文献に導くためのツールである。被伝者の姓名である一定分量の文献が確認できる。

『人物文献索引』

『人物文献索引』国立国会図書館参考書誌部，1967-1972　3冊

『日本人物文献目録』

『日本人物文献目録』平凡社，1974

『日本人物文献索引　思想・哲学 1980-2010』

『日本人物文献索引　思想・哲学 1980-2010』日外アソシエーツ，2013

●…………団体機関名鑑

『専門情報機関総覧』

『専門情報機関総覧』専門図書館協議会，1969-

『Year book of international organizations』

『Year book of international organizations』K. G. Saur, https://uia.org/yearbook

『全国各種団体名鑑』

『全国各種団体名鑑』原書房，1996-

『帝国データバンク会社年鑑』

『帝国データバンク会社年鑑』帝国データバンク，1995-

『全国学校総覧』

『全国学校総覧』原書房，1994-

●…………三次資料

ここまで列挙してきた人名・団体名に関する二次資料について解説した事典を三次資料という。

『「人名辞典」大事典』

▶『「人名辞典」大事典』（日本図書センター，2007）

明治から平成に刊行の人名事典や人名鑑などを解説する。排列が日本十進分類法と同じなので，選書に向く。

●…………演習問題

人名・団体に関する二次資料（冊子体や DB）を利用し，下記の問いに答えなさい。その際，使用したレファレンスツールが，図 13-2 の A～D のどこに位置するのか考えて答えなさい。

1)　出版年が新しい人名事典・人名鑑と古いそれとを選び，同じ人物名で検索を試み，収載範囲や索引，記述内容を比較しなさい（同一の出版社か否かは問わない）。

2)　映画・ドラマなど，出演者情報が人名から検索できるツールを複数見つけ，同じ検索語を用いて検索し，その結果や探索プロセスから各ツールを評価しなさい。

3)　出身大学，附属図書館，所属する公立図書館や企業，官公庁などについて，人名・団体に関する質問事項を考え，回答に必要なツールを見つけて評価しなさい。

UNIT 14

◉文献検索用情報源とその評価

文献探索用情報源の評価（1）書誌・目録の評価

●…………書誌・目録とは

書誌（bibliography）とは，図書，論文・記事などの書誌データを記述し，これらを探索しやすいように，一定の方式に従って編集・排列したリストのことである。書誌データとは，他の情報源から同定・識別するために必要となるものである。図書の場合は，編著者名，タイトル，出版地，出版者，出版年，ページ数などである。

書誌
書誌データ

目録（catalog）とは，書誌データとともに，その資料がどこにあるのかという所蔵情報を記録したリストのことである。目録に収録されている資料は，実際に現物を所蔵しており，それに基づいて書誌データが記述され，その資料の所在を示すものとなっている。

目録

以上のことから，リストに資料の所蔵情報を付与したものが目録であり，リストのみが書誌ということになる。しかし，日本では，文献目録や図書目録といった場合，書誌の意味で用いられることが多く，書誌と目録がしばしば混用される状況にある。

●…………書誌・目録の種類

図14-1は書誌の種類を整理したものである。書誌には一次書誌，二次書誌，三次書誌の3種類がある。一次書誌とは，包括的，網羅的に図書，論文・記事などを収録した書誌である。この書誌は，主題や著者別に書誌を作成する際，基盤となる書誌データを提供することから，一次的な情報をもつ書誌として，このように呼ばれる。一次書誌には，世界書誌，全国書誌，販売書誌などがある。

一次書誌

世界書誌
全国書誌
販売書誌

二次書誌とは，何らかの選択基準を設けて，一次書誌に収録されている書誌データを取捨選択して作成した書誌である。二次書誌には，主題書誌，人物書誌，選択書誌，翻訳書誌などがある。三次書誌とは，一次書誌や二次書誌といった文献資料のリストを収録した書誌である。そのため，「書誌の書誌」と呼ばれ，書誌の探索やその存在を確認するために用いられる。収録の対象は書誌，目録，索引である。

二次書誌
主題書誌
人物書誌
選択書誌
翻訳書誌
三次書誌
書誌の書誌

目録には所蔵目録と総合目録の2種類がある。所蔵目録（蔵書目録）は，1館が所蔵するコレクションを対象にした目録で，報告書，パンフレット類，写真なども含め，その図書館が所蔵する資料を網羅的に収録して，検索に供するものである。

所蔵目録

総合目録

『学術雑誌総合目録』
『CiNii Books』
OCLC
『WorldCat』

総合目録は，複数の図書館の所蔵資料を対象にした目録で，一定の方式のもとに編成・排列したものである。たとえば，国立情報学研究所が大学図書館を主要な参加館として編成した『学術雑誌総合目録』（刊行終了，『CiNii Books』へ移行）があげられる。『CiNii Books』やOCLC（Online Computer Library Center, Inc.）が提供する『WorldCat』は，電子媒体の総合目録である。

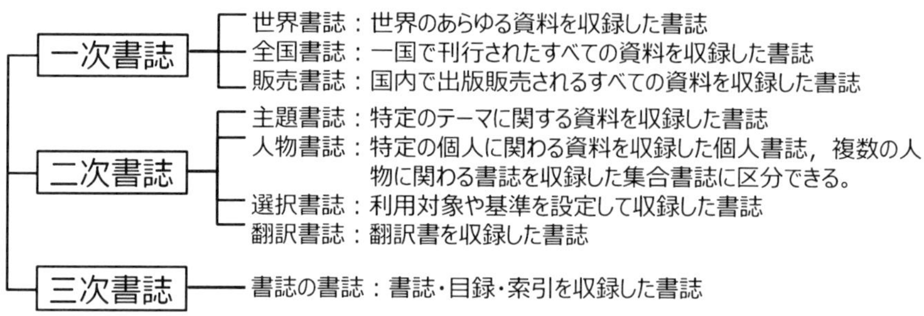

図 14-1　書誌の種類

●…………電子媒体の総合目録と横断検索の違い

横断検索

近年，OPACを対象にした横断検索を総合目録と呼ぶことが増えている。横断検索とは，複数のデータベースを対象に，一括検索を行うことである。都道府県立図書館では，当該自治体の図書館の横断検索ができるサイトを「総合目録」として公開している。たとえば，『宮城県内図書館総合目録』（https://www.library.pref.miyagi.jp/dog/crs）や『京都府図書館総合目録ネットワーク』（https://www.library.pref.kyoto.jp/cross/cross.html）などがあげられる。

電子媒体の総合目録と横断検索との共通点は，複数の図書館の所蔵状況を同時に検索できることである。一方，両者の相違点には次のことがあげられる。電子媒体の総合目録は，複数の図書館の蔵書目録を統合し，一つのデータベースとして検索するもので，総合目録を作成する機関によって，物理的に一つのデータベースの形に統合のうえ，集中管理されている。統合されたデータベースであるため表示項目は共通であり，さらに，著者名や件名などの標目の典拠形を定め，維持管理することによって，目録データの品質管理も行われている。ただし，作成のための時間・費用・労力の負担が大きい。

横断検索は，複数の図書館のOPACを同時に検索するものであり，各図書館の検索の処理方法は異なっている。また，個々のデータベースの検索結果をもとにしているため，表示項目に精粗が見られる場合もある。ただし，電子媒体の総合目録の作成と比べると，時間・費用・労力の負担は少なくてすむ。

電子媒体の総合目録と横断検索には，以上のような違いがあることを理解したうえで，書誌データや蔵書状況を把握するツールとして使用するとよい。

以下，上記の書誌と目録について，冊子とウェブの情報源を対象に，代表的なツールを紹介する。

●…………代表的な一次書誌

A. 世界書誌

▶『WorldCat』（https://www.worldcat.org/） 『WorldCat』

世界最大の書誌ユーティリティであるOCLCが提供する書誌データベース。世界各地の図書館が参加する。2019年9月現在，約4億6400万件の書誌データから，約28億件の所蔵データを検索できる。2019年6月現在，書誌データは480を超える言語で作成され，このうち61％が英語以外の言語で作成されている。世界の資料を網羅的に収録することを意図しているところから，世界書誌として位置づけられる。 OCLC

B. 全国書誌

▶『国立国会図書館サーチ』（https://iss.ndl.go.jp/） 『国立国会図書館サーチ』

「詳細画面」からMARC形式の書誌データを1件ずつダウンロードできるが，検索結果を集合としてまとめてダウンロードはできない。このほか，JAPAN/MARCデータ（毎週更新）（https://www.ndl.go.jp/jp/data/data_service/jnb_product.html）では，1週間分の「全国書誌データ」をMARC形式で，雑誌記事索引データ（https://www.ndl.go.jp/jp/data/sakuin/product.html）では，1週間分の「雑誌記事索引データ」をMARCXML形式でそれぞれ入手できる。 JAPAN/MARCデータ 雑誌記事索引データ

▶『Library of Congress Online Catalog』（https://catalog.loc.gov/） 『Library of Congress Online Catalog』

米国議会図書館が提供するOPAC。2017年12月現在，1億6200万件を超えるコレクションのうち，図書，逐次刊行物，原稿，地図など約1700万件を超える書誌データから検索できる。

C. 販売書誌

▶『BOOK PAGE　本の年鑑』日外アソシエーツ，1988-　年刊 『BOOK PAGE 本の年鑑』

前年に発売された新刊書を収録。書誌データのほか，目次，要旨などを収載。1,000項目のテーマ・トピックから本を検索できる。事項名索引，書名索引，著者名索引がある。

▶『日本件名図書目録』日外アソシエーツ，1986-　年刊 『日本件名図書目録』

図書をキーワード（件名）から検索できるよう主題別に排列したもの。「人名・地名・団体名」編と「一般件名」編からなる。1985年以前に発行された図書については，3つの期間（56/69，70/76，77/84）に分かれた累積版がある。

▶『Books』（https://www.books.or.jp/） 『Books』

各出版社が提供する国内発行の紙と電子の書籍情報を収録し検索できる。収録

『出版書誌データベース』

データは，日本出版インフラセンターの『出版書誌データベース』に蓄積された約230万点（2019年12月現在）。これらは（一社）日本書籍出版協会『Books』の書籍情報を移行したものである。

●…………代表的な二次書誌

A. 主題書誌

主題書誌には，主題ごとに多様な資料があるため，個々に列挙することは難しい。近年，ウェブの情報源も増加し，定期的に更新されている。一例として，以下のものがあげられる。

『研究文献要覧大系』

▸『研究文献要覧大系』日外アソシエーツ

日本文学，社会学，図書館情報学，経営管理など特定の分野をタイトルに冠した主題書誌。それぞれに研究図書，雑誌論文，書評などを網羅的に収録。分野によっては，『日外e-レファレンス・ライブラリー』（有料）で検索できる。

『日外e-レファレンス・ライブラリー』

『生活・健康・栄養図書総目録』

▸『生活・健康・栄養図書総目録』（http://www.seikatu-kasei.com/）

生活・健康・栄養関係の専門書を収録した家政学図書目録刊行会が提供するデータベース。キーワード，カテゴリ，出版年から検索できる。書誌データ，紹介文，出版社からのコメントなどを収録。

B. 人物書誌

『人物書誌大系』

▸『人物書誌大系』日外アソシエーツ

シリーズとして，作家，哲学者，経済学者など特定の人物の著作・年譜，参考文献などを収録した書誌。2017年12月現在，45の個人・集合書誌が発行されている。

C. 選択書誌

『選定図書総目録』

▸『選定図書総目録』日本図書館協会，1951-2016　年刊

日本図書館協会の図書選定委員会が発行する『選定図書速報』に収録されたものの中から，公共図書館などの蔵書に望ましい図書の書誌データに解題を付したもの。2007年版からCD-ROMで発行，図書選定事業の終了に伴い2016年版で刊行終了となった。後継事業として図書紹介事業委員会が『図書館雑誌』と日本図書館協会の同委員会ホームページで「図書館員のおすすめ本」を掲載している。

『世界名著大事典　オリジナル新版』

▸『世界名著大事典　オリジナル新版』平凡社，1987-1989，17冊

約1万1千冊の各国の主要な古典的著作を収録。書誌データに解題を付している。第14，15巻は著者の略伝と主著紹介，第16巻は各種の索引から構成される。

D. 翻訳書誌

『翻訳図書目録』

▸『翻訳図書目録』日外アソシエーツ，1984-

明治・大正・昭和戦前期から直近まで期間を区切り，その期間に国内で刊行された翻訳図書を原著者名ごとに収録。「総記・人文・社会」，「科学・技術・産業」，

「芸術・言語・文学」に分かれる。『日外 e- レファレンス・ライブラリー』（有料）でも検索できる。

▶『Index Translationum』（http://www.unesco.org/xtrans/）

『Index Translationum』

ユネスコが提供するデータベースで，1932 年創刊の冊子 *Index Translationum* を継承したもの。1979 年以降，加盟国で刊行・翻訳された人文・社会・自然科学分野の図書 200 万件以上の書誌データを収録。国内外で刊行された図書が日本語を含めてどのような言語に翻訳・出版されているか検索できる。

●…………代表的な三次書誌－書誌の書誌

▶『書誌年鑑』日外アソシエーツ，1982-　年刊

『書誌年鑑』

前年に日本で刊行された，主として人文・社会科学分野の文献資料のリストを収録。各文献の書誌データから人名・地名・件名・雑誌名などのキーワードを抽出し分類している。『日外 e- レファレンス・ライブラリー』（有料）でも検索できる。

『日外 e- レファレンス・ライブラリー』

▶『日本書誌の書誌』厳南堂書店，1973-1981，日外アソシエーツ，1984，金沢文圃閣，2006

『日本書誌の書誌』

明治以降 1970 年までに刊行された各種の書誌を収録。総載編，主題編，人物編からなる。

●…………代表的な総合目録

▶『日本古典籍総合目録データベース』（https://base1.nijl.ac.jp/~tkoten/）

『日本古典籍総合目録データベース』

国文学研究資料館が提供する日本の古典籍の総合目録。『国書総目録』と『古典籍総合目録』などを収録。古典籍の書誌と所在情報を著作および著者の典拠情報とともに提供する。2019 年 11 月現在，62 万件を超える書誌データから検索できる。

▶『CiNii Books』（https://ci.nii.ac.jp/books/）

『CiNii Books』

国立情報学研究所が運用する目録所在情報サービス（NACSIS-CAT）に蓄積された書誌・所蔵情報をもとにした総合目録データベース。2014 年 4 月現在，約 1,200 の大学図書館等の機関が所蔵する約 1 千万件の図書書誌データとのべ 1 億冊以上の図書所蔵データを検索できる。図書のほかに雑誌の書誌・所蔵データも検索できる。

NACSIS-CAT

●…………資料の評価

書誌や目録といったツールをレファレンスコレクションに含めるか否かを判断するには，ツールを個別に評価した上で，受入れの適否を検討する必要がある。以下では「レファレンス資料評価表」（長澤雅男『レファレンスサービス－図書館における情報サービス』丸善，1995）をもとに，『図書館情報学研究文献要覧　1999～

2006』を評価する。

（書誌事項）
・タイトル：図書館情報学研究文献要覧 1999～2006
・著・編者名：「図書館情報学研究文献要覧」編集委員会 編
・出版地・者・年：東京・日外アソシエーツ株式会社・2009 年
・ページ数：価格：18，991p.：39,900 円（税込）
・ISBN／ISSN・更新頻度：978-4-8169-2117-9・不定期
（評価内容）
・記述言語：日本語（例：日本語・英語・フランス語・ドイツ語など）
・対象範囲：日本国内で発行された図書館情報学に関する研究文献（例：主題・時代・地域など）
・収録期間：1999 年 1 月～2006 年 12 月
・収録件数：29,800 件
・データのタイプ：書誌（例：全文，書誌，抄録，数値，図表など）
扱い方：学術的（例：学術的，一般的，実録的，解説的など）
・配列：15 項目に大別した上で，内容による分類がなされる。さらに，文献の形態・種類によって，図書・雑誌・書評に区分される。区分内は五十音順
・利用対象：専門家，一般成人，学生（例：専門家，一般成人，学生，児童・生徒など）
・検索手段：事項名索引，著者名索引，収録誌名一覧（例：目次，具体的な索引など）
・短評：1970 年～2006 年の 37 年間分を計 4 冊で発行する。図書館情報学分野に関する図書・雑誌論文計 80,000 件を検索できる。巻頭に研究文献の調査方法，最近の研究用基本文献・参考図書について紹介した利用案内が付されている。図書館情報学の研究・学習の手助けとなる情報が網羅されている。

●…………演習問題

「資料の評価」で取り上げた評価項目のうち，記載できる項目を用いて，以下の冊子とウェブの書誌・目録を評価しなさい。
1）『読売年鑑』読売新聞社
2）『学校図書館基本図書目録』全国学校図書館協議会
3）『翻訳小説全情報』日外アソシエーツ
4）『闘病記ライブラリー』（http://toubyoki.info/index.html）
5）『日本農業書総目録』（http://www.ruralnet.or.jp/avcenter/kaiin13.html）

UNIT 15

◉文献検索用情報源とその評価

文献検索用の情報源の評価（2）記事索引の評価

●…………新聞記事索引

大手各紙の過去の記事を検索するには有料データベースを活用することができる。また，地方紙の記事を検索する際に，図書館などで作成される記事見出しデータベースを，無料で利用することができる場合がある。

●…………日本の大手新聞の記事索引

▶『聞蔵Ⅱビジュアル』（http://database.asahi.com/）

『聞蔵Ⅱビジュアル』

『朝日新聞』の記事について，1879（明治12）年の創刊号から今日まで約1,500万件を有料で検索することができる。「基本コンテンツ」として，1985（昭和60）年以降の記事を全文検索できる「朝日新聞1985～」や，昭和期の記事「朝日新聞縮刷版　昭和戦後紙面データベース（1945～1989）」が備わっており，このうち「朝日新聞1985～」では，沖縄県を除く46都道府県の全地域面が収録されるほか，東京本社発行朝刊のほとんどの記事が，当日の朝6時から検索可能となっている。また，2005（平成7）年11月以降の記事は，切り抜きイメージが利用できる。

オプション契約による利用として，「朝日新聞縮刷版　明治・大正紙面データベース（1879～1926）」や，「朝日新聞縮刷版　昭和戦前紙面データベース（1926～1945）」などがあり，紙面イメージ約21万ページが採録されている。掲載日や見出しのほか，人名，地名，事象名などのキーワード，分類で検索することができ，記事だけでなく広告も探すことができる。明治・大正・昭和期の大きな歴史的事件や著名な人物には「歴史キーワード」が付与され，原文に当該の言葉が用いられていなくとも，関連する記事が事象ごとにまとめられている点が特徴的である。

このほか，「アサヒグラフ　1923～1956」（オプション）を検索すれば，収載時期について，グラフ誌（画報誌とも。写真（特に報道写真）を主体にした雑誌）である『アサヒグラフ』（1923年から2000年まで刊行されていた日本の代表的なグラフ誌）約2,000冊の誌面イメージをカラーで見ることができる。

グラフ誌

『アサヒグラフ』

▶『ヨミダス歴史館』（https://database.yomiuri.co.jp/about/rekishikan/）

『ヨミダス歴史館』

『読売新聞』の記事について，1874（明治7）年の創刊号から今日まで約1,400万件を収録した有料データベース。『ヨミダス歴史館』では，昭和末年の1989年までの紙面イメージが収録され，『ヨミダス歴史館（平成・令和）』では，1986年以降の新聞記事テキストが収録される。2008（平成10）年12月以降の記事には，切り抜き紙面が付いている。

また，英字紙“The Daily YOMIURI”（1989年9月～2013年3月），および後継紙“The Japan News”（2013年4月～）の記事も検索することができる。見出しが設けられていない明治期～昭和終戦直後ごろの紙面を検索する場合は，該当記事に「赤ピン」が立ち，見やすくする工夫がなされている。

『日経テレコン21』

▸『日経テレコン21』（https://t21.nikkei.co.jp/）

日本経済新聞社の提供する有料データベース。『日本経済新聞』，『日経産業新聞』，『日経MJ』など，日本経済新聞社が発行する各新聞や，全国紙，一般紙，スポーツ紙，業界紙など140紙以上が有料で検索できるほか，日経BP社の発行する『日経ビジネス』や『週刊東洋経済』，『週刊ダイヤモンド』など，100誌を超える経済誌を横断的に検索することもできる。日経速報ニュースや日経各紙，経済誌など100媒体以上を対象としたクリッピングの提供も行われており，利用者はメールで結果を受け取ることもできる。

●…………日本の地方新聞の記事索引

A.　各県立図書館が作成した地方新聞の記事索引

『秋田魁新報記事見出し検索』

▸『秋田魁新報記事見出し検索』（https://da.apl.pref.akita.jp/lib/）

秋田県立図書館作成・提供。1905（明治38）年～1999（平成11）年の『秋田魁新報』の記事の中から，秋田に関する主な記事を選定し，記事のタイトルなどの情報をデータベース化したもの。「秋田県立図書館デジタルアーカイブ」から利用できる。

『岩手日報郷土関係記事検索』

▸『岩手日報郷土関係記事検索』（http://www.library.pref.iwate.jp/books/kyoudo/index.html）

岩手県立図書館作成・提供。1993（平成5）年～2019（令和元）年の『岩手日報』に掲載された岩手関係の新聞記事について，日付，朝夕刊の別，記事の見出しなどを検索することができる。

『大分合同新聞記事見出し検索』

▸『大分合同新聞記事見出し検索』（https://library.pref.oita.jp/winj2/opac/search-headline.do?lang=ja）

大分県立図書館作成・提供。1918（大正7）年以降の，『大分合同新聞』（前身の『大分新聞』，『豊州新報』を含む）の大分県関係の主要記事の見出しから検索することができる。

B.　地域に関する複数の新聞の記事索引

地域に関する複数の新聞記事の見出しを検索できるウェブ情報源として，以下のものなどがある。

▶石川県立図書館『石川県内新聞記事共同データベース』(http://www4.library.pref.ishikawa.lg.jp/ipldb/news_srch.php)

『石川県内新聞記事共同データベース』

▶千葉県立図書館『千葉県関係新聞・雑誌記事索引』(http://e-library.gprime.jp/lib_pref_chiba/da/top)

『千葉県関係新聞・雑誌記事索引』

▶滋賀県立図書館『滋賀県関係新聞記事見出し検索』(https://www.shiga-pref-library.jp/wo/si_search/search/)

『滋賀県関係新聞記事見出し検索』

C. 新聞切抜資料に基づく記事索引

▶『神戸大学附属図書館新聞記事文庫』(http://www.lib.kobe-u.ac.jp/sinbun/)

『神戸大学附属図書館新聞記事文庫』

神戸大学経済経営研究所によって作成された，明治末から1970（昭和45）年までの新聞切抜資料を集めた「新聞記事文庫」のデータベース。約50万件を収録する。対象紙には，大阪の主要紙である『大阪朝日』，『大阪毎日』，『大阪時事』や経済紙『中外商業新報』，さらに主要地方紙や旧植民地・外地紙などが含まれる。

●…………海外の新聞の記事索引

▶『Nexis Uni』(http://www.advance.lexis.com/)

『Nexis Uni』

大学や短大など教育機関向けの有料のウェブ情報検索システムで，15,000以上の情報源にアクセスすることができる。世界各国の新聞のほか，雑誌・通信記事が主に英語で全文（一部抄録のみ）が提供されるほか，ビジネス誌や産業ニュースなどのデータベースも収録されている。

海外の有料新聞記事データベースとして，ほかにも，センゲージラーニング社の提供する『ロンドン・タイムズ』全紙面アーカイブ『The Times Digital Archive 1785-2013』(https://gale.com/intl/c/the-times-digital-archive）や，『フィナンシャル・タイムズ』の1888年創刊号から2016年号までのアーカイブ『Financial Times Historical Archive 1888-2016』(https://gale.com/intl/c/financial-times-historical-archive/）などがある。

『The Times Digital Archive 1785-2013』

『Financial Times Historical Archive 1888-2016』

●…………印刷体の新聞記事索引

次のものなどがある。

▶『新聞集成明治編年史』財政経済学会，1934，15冊

『新聞集成明治編年史』

1862（文久2）年から1912（明治45）年に発行された200種以上の新聞から，さまざまな記事を年月日順に掲載している。第15巻が全巻索引となっている。林泉社から刊行された再版（1940年）は，『国立国会図書館デジタルコレクション』で見ることができる。大正期の新聞記事については，『新聞集成大正編年史』（新聞資料出版，44冊）があるが，索引巻は付されていない。昭和期については，1965

『新聞集成大正編年史』

『新聞集成昭和編年史』

(昭和40)年まで,『新聞集成昭和編年史』(新聞資料出版,169冊)にまとめられている(2019年7月現在,継続刊行中)。

『明治ニュース事典』

▶『明治ニュース事典』毎日コミュニケーションズ,1983-1986,9冊

『毎日新聞』の前身である『東京日日新聞』の新聞記事を中心に選択し,歴史上の事件名,人名,地名,団体名,共通テーマの順に分類している。各巻に索引が付されているほか,別巻の総索引(事項索引,見出し索引,年次別索引,分類別索引)もある。同社からは,『大正ニュース事典』(1986-1989,8冊),および,1945(昭和20)年末までを対象とした『昭和ニュース事典』(1990-1994,9冊)も刊行されている。

『大正ニュース事典』
『昭和ニュース事典』

●…………雑誌記事索引

著作権許諾処理の済んだ学術論文などは,今日,インターネット上で閲覧できる場合も少なくない。雑誌記事索引についても,ウェブ情報源を利用する機会は増えている。主要なウェブ情報源のうち,最もよく参照されるのは,国立国会図書館の『NDL ONLINE』,国立情報学研究所の『CiNii Articles』や,科学技術関係の有料データベース『JDream Ⅲ』,一般誌の記事検索向けの『Web OYA-bunko』であるが,これらについてはUNIT 35「雑誌記事の書誌データの調べ方」で後述することとし,ここではそれ以外の情報源で代表的なものをあげておきたい。

『NDL ONLINE』
『CiNii Articles』
『JDream Ⅲ』
『Web OYA-bunko』

『MagazinePlus』

▶『MagazinePlus』(http://www.nichigai.co.jp/database/mag-plus.html)

書誌・索引ツールの刊行などで知られる日外アソシエーツが有料で提供する論文情報データベース。国立国会図書館『雑誌記事索引』(『NDL ONLINE』で検索可)に収載されたデータに加え,戦後国内の学術団体が刊行した人文社会系の年次研究報告や学術論文集を収録する。その総数は,雑誌32,765誌,図書13,124冊,論文・記事約2,055万件に上る(2020年1月現在)。

『雑誌記事索引』

『学術研究データベース・リポジトリ』

▶『学術研究データベース・リポジトリ』(NII-DBR)(https://dbr.nii.ac.jp)

国立情報学研究所が無料で提供している,国内の学会,研究者,図書館などによって作成された,さまざまな専門分野の横断的データベース。25のデータベースを収めるが(2020年5月現在),その中には,東京大学史料編纂所架蔵影写本に収載された古文書ほぼ全点などを収録した『古文書目録データベース』(約84万件),経済学関係の約1,000誌に掲載された論文の標題,著者名などを収録した『経済学文献索引データベース』(約21万件),日本の社会学関連の雑誌・研究紀要に掲載された文献の書誌情報などを収録した『社会学文献情報データベース』(約11万件)などが含まれる。

『古文書目録データベース』
『経済学文献索引データベース』
『社会学文献情報データベース』

『雑誌記事索引集成データベース』

▶『雑誌記事索引集成データベース』(ざっさくプラス)(http://info.zassaku-plus.com/)

皓星社発行の冊子体『明治・大正・昭和前期雑誌記事索引集成』120冊（社会科学篇70冊と人文科学篇50冊）に基づく有料データベース。明治初期から現在まで，全国誌や地方で発行された雑誌（旧植民地などで発行された日本語の雑誌記事も含む）に収められた記事約1,500万件を検索することができる。 『明治・大正・昭和前期雑誌記事索引集成』

▶『D1-Law.com』（https://www.d1-law.com/） 『D1-Law.com』

第一法規が有料で提供する法情報総合データベース。日本の現行法令を集大成した『現行法規総覧』の法令情報を検索できるほか，1953年以来，加除式書籍で提供されてきた『判例体系』の約29万件の判例を収録する。また，法律関係図書や専門雑誌約1,300誌，判例情報誌26誌に掲載された判例の書誌情報約74万件（2020年4月現在）を収録した『法律判例文献情報』も検索できる。 『現行法規総覧』 『判例体系』 『法律判例文献情報』

▶『国文学論文目録データベース』（https://base1.nijl.ac.jp/~rombun/） 『国文学論文目録データベース』

国文学研究資料館が無料で提供している日本文学研究データベース。1912（大正元）年以降，日本国内で発表された雑誌，紀要，単行本（論文集）などに収められた論文・文献情報を約60万件収めている（2020年1月現在）。

▶『医中誌Web』（https://login.jamas.or.jp/） 『医中誌Web』

医学中央雑誌刊行会が教育機関や企業向けに有料で提供する，国内医学論文情報データベース。医学，歯学，薬学，看護学，および関連分野の定期刊行物，のべ約7,500誌に掲載された約1,350万件の論文情報が収録される（2019年12月現在）。

▶『Web of Science』（https://apps.webofknowledge.com/） 『Web of Science』

クラリベイト・アナリティクス社が提供する引用文献情報の有料データベース。1900年以降の世界中の学術雑誌約18,000誌や専門書8万冊，会議録18万点（2019年12月現在）などを対象に，分野横断的に検索することができる。対象データベースには，人文学分野の『Arts & Humanities Citation Index（A&HCI）』，社会科学分野の『Social Sciences Citation Index（SSCI）』，自然科学分野の『Science Citation Index Expanded（SCIE）』などが含まれる。

▶『Sci Finder』（https://scifinder.cas.org/） 『Sci Finder』

アメリカ化学会（CAS）によって提供される有料データベース。化学文献情報，物質情報，有機化学反応情報，試薬・化成品カタログ情報，医学文献情報などを収録する。過去200年間に発表された科学関連の論文や特許について，研究トピック，著者名，企業名，化学物質名，反応などから検索することができる。

▶『Dialog』（https://dialog.proquest.com/） 『Dialog』

1972年に米国で始まったオンライン情報検索システム『Dialog』と，1993年に欧州で始まった『DataStar』を統合し，2013年からプロクエスト社がサービスを開始した有料データベース。日本では，㈱ジー・サーチによって提供されている。科学技術文献データベース『SciSearch』，物理学分野の『INSPEC』，医学分野の 『DataStar』 『SciSearch』 『INSPEC』

『MEDLINE』
『EMBASE』
『PsycINFO』
『INPADOC』

『MEDLINE』，医薬文献データベース『EMBASE』，心理学分野の『PsycINFO』，特許情報『INPADOC』など，世界中の約140に上るデータベースを横断的に検索することができる。

『ERIC』

▶『ERIC』（https://eric.ed.gov/）

米国教育省の教育科学研究所（IES）が提供する，北米の教育関係の無料データベース。1966年から現在までの教育関係の論文（研究報告，雑誌掲載論文など）約160万件を検索することができ，そのうち約35万件については全文を閲覧することができる（2019年12月現在）。

『Google Scholar』

▶『Google Scholar』（https://scholar.google.com/）

米国Google社の提供する無料の学術論文検索エンジン。分野や発行元を問わず，学術出版社，専門学会，大学などの発行した学術雑誌，図書，テクニカルレポートなどを検索することができる。任意のキーワードを入力して検索した結果について，関連度の高い順にリストアップされる。論文の被引用回数や，h指数（論文の掲載数と被引用回数に基づく評価指標）も把握できる。

●…………雑誌記事索引としての電子ジャーナルのプラットフォーム

電子ジャーナルプラットフォーム

プラットフォームとは，情報通信技術産業の領域では，複数のネットワーク・端末と複数のアプリケーションをつなぐ「要」の役割を果たすサービスとされている。したがって，電子ジャーナルプラットフォームとは，複数の電子ジャーナルにアクセスする上での基盤となるサービス・ウェブサイトを指している。これプラットフォームにおいては，雑誌記事全文にアクセスできるようにする記事の検索機能が必須であるが，この機能がいわば雑誌記事索引であると考えられる。

『J-STAGE』

▶『J-STAGE』（https://www.jstage.jst.go.jp/）

国立研究開発法人科学技術振興機構（JST）が運営する電子ジャーナルの無料公開システム。1998年にプロジェクトがスタートし，医学，薬学，工学系のジャーナルを中心に，自然科学分野の雑誌など，約3,000誌を収録し，収録記事総数は約500万件に上っている（2020年6月現在）。

●…………演習問題

1）地域に関する複数の新聞記事の見出しを検索できるウェブ情報源のうち，市区町村立図書館によって提供されるものを探し，その一つについて特徴を記述せよ。

2）図書館情報学関係の雑誌記事を検索することのできる専門データベースにどのようなものがあるか。その特徴を考察しなさい。

UNIT 16

◉検索の技法

論理演算の演習

●…………論理演算

コンピュータは，私たち人間が日常的に使用している言語（自然言語）を理解できない。したがって，人間は，自然言語で表現している事柄の関係をコンピュータに理解できるように論理的に示す必要がある。この手段としてよく利用されているのが論理演算（logical operation）である。ジョージ・ブール（George Boole）によって考案されたため，ブール演算（Boolean operation）とも呼ばれている。

論理演算
ジョージ・ブール
ブール演算

論理演算は，正しい（真）か正しくないか（偽）かのいずれかの二通りの答えを返す事柄（命題）を対象とし，複数の命題を組み合わせた結果を計算する機能である。情報検索では，「真」は，利用者が入力した検索条件にレコードが合致していることを意味し，「偽」は，利用者が入力した検索条件に合致しないことを意味する。

簡単な論理演算はベン図（Venn Diagram; John Venn が発案）で図示できるので，以下ベン図を使って見ていきたい。以下，それぞれのベン図に登場する U はデータベースすべてのレコードの集合，A, B, C……はそれぞれ入力されたある検索語に合致したレコードの集合として説明していく。

ベン図

まず，ある検索語で検索したときに，合致するレコードの集合を A としよう。ベン図で表現しようとすると，真の箇所，つまり合致するレコードの集合が灰色の部分である（図 16-1。以下，該当する箇所が灰色で塗りつぶされている）。

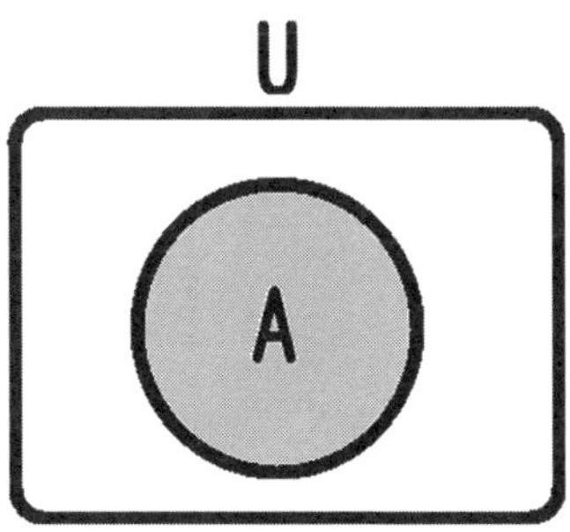

図 16-1　検索語に合致するレコードの集合 A

また，ある検索語が表す主題 A に対する否定（*NOT*）もある。先ほどの例でいうと，A の否定ということは，全体集合 U のうち，A ではない部分すべてが該当

否定
NOT

することになる。これを図で示すと，図 16-2 の通りになる。なお，否定は単独もしくは複数の命題で表現される検索式（論理式）全体に使用できるが，ここでは，単独の命題にのみ使用して処理していく。

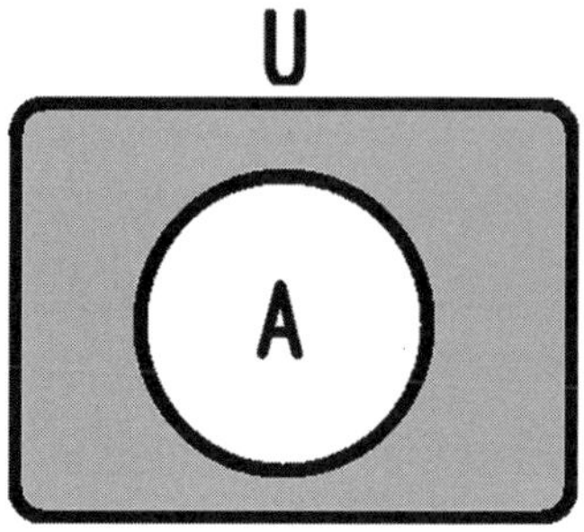

図 16-2　否定（*NOT* A）

●…………論理演算子：論理積（*AND*）

ここまでの説明ではある概念一つを取り上げている。実際の情報検索では複数の概念を組み合わせることが多い。つまり，複雑な情報検索を行うためには，複数の要素の論理的な関係を説明できなければならない。論理演算ではこの関係を説明するための記号があり，これを論理演算子と呼ぶ。

論理演算子

論理積
AND

情報検索で使用される論理演算子の中で最も使用頻度が高いのが論理積（*AND*）である。情報検索システムでは，“AND”，“&”，“*”，あるいはスペース（空白）等で表現されることがあり，記号の前後を同時に満たすことを意味する。図 16-3 でいうと，A と B とが交わっている箇所が灰色に塗られているが，この部分が A *AND* B にあたる。論理積を使用すると，複数の概念を同時に満たしている対象に限定されることになるので，検索結果からさらに絞り込むとき，あるいは，より精度の高い検索を行うときに使用される。

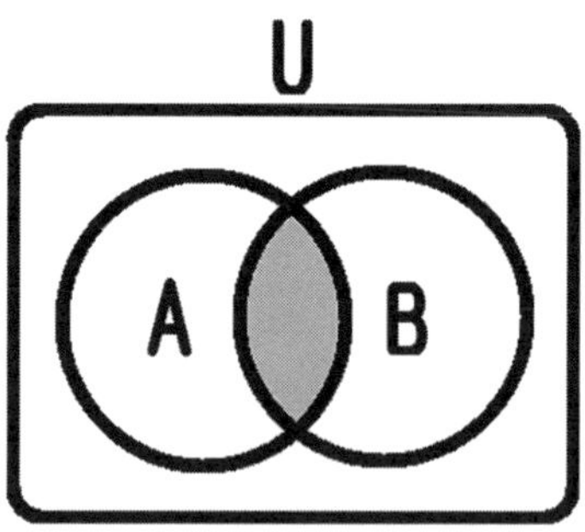

図 16-3　論理積（A *AND* B）

●…………論理演算子：論理和（*OR*）

論理和
OR

次に使用されるのが，論理和（*OR*）である。情報検索システムでは，“OR”，

“+”，“|” 等で表現されることがあり，記号の前後のうち一つでも満たしていること（当然二つとも満たしている場合も含まれる）を意味する。図 16-4 でいうと，A だけが該当する部分，B だけが該当する部分，そして A と B とが交わる部分のすべてが灰色に塗られているが，この灰色に塗られた部分が A *OR* B にあたる（図 16-4）。

論理和では，いずれか一つでも満たしていればよいので，同義語・類義語をまとめて探し出すときにもよく使用される。たとえば，本・図書・書籍といった同義語がある場合には，単独の表現だけでは，必要な情報をすべて検索できない。こうしたときに，“本 *OR* 図書 *OR* 書籍” とすることで，まとめて検索できるようになる。

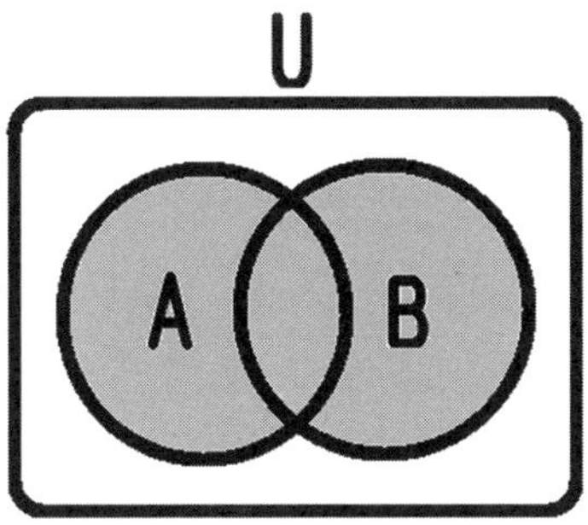

図 16-4　論理和（A *OR* B）

●…………情報検索システムにおける *NOT* の取り扱い

情報検索システムでは，これまで見てきた否定（*NOT*），論理積（*AND*），論理和（*OR*）を組み合わせて検索式を構築していけばよい。ただし，*NOT* については，*AND NOT* という形に限定して使用させる情報検索システムが多い。すなわち，“*NOT* B *AND* A” という形での使用を禁じて，“A *AND NOT* B” という形でのみ使用させるものである。さらに，*AND NOT* をひとまとめにして，これを論理差として使用させる場合も多い。 論理差

また，*NOT* は利用者が想定した概念を満たさないものを探すという形になり単純ではないため，そもそも使用できないようにしている情報検索システムも多い。以上の点から情報検索システムにおける *NOT* の取り扱いは以下のいずれかになる。

1） いかなる形でも *NOT* は使用できないようにしている
2） *AND NOT* の形のみで使用でき，多くの場合，*AND NOT* をまとめて論理差として使用させている
3） *NOT* 単独で使用できるようにしている

AND NOT をまとめて論理差としている情報検索システムでは，“NOT”，“-”

（半角ハイフン），“!”等で表現し，記号の前を満たすが，記号の後ろは満たさないことを表すことになる（図 16-5)。

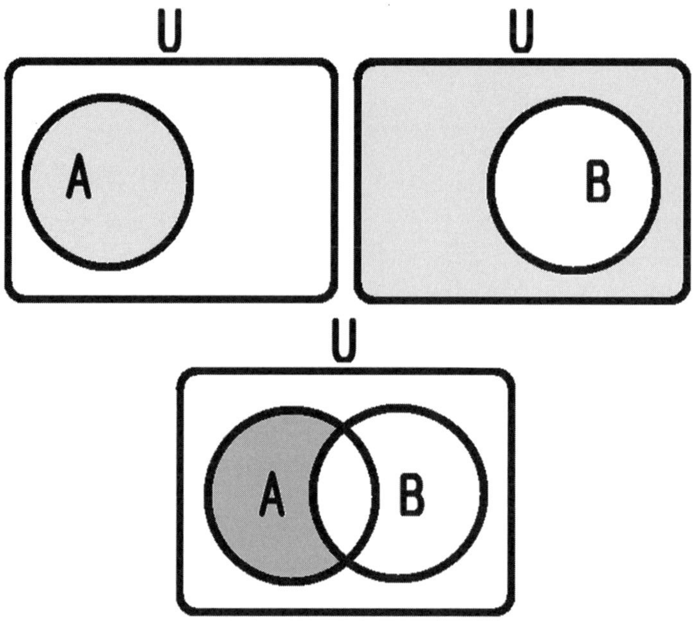

図 16-5　A *AND NOT* B（上の A と *NOT* B の同時に満たしている）

NOT を使用した検索では，必要ない要素が排除されることになるので，明らかに取り除きたい要素が多数あるときに使用するのが便利である。たとえば，東京以外の日本について調べたい場合，東京を取り除きたいので，“日本 *AND NOT* 東京”とすればよい。ただし，現実の情報検索システムでは，照合を行っているだけなので，仮に東京のことについて書かれていなくても，東京という表現があるだけで排除されてしまう。

論理演算の優先順位

●…………論理演算の優先順位：基本原則

論理演算子の説明の中で，積（掛け算）・和（足し算）という表現が登場しているが，算数の四則演算と同様で，原則としていくつかのルールがある。

まず，論理積（*AND*）だけ，あるいは論理和（*OR*）だけで演算が行われる場合には，それぞれの集合の順番は関係なく同一の結果になる。つまり，

A *AND* B = B *AND* A　　　　A *OR* B = B *OR* A

ということになる。したがって，論理積や論理和だけの検索のときには検索語を入力する順番は特に気にする必要はない。

これに対して，*AND NOT* と一体化したものを論理差として使用させる情報検索システムの場合，記号の前を満たし，記号の後は満たさないといった処理になるので，順番が異なると結果が大きく異なるので注意が必要である。図 16-6 にある通り，記号の前後を入れ替えると結果がまったく異なる。

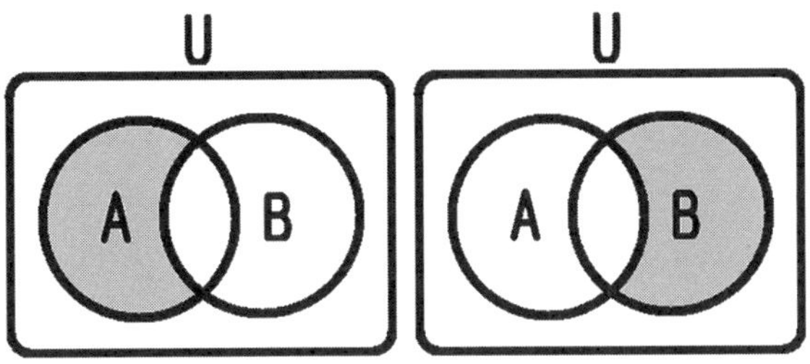

図 16-6　A *AND NOT* B（左）と B *AND NOT* A（右）

●…………**論理演算の優先順位：カッコを使用した論理演算**

論理積と論理和が同時に使用されている場合も要注意である。原則としては，算数の四則演算と同様で，掛け算，すなわち論理積（*AND*）が優先され，足し算，すなわち論理和（*OR*）が後回しにされる。演算の都合上，論理和を先に計算する場合には，“(　　)”を使用して優先したい演算を指定することになる。たとえば，A と B の論理和を演算してからその結果と C の論理積を演算する場合には，

“(　)”

(A *OR* B) *AND* C

となる。これを誤って，“A *OR* B *AND* C”と表記すると，B と C の論理積（*AND*）の集合を作ってから，その結果と A の論理和（*OR*）を演算することになり，まったく異なった結果になる。両方の結果をベン図で表現すると以下のようになる（図 16-7）。なお，論理演算に不慣れな人が 3 つ以上の項目を組み合わせた演算を行うときには，演算順位に従って，2 項目間で論理演算を行い，その結果と 3 番目の項目を組み合わせて……というように，手順に従って一つずつ確認しながら進めていくとよい。

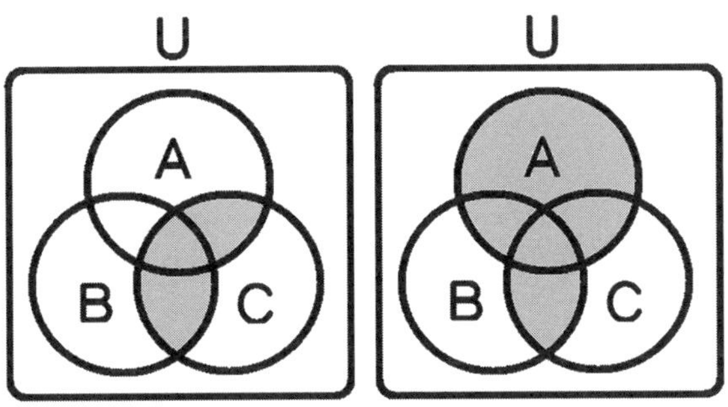

図 16-7　(A *OR* B) *AND* C（左）と A *OR* B *AND* C（右）の比較

●…………実際の情報検索システムにおける注意点

論理演算子として使用される記号は情報検索システムによってまったく異なる。初めて利用する情報検索システム，あるいは日常的に利用していても複雑な検索式で検索するときには必ずヘルプやマニュアルといったもので確認しなければならない。

また，論理演算の優先順位の原則はすでに述べた通りであるが，現実の情報検索システムによっては，入力された順序（上から順，あるいは同一行に入力されている場合には，左から）で逐次演算を行うようにしているシステムもあるので，ヘルプ等で確認し，さらに入力の順番を慎重に確認する必要がある。

また，“(　)”が使用できないシステムもある。通常の数式では，$(x+y)\times z=x\times z+y\times z$であるのと同様に，(A *OR* B) *AND* C ＝ A *AND* C *OR* B *AND* Cと表現することができるので，右側の式で表現するようにするとよい。

●…………演習問題

1) 以下の論理演算をベン図で表現しなさい。

a.　A *AND* B *AND* C　　b.　A *OR* B *OR* C

c.　A *AND*（B *OR* C）　　d.　A *AND* B *OR* C

2) 国立国会図書館提供の『NDL ONLINE』(https://ndlonline.ndl.go.jp/)，国立情報学研究所提供の『CiNii Books』(http://ci.nii.ac.jp/books/)，あなたがよく利用する公共図書館，大学図書館について，論理積・論理和・否定・(　)の機能の有無，使用法，表現する記号について調べなさい。

UNIT 17

◉検索の技法

さまざまな演算機能と論理式作成の演習

●…………さまざまな検索機能

利用者は論理演算に基づく検索式を情報検索システムに入力することが基本となる。一方で，利用者の検索式の入力上の負担を軽減したり，網羅性を高めたり，あるいは，精度の高い検索を行うための機能を用意している情報検索システムもある。これらの機能は，必ずしもすべての情報検索システムに備わっているわけではないが，適切に使用すると効果を発揮することが多い。このUNITでは，一般的な説明を行うので，実際に検索を行う際には，情報検索システムのヘルプ等を参照してよく確認する必要がある。

●…………比較演算

比較演算

たとえば，2009年から2013年の間に出版されているレコードを検索することを考えてみる。出版年の項目で“2009 *OR* 2010 *OR* 2011 *OR* 2012 *OR* 2013”で検索すればよいのは確かであるが，入力の手間がかかる。この場合，入力された検索語がいずれも数値で，2009以上2013以下の範囲にあることを考えると，2009以上2013以下でまとめて検索する機能があれば簡単に検索できる。

比較演算はこのような場合に対応した，入力した数値の大小を比較する演算機能である。多くの情報検索システムで用意されているのは，出版年に代表される年月日の数値部分の比較演算である。具体的には，年月日を入力させることで，その間に刊行された資料をすべて探せるようにしている。

図17-1　出版年の検索項目での比較演算の例

「○○年から××年まで」と出版年を入力させる情報検索システムでは，○○の部分には，古い方の出版年として2009を入力し，××の部分には2013を入力することになる。図17-1が入力の例であり，それぞれのボックスに数値を入力することになる。

また，2013年に刊行された資料を探す場合には，2013以上，2013以下という両方の条件を満たす出版年は2013しかないことを利用して，○○と××の双方に2013と入力することになる。

比較演算は出版年で最もよく使用されているが，自然科学系のデータベースでは，分子量等の検索として使用されていることもある。

部分一致

●…………部分一致（トランケーション）

英語で“library”について検索する場合を考えてみよう。日本語では，単数形と複数形の区別がないため，“図書館”と入力さえしておけば十分であるが，英語では，“library”と“libraries”を一緒に検索する必要がある。この場合，単語の先頭から見て“librar”までが一致していることを考えると，先頭から一致している語をまとめて検索する機能があればよいことになる。

一般に，単語のある部分が一致する語をすべて拾い出して検索する機能を部分一致（トランケーション）といい，この例のように単語の先頭（前方）から一致する語をすべて検索する機能を前方一致という。部分一致には，単語のどの部分が一致するかによって，前方一致，後方一致，中間一致，両端一致（中間任意という場合もある）といった機能が存在する。英語のような語尾変化がある言語の場合には前方一致は有効な機能となる。

前方一致

後方一致
中間一致
両端一致

仮に，共通しない部分の記号を“?”で表現すると“librar?”と入力することになる。この場合，“library”と“libraries”だけではなく，“librarian”や“librarianship”といった語なども検索されることになる。このように部分一致では，簡単にまとめて検索できる反面，不必要なレコードも検索されるという問題点もある。

なお，部分一致では，入力された一致部分だけの単語も含めて検索している。したがって，“books”のように語尾にsが付くだけで複数形になる単語の場合には，“book?”と入力しておくと単数形も複数形も同時に検索することになる。

完全一致

●…………完全一致

「山田清」という人物が著者である図書を検索する場合を考えてみよう。通常の検索では，著者名の項目に“山田清”と入力すると，著者名の項目に“山田清”という文字列を含む図書を検索する。この結果として，「山田清」だけではなく，「山田清彦」や「山田清一」あるいは「小山田清」といった著者による図書もヒットする可能性がある。このような不必要な検索結果をあらかじめ排除したい場合，入力した検索語と完全に同一な表現だけを探す機能が必要になる。

完全一致は，入力した検索語と完全に一致するレコードだけを探す機能である。「憲法」といったごく短いタイトルや人名を検索する場合に有用である。欠点としては，表記が少しでも異なっている場合には検索されなくなる点である。

なお，完全一致を行ったのにもかかわらず，処理がうまくいっていないと思われる検索結果を見かけることがあるが，確認すると完全一致を指定した語句の前後に記号が使用されていることが多い。これは情報検索システムの処理に問題があることによるものなので，利用者のミスではない。

また，情報検索システムによっては，指定をしていなくても，中間一致，前方一致あるいは完全一致で検索を行っていることがある。検索項目によって異なる場合もあるので，ヘルプ等で事前に参照する必要がある。

●…………フレーズ検索

フレーズ検索

たとえば，"United States of America" のように複数の単語が連続してはじめて一つの意味をなす句（フレーズ）がある。この場合，フレーズをあたかも一つの単語のように検索する機能が求められる。

フレーズ検索は，フレーズを単位にして検索したいときのための機能である。現在の情報検索システムでは，スペースが *AND* 検索を意味することが多いため，英語をはじめとする単語単位で分かち書きをする言語のときにフレーズを何も指定せずに入力すると単純な *AND* 検索となり，不必要な検索結果が増えることがある。このため，単語が分かち書きになっている言語ではフレーズ検索が有効になることが多い。

なお，フレーズ検索は情報検索システムによって名称や意味するところが異なって使用されている場合があるので，ヘルプ等で確認する必要がある。

●…………絞り込み検索（二次検索，制限検索）

絞り込み検索
二次検索

情報検索システムによっては，いくつかの項目について，その項目単独での検索を禁止していることがある。これらの項目単独での検索は実用上の意義がないのにシステムに負荷をかけるので，システムの負担軽減のため，このような仕様になっている。そして，これらの検索は，ある検索結果からさらに絞り込むために使用されることが多いので，絞り込み検索ということができる。また，これらの機能を使用した検索を二次検索という場合がある。この観点での二次検索に対応する一次検索とは著者名，タイトル，キーワードといった検索項目を対象に行われる通常の検索を指している。

●…………論理演算による検索式作成の注意点：識別力や特定性のある検索語の選択

検索式作成の留意点

以上のさまざまな機能も踏まえながら，正確な検索式を作成する必要がある。この際のいくつかの注意点を指摘する。なお，これらの注意点についていくつかは情報検索システムの側で配慮してくれている場合もあるが，すべての情報検索システテムで行われているわけではないため，基本的には利用者自らが注意しなければならない。

識別力

まず検索語の識別力と特定性に注意する必要がある。識別力とは，必要とするレコードをデータベースの全体からどれだけ識別できるかを意味する。たとえば，歴史のデータベースで，「歴史」という検索語で検索してみても，大量のレコードが検索されてしまう。結果，この場合識別力の低い検索語を使用した検索ということになる。

特定性

識別力と似た考え方として特定性という概念もある。この場合の特定性とは，どの程度より詳細に表しているかを意味している。単に「学校」というよりも「大学」というほうが，日本にある学校制度の中で特定段階の学校を指し示しているので特定性が高いことになる。

検索を行うときには，最初に識別力や特定性の観点で自分の入力しようとする検索語が妥当なものであるかを検討すべきである。どれだけ論理演算や検索機能を駆使しても検索語の選択が不適切であるとよい結果は得られない。

●…………論理演算による検索式作成の注意点：論理演算への変換

1）助詞による修飾関係に注意する

助詞は，それ自体で文節を構成できない付属語の一種であり，自立語や自立語と付属語の組み合わせに接続することで，語と語の関係を示したり，一定のニュアンスをもたせている。したがって，できるだけ助詞を使わずに，助詞が説明しようとしている関係を論理演算に置き換える必要がある。

たとえば，「図書館の予算か決算」について調べたいときに，助詞を含んだまま“図書館の予算か決算”と入力すると，情報検索システムによっては，“図書館の予算か決算”という連続した9文字そのままが含まれているレコードしか検索されない。

この場合，“図書館”は，“予算”と“決算”の双方に関係し，“予算か決算”とあるので，“予算”と“決算”の関係はいずれか一方が該当すればよいことがわかる。したがって，演算の順位に注意しながら“図書館 *AND*（予算 *OR* 決算）”と検索式を組み立てることになる。なお，助詞といっても，固有名詞に含まれている助詞の扱いは例外であり，固有名詞で一つのものとして扱うほうがよい。

2）概念間の関係に注意する

助詞以外でも文章によって概念同士の関係を説明している場合もある。この場合も，検索を行う人間のほうで関係を論理演算に直す必要がある。たとえば，「抹茶以外の緑茶」について調べたい場合，“抹茶以外”とあることから，抹茶は取り除きたいことがわかる。したがって，“緑茶 *AND NOT* 抹茶”という検索式を組み立てていくことになる。

●…………論理演算による検索式作成の注意点：単語の切り分け

日本語は英語に代表されるアルファベットを使用する言語と異なり，単語ごとに区切り記号が使用されているわけではない。このため，実質的には二つ以上の単語が結合してあたかも一つの単語のように機能する語を扱うときに注意が必要になる。

たとえば，日常的には「学級崩壊」で一つの意味をもつ語句として認識されているために，4文字連続した形で入力することが多い。しかし，この場合，たとえば「崩壊した学級」,「学級の崩壊」といった表現が含まれているレコードが該当しないことになる。必ずしも学級崩壊に関連しないレコードもヒットする可能性が増すが，より多くのレコードを探したいときには，“学級 *AND* 崩壊”と語を切り離して *AND* 検索に持ち込むほうがよい。

●…………論理演算による検索式作成の注意点：言い換え表現，異なる表記の扱い

当初頭の中に浮かんだ検索語だけでは，必要な情報を探しきれないことがある。有力な言い換え表現があるため，あるいは異なる表記が存在するためである。「飛行機」と「旅客機」といった同義語，あるいは類義語といった言い換え表現については，十分注意して，必要な場合には *OR* 検索を追加していく必要がある。

同義語
類義語

同様に,「島」,「嶋」と「嶌」といった異体字,「ベトナム」,「ヴェトナム」と「ヴィェトナム」といった外国語のカタカナ表記，あるいは「貸出」,「貸出し」と「貸し出し」といった送りがなの送り方といった表記上の揺れにも注意する必要がある。この場合にも必要に応じて *OR* 検索を組み込む必要がある。

異体字

表記

なお，ディスクリプタや件名標目といった定義，用例あるいは範囲が指定されている語句（統制語）を使用して検索を行う情報検索システムは，そもそもこのような問題が発生しないように統制語を定めている。したがって，統制語のみを使用して検索式を作成する場合にはこのような問題についてあまり注意しなくてもよい。ただし，統制語と自由語を併用できる情報検索システムの場合には，依然として注意が必要になる。

ディスクリプタ
件名標目
統制語

●…………論理演算による検索式作成の注意点：適切な機能の使用

検索項目によっては，入力された検索語に対して完全一致で検索を行ったり，中間一致で検索を行ったり，処理が大きく異なる。不明な点があったら必ず情報検索システムのヘルプやマニュアルを参照したうえで，適切な機能を使わなければならない。

●…………**演習問題**

1）あなたがよく使用する大学図書館の蔵書検索のヘルプ等を参照して，以下の機能が用意されているかどうか，さらに用意されている場合，どのように使用するのか答えなさい。

a. 比較演算　　b. 部分一致

c. 完全一致　　d. フレーズ検索

2）あなたがよく使用する大学図書館の蔵書検索のヘルプ等を参照して，以下の検索項目に入力した場合，情報検索システムでのヒットの仕方について，完全一致・部分一致・前方一致・その他のいずれかになっているか答えなさい。説明が用意されていない場合には，説明なしと答えなさい。なお該当する問いに相当する項目がない場合には，なし，と回答しなさい。

a. 書名　　b. 著者名　　c. 出版者（社）

d. 分類　　e. ISBN　　f. 本文の言語

3）以下の表現を，適切な論理演算式に直しなさい（*NOT*，*AND*，*OR*，（　）を使用して答えなさい）。

a. 日本の行政　　b. 就職活動

c. 高速道路ではない有料道路　　d. なしか洋梨の生産地

4）比較演算が使用できる蔵書検索で，タイトルに「インターネット」を含む図書について，1993年以前，そして，1994年以降を5年ごと（たとえば，1994年から1998年まで）に調べて，表にまとめて答えなさい。

5）あなたがよく使用する大学図書館の蔵書検索，もしくは『CiNii Books』で以下の問いに対応した検索を行い，結果件数とその内容を確認しなさい。

a. 学級崩壊　　b. 学級 *AND* 崩壊

c. 学級 *AND* 崩壊 *AND NOT* 学級崩壊

UNIT 18

◉検索の技法

検索結果とその修正の演習

●…………検索結果の出力順

情報検索システムは，利用者からの検索式を受けて処理を行い，結果を出力している。このとき，その出力形式は，システム側で検索式に適合していると思われる順番に並び替えをして出力する方式と，そうではない方式の二つに分けられる。前者は適合度順出力と呼ばれ，ウェブページの検索エンジンでは一般的に採用されている方式である。後者の方式は，図書館の蔵書検索に見受けられる。

適合度順出力

●…………適合度順出力

適合度順出力は，情報検索システムが機械的な処理の結果適合していると判断される順番に出力していく方式である。情報検索システムで行う処理として古くから知られていたのは，単語の出現頻度（Term Frequency: TF）と逆文献頻度（Inverted Document Frequency: IDF）である。私たちが文章を書くときに，中心的な概念は必然的に何度も使用することになるが，TF はその仕組みを利用した概念である。検索語 A が出現する回数が多いレコードほど利用者にとって重要である可能性が高いと情報検索システムは判断することになる。

単語の出現頻度
TF
逆文献頻度
IDF

一方 IDF は，基本的にはデータベース中の総レコード数を検索語 A を含むレコード数で割ることで算出される。この定義のため，A を含むレコードが希少であればあるほど IDF は高い数値になるようになっている。このような概念を導入することで特定性や識別力が高い単語が重要視されるようになっている。

これらの概念はよく知られていたが，ウェブページを対象に適用しようとすると，それまでの書誌データベースと比べて，対象となる文章量やウェブページ数が膨大になったことがネックとなって実用性が低い状態になってしまった。この困難に対処したのが『Google』であり，TF，IDF に加えて，リンクに基づいてウェブページそのものの評価を加えることで，劇的に改善されるようになった。『Google』のウェブページ評価処理の仕組みは当初はページランク（PageRank）（option E 参照）と呼ばれていた。

『Google』
ページランク

適合度順出力は，多くの状況で利用者にとって妥当な形で処理が行われているため，利用者は，検索結果件数を絞り込む必要性は低い。簡単な探索の場合，検索結果上位を見ていけばおおよそのことはわかるように機能している。

●…………適合度順出力ではない出力形式

図書館の蔵書検索を中心に，適合度順出力ではない出力形式を採用している情報検索システムも多い。この種の情報検索システムでは当然のことながら，検索結果の先頭に出力されていてもそれが適切なものであるとは限らない。全体を確認して必要なものを探す作業が必要になる。したがって，自分の目で確認できる程度の件数にまで絞り込む必要性が高くなる。

また，この種の出力形式を採用している情報検索システムでは利用者が自分で出力形式を選択できるようになっていることも多い。ひとまずは，出版年の降順（降順とは，数値では大きい方から小さい方，文字では“Z”から“A”，“ん”から“あ”に並べる方法），すなわち出版年の新しい順で出力して最新のレコードを中心に検索結果を精査するのが妥当だろう。

●…………検索結果の基本的な考え方

情報検索を行った場合，情報検索システムは検索式に対する処理の結果を出力することになる。このとき，結果件数の多寡で検索が妥当なものか判断はできない。以下の観点から見て総合的な判断が必要になる。

1) 自分が作成した検索式が意図した通りのものになっているか
2) 検索された結果に余計なものが含まれず，基本的に自分にとって必要としているものになっているか
3) 検索結果が自分にとって必要としているものを網羅的に探し出したものになっているか

これらの基本的な観点に加え，出力形式や利用者の検索の動機も関わってくる。たとえば，検索エンジンを対象に自分の要求に合致するレコードが一つ検索できれば十分という場面ならば，検索式の適切さが問題であり，検索結果上位に出力されるレコードの中に適切なものが一つ入っていればよいだろう。

しかし，自分の新しい研究のために検索を行う場合，先行研究を網羅的に把握する必要が出てくる。この場合には，多少不要なものが増えても，まとまった結果件数が出力される検索でなければならない。このように，さまざまな要素から総合的にある検索結果が妥当であるかの判断が行われることになる。

ただし，利用者には検索されなかったレコードを判断する手段はないので，判断に迷う場合は検索結果が多めになるように検索するほうが望ましいといえるだろう。

●…………**検索結果の定量的評価基準**

検索結果の定量的な判断基準としてよく使用されるのが精度（precision）と再現率（recall）である。

精度

再現率

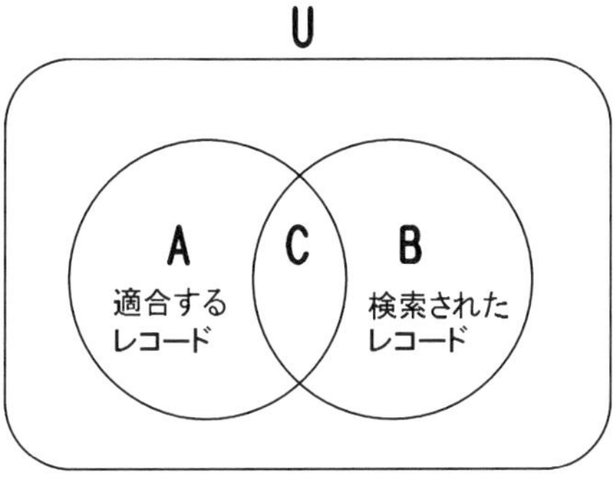

U：データベース全体
A：適合するレコードの集合
B：検索されたレコードの集合
C：検索された適合するレコード
　の集合（A *AND* B）

図 18-1　精度と再現率

図 18-1 に示したように，データベース全体（U）の中には，ある検索式で表現される利用者の情報要求に適合するレコードの集合 A と実際に検索されたレコードの集合 B がある。B のうちの一部が検索された適合するレコードの集合 C ということになる。このとき，精度は，C/B と定義される。一方，再現率は C/A と定義される（両者とも 0 から 1 の間の値になる）。たとえば，A が 80 件，B が 50 件，C が 40 件とすると，精度は 40/50=0.8，再現率は 40/80=0.5 となる。

精度は検索されたレコード全体に適合するレコードが占める比率であり，再現率はデータベースに存在する適合するレコードの中で検索されたレコードが占める比率になる。いずれも数値が高いほうが望ましいことになる。

しかし，残念ながら，両者を高いレベルで両立することは難しい。適合するレコードを 1 件だけ出力すれば精度は 100%になる。しかし，他の適合するレコードがまったく検索されなくなるので，再現率は極端に低くなる。一方で，再現率をできる限り高くするためには，データベースの全レコードを検索すればよい。しかし，当然のことながら不要なレコードばかりで，精度は限りなく低くなる。このように精度と再現率は片方を上げようとすると他方が低下する，いわゆるトレードオフの関係になる（図 18-2。次項参照）。したがって，片方を極端に高くなるようにするのではなく，検索の動機等から判断して精度も再現率も一定の高さになるような検索を行う必要がある。

なお，精度は検索されたレコードから算出可能であるが，再現率は利用者の立場からは算出できない。しかし，結果件数が増えるように検索を行うと再現率が上昇することになりやすいので，検索戦略や検索結果の判断基準として再現率重視，あるいは精度重視といった形で表現できる。

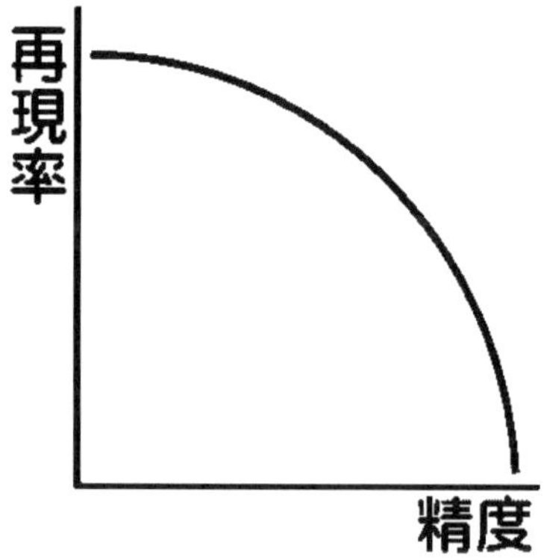

図 18-2　精度と再現率のトレードオフ関係の概念図

●…………検索結果と再検索

検索結果に対する不満は以下のものに大別できるだろう。

1)　適合するレコードが（ほとんど）含まれていない
2)　件数が極端に少ない，あるいは0である
3)　件数が多すぎる

これらの検索結果に対して検索式を修正して改めて検索を行うことになるが，以下の点に注意する必要がある。

a.　検索式に使用した語句の識別力や特定性は適切か
b.　論理演算の演算の順番が正しいか
c.　類義語，異なる表記をきちんと押さえているか
d.　多義語である検索語について，検索時に不要な意味を排除できているか

論理演算と結果件数の関係は，論理積（*AND*）を追加していくと結果件数は減少し，論理和（*OR*）を追加していくと増加する。また，フレーズ検索，あるいは日本語で複数の語が連続している語句そのままでの検索と論理積による検索を比較すると，フレーズ検索や複合語のほうが結果件数は少なくなる。これらの要素を踏まえて再度検索を行っていくことになる。

●…………検索式の修正例

1)　より多くの資料を検索したい場合

“規制緩和”と入力して蔵書検索を行ったとする。単純に4文字を連続して入力したが，より多くの資料を探したいならば，“規制 *AND* 緩和”となるように検索

式を修正することが考えられる。さらに，検索結果を見ていくと，“規制改革”といった表現も確認できる。こういった表現も検索できるようにしたいのならば，“規制 *AND*（緩和 *OR* 改革）”といった検索式に修正することができるだろう。

2）結果件数をもう少し絞り込みたい場合

“社会民主党”で検索したとする。日本の歴史の中でも社会民主党は何度か登場している。さらに，世界各国に存在し，特にドイツの場合には有力政党の一つである。したがって，単に“社会民主党”としても，ドイツの社会民主党に関するものも大量にヒットすることになる。ドイツ社会民主党に関するものは明らかに取り除きたいので，たとえば，“社会民主党 *AND NOT* ドイツ”と検索することが考えられる。

●…………検索結果の利用

近年検索した結果，あるいは選択したその一部を何らかの形でダウンロードできる機能を備えた情報検索システムが増えている。出力形式にはいろいろなものがあり，中には再利用を意識して，特定の記号をフィールドの区切り記号に採用した出力形式が利用できるようになっている。この種の出力形式として代表的なのは，Tab を使用した TSV（Tab Separated Values），カンマを使用した CSV（Comma Separated Values）がある。 TSV CSV

また，現在図書館によっては，利用者がさまざまな情報検索システムからさまざまな文献を探索している現状を踏まえて，文献管理ツールを提供している。『RefWorks』をはじめとして，いろいろなサービスがあるが，こうした文献管理ツールでの活用を意識した出力形式を採用している情報検索システムもある。これらの機能はいずれも，検索結果を再加工するときには便利な機能であり，活用していくことが望ましい。 『RefWorks』

●…………演習問題

1）総レコード数 10,000 件のデータベースで，ある検索語について適合するレコードが 60 件，そのうち 45 件が検索された。なお，検索結果件数は 63 件であった，精度と再現率を小数点第二位を四捨五入して求めなさい。

2）行政改革について検索しようとして，“行政改革”と入力して検索を行ったが，あまり件数がなかった。この場合，どのように検索式を修正したらよいか答えなさい。

3）上記 2）で修正した検索式と“行政改革”について，それぞれ『CiNii Books』や『NDL ONLINE』で検索を行い結果件数を比較しなさい。また，修正した検索式の結果から“行政改革”での検索結果を取り除いて，検索の有効性を確認しなさい。

4) あなたがよく利用する大学図書館の蔵書検索で過去5年の資料を対象に「図書館の自由に関する宣言」について検索を行いなさい。検索結果画面を見て，選択した検索結果を出力できるか確認して，出力できる場合には，出力して一覧の表を作成しなさい。

◉――option D

近接演算

フレーズ検索は，見方を変えると，複数の単語がある特定の順序で出現していて，なおかつ隣接して出現している特別な関係にある場合のみを検索する機能といえる。このことから，複数の単語が単に一緒に登場しているだけよりも，両者の位置が近い方が意味的な関連が高いということが予想される。このように単語と単語の距離に着目するとより精度の高い検索が可能になることがわかる。

この考え方に基づいて単語と単語の相対的な距離を指定して，その範囲で近接しているレコードのみを探し出す機能を近接演算という。近接演算には，結合された検索語が同一フィールドにあるレコードのみを探す同一フィールド演算，同一段落のみを対象とする同一段落演算，同一文のみを対象とする同一文演算などがある。さらに，索引語という単語を単位にして，ある指定する単語数の間隔のうちに結合された検索語が出現するレコードのみを探す隣接演算がある。

これらの近接演算は，実際の情報検索システムでも使用されているが，検索エンジンに代表される近年の一般の利用者を対象とした情報検索システムでは使用されていないことが多い。一般的な利用においては，出現順序指定，単語間隔なしという特殊な近接演算であるフレーズ検索を使用できるようにしておけば問題がないからである。また近年の検索エンジンでは，慣用句はフレーズ検索機能を使用しなくても検索結果上位にまとめて登場するため，さらに支障を感じなくなっているからである。

◉——option E

ページランクと検索エンジン最適化(Search Engine Optimization)

『Google』のページランク（PageRank）は，リンクによってウェブページを評価するが，以下の考え方に基づいている（ページランクについては，馬場肇「Googleの秘密：PageRank 徹底解説」(http://baba.la.coocan.jp/wais/pagerank.html) を参照している)。

1）（たくさんリンクされるような）人気のあるページは，きっとよいページであるに違いない

2）（多くのリンクを集めるような）よいページがリンクするページは，同じくよいページであるに違いない

3）やたらリンクを乱発するインフレ気味なリンクに比べて，選び抜かれたリンクは良質なリンクであるに違いない。だからそのリンクされたページはよいページであるに違いない

単純にリンクが多いからページを評価するだけでは，適当にページを作成してリンクを乱発すればよいことになってしまう。そのような状況を回避するために 2) や 3) の発想が加わる形で，ウェブページの評価技術として機能している。ちなみに，リンクを引用と同等の行為と考えると，引用による学術論文の分析とよく似ていることがわかる。

なお，上記の考え方はあくまで基本的なものであり，実際にはより複雑かつ高度なものとなっている。これは，こういった考え方を逆用して，自らのウェブページを少しでもよい順位になるようにしようとする試みとそれを回避するための改善とのいたちごっこになっているためである。

このような検索エンジンの適合度順出力の処理を利用して，より上位に出力されるようにウェブページを書き換えること，あるいは，上位になるような技術のことを検索エンジン最適化（Search Engine Optimization: SEO）という。

検索エンジンが商品・サービスの広告として有力であることを踏まえると，結果出力の際に，より高い順位で出力されることは，企業にとって死活問題に関わるため，不当ではない範囲での検索エンジン最適化は必要な技術となっている。しかし，一方で，内容やページの信頼性以上に，いわば不当に順位をつり上げるための技術としても使用されており，問題であるといえよう。

なお，『Google』は現在では，ページランクを含みつつ，他のさまざまな発想も取り込んだ新しいアルゴリズムに基づいた出力を行うようになっている。

UNIT 19

◉レファレンスプロセス

レファレンスプロセスの概要とレファレンス質問の種類

●…………レファレンスプロセスの概要

レファレンスプロセス
情報要求

レファレンスプロセスとは，利用者から提示された情報要求を表した質問の受付に始まり，図書館員による回答の提供に至る過程をいう。レファレンスプロセスは，図 19-1 に示したように，大きく分けて 3 つの段階からなる。第一段階は利用者から質問を受け付け，インタビューによって情報要求を把握し，レファレンス質問として受理するまでの過程である。第二段階はレファレンス質問に対して検索戦略を構築する過程である。第三段階は検索戦略によって定式化された検索式を使って検索を実行し，検索結果を評価のうえ，回答を提供するまでの過程である。

レファレンスインタビュー
検索戦略

●…………レファレンスプロセス：第一段階

第一段階では，利用者の情報要求を明らかにするために実施されるレファレンスインタビューが重要となる。インタビューが必要となる理由としては，以下の点があげられる。

開始質問

第一に，開始質問（initial question）は，利用者の情報要求の概略を示しているにすぎないこと。

第二に，開始質問は，利用者自身が求めている情報が掲載されていると考えている資料の案内指示を求める傾向があること。

第三に，開始質問で示されている主題（たとえば伝記）によっては，図書館が採用している情報資源組織の方法，具体的には分類方法により，当該主題の資料は分散されていること。

以上の主な理由により，図書館員がインタビューで確認することなく回答を提供した場合，利用者は求めている情報資料を入手できない可能性が高くなるのである。

レファレンスインタビューについては UNIT 20，21 で詳しく取り上げる。その中で，上記の理由について具体的な事例を紹介する。また，インタビューで使用する質問形式とインタビューで確認すべき内容についても取り上げる。

質問の分析

●…………レファレンスプロセス：第二段階　1）質問の分析

第二段階は，インタビューを通して明らかにされた情報要求を表したレファレンス質問に対して検索戦略を構築する段階となる。検索戦略は，1）質問の分析，2）情報源の選択，3）検索語の選定，4）検索式の作成という4つのステップからなる。 検索戦略

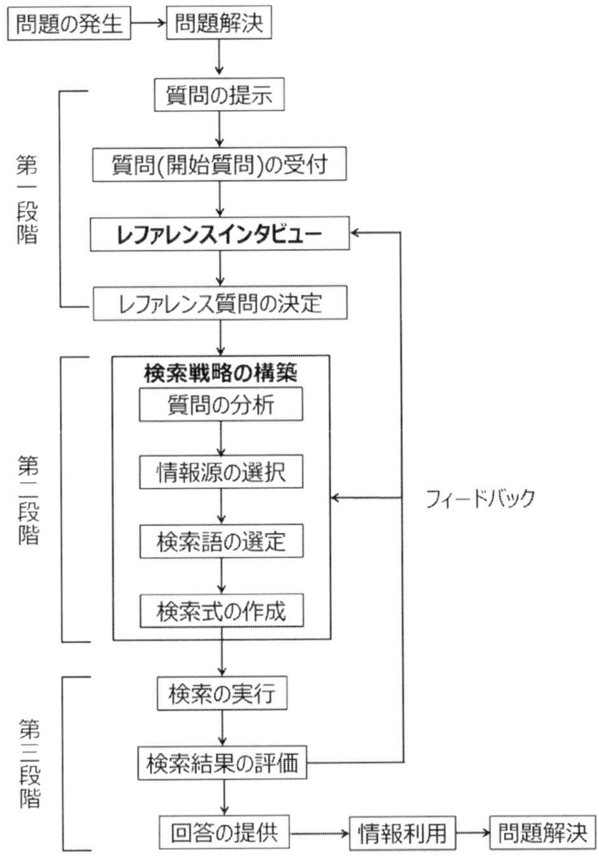

図 19-1　レファレンスプロセス

質問の分析では，A. 質問の主題と要求事項を明らかにし，質問の主題の類型と要求事項の類型を同定すること，B. 質問の主題を構成する概念を同定するとともに，構成概念間の論理的関係を把握すること，の2点が行われる。

A. の分析結果を受けて，2）情報源の選択が行われ，B. の分析結果を受けて，3）検索語の選定，4）検索式の作成が行われる。

たとえば，レファレンス質問が「少子化が社会保障に及ぼす影響を扱った雑誌記事を知りたい」としよう。この場合，質問の主題は「少子化が社会保障に及ぼす影響」であり，要求事項は「雑誌記事」となる。主題の類型は「テーマ」となり，要求事項の類型は「文献（雑誌記事）」となる。さらに，主題を構成する概念は「少子化」と「社会保障」であり，その論理的関係は両方の構成概念が必須となる論理積の関係となる。

主題の類型
要求事項の類型

主題と要求事項の類型は次のような種類からなる。

表 19-1　主題と要求事項の類型

主題の類型
語句・用語・文字
事物・事象
歴史・日時
地理・地名
人物・団体
テーマ（トピック）
図書・雑誌・新聞
雑誌記事・新聞記事

要求事項の類型
解説
人物・団体
日時
数値データ
画像
文献（書誌的事項）
文献（所在情報）

上記のレファレンス質問でいえば，その主題の類型は「テーマ」であり，要求事項の類型は「文献（書誌的事項）」となる。

以下，レファレンス質問の主題と要求事項の類型の例を示す。

表 19-2　主題と要求事項の事例

レファレンス質問	主題	類型	要求事項	類型
冬眠鼠の読みと意味を知りたい。	冬眠鼠	語句	読みと意味	解説
下野新聞の発行部数を知りたい。	下野新聞	新聞	発行部数	数値データ
日本図書館協会の創立年を知りたい。	日本図書館協会	団体	創立年	日時
不登校に関する図書を知りたい。	不登校	テーマ	図書	文献（書誌的事項）
大賀ハスの写真を見たい。	大賀ハス	事物	写真	画像

情報源の選択

●…………レファレンスプロセス：第二段階　2）情報源の選択

情報源の類型

質問の分析結果を受けて回答を得るための情報源を選択する。まず，要求事項の類型をもとに選択すべき情報源の類型を同定することになる。要求事項の類型と情報源の類型との関係は以下の通りである。

表 19-3　要求事項と情報源の類型

要求事項の類型	情報源の類型
解説	辞書・事典（百科事典，専門事典），便覧，年鑑
数値データ	統計資料，便覧，年鑑，事典
画像	図鑑，事典，便覧
文献（書誌的事項）	書誌・索引
文献（所在情報）	目録（蔵書目録・総合目録）

上記の「少子化が社会保障に及ぼす影響を扱った雑誌記事を知りたい」という質問の場合，要求事項の類型は「文献（書誌的事項）」であることから，選択すべき情報源の類型は「書誌・索引」となる。次に，書誌・索引という類型に属する具体的な情報源を選択することになるが，その場合には質問の主題を考慮して判断する必要がある。すなわち，主題は「社会保障」であるから，「社会保障」に関する雑誌記事を収録している「書誌・索引」を選択しなければならない。そこで，『NDL ONLINE』の『雑誌記事索引』，『MagazinePlus』などの雑誌記事索引を選択することになる。

ただし，上述の要求事項の類型と選択すべき情報源の類型との関係は一つの目安であり，常にこの関係をもとに情報源の類型が決定されるわけではない。上記の質問例にある「下野新聞の発行部数を知りたい」の場合，表 19-3 によれば，要求事項は「数値データ」であることから統計資料の選択となるが，発行部数を掲載している雑誌に関する書誌（具体的には，『雑誌新聞総かたろぐ』）を選択する必要がある。

●…………レファレンスプロセス：第二段階　3）　検索語の選定

検索語の選定

検索語の選定とは，質問の分析の結果，明らかにされた質問の主題を構成する概念を，選択した情報源で使用可能な検索語に変換することをいう。ここで注意すべき点は，同一概念であっても，選択した情報源によって，その概念を表す使用可能な検索語が異なる場合がある，という点である。件名標目やディスクリプタという統制語の使用が可能な情報源では，質問の主題を構成する概念を，選択した情報源で導入されている統制語に変換して検索語とする必要がある。一方，統制語が導入されていない情報源では，タイトル中の語や，抄録が付加されている場合には抄録中に出現する語が使用可能な検索語となる。統制語に対してタイトルや抄録中の語を自由語というが，検索語として自由語を選定する場合には，一つの概念に対して複数の同義語を検索語とする必要がある。

件名標目
ディスクリプタ
統制語
自由語

検索式の作成

論理演算子

論理積
論理和
論理差

否定

●…………レファレンスプロセス：第二段階　4）検索式の作成

検索式の作成とは，質問の主題を構成する概念とその論理的な関係を，構成概念を表現した検索語と論理演算子によって表現したもので，情報源の検索に使用されるものをいう。質問の主題が単一概念からなり，件名標目やディスクリプタの使用により，同義語を含める必要がない場合，単一の検索語が検索式となる。質問の主題が複数の概念からなる場合，その論理的関係には，論理積，論理和，論理差の3種類がある。自由語を検索語として使用し，検索語として同義語を含める場合には，論理和が使用される。たとえば，検索語Aとその同義語A′を使用する場合，論理和（*OR*）を使用して結合し，“A *OR* A′”という検索式となる。検索語Aと検索語Bとがともに必須となる場合は，論理積（*AND*）を使って，“A *AND* B”という検索式となる。また，検索語Aが表す主題概念を扱った情報から，検索語Bで表現される主題概念を除いた情報を検索する場合には，否定（*NOT*）を利用した論理差（*AND NOT*），“A *AND NOT* B”（*AND*は情報検索システムによっては省略可能）という検索式となる。検索式の詳しい解説はUNIT 16で扱っている。

以上，検索戦略の概要を解説したが，具体的な事例については，UNIT 16で詳述している。

適合性判定

適切性判定

●…………レファレンスプロセス：第三段階

レファレンスプロセスの第三段階は，検索式を使った検索の実行，検索結果の評価，回答の提供からなる。検索結果の評価にあたっては，質問の主題と検索された情報ないしは文献の主題が合致しているかどうかを評価する「適合性判定」を行い，次いで検索結果が情報要求を満たしているかどうかを評価する「適切性判定」を行う。適合性判定により，主題の面では要求を充足していても，検索結果の新規性，利用者の知識状態との関係，情報利用に充てられる時間等の諸要因から，適切性判定により，検索結果（あるいはその一部）は最終的に情報要求を充足していない，という判定が利用者から下される場合がある。適合性と適切性の判定によって利用者の要求が充足されていないと結論づけられた場合，その結論は検索戦略の構築の段階，さらにはレファレンスインタビューの段階にフィードバックされ，改めて，検索戦略の再構築，レファレンスインタビューの再実施が行われることになる。

●…………レファレンス質問の種類

レファレンス質問は，上述の通り，主題と要求事項に分かれるが，その要求事項の内容により，以下のような種類に分類される。

1) 所蔵調査質問 所蔵調査質問

所蔵調査質問とは，求める資料が図書館に所蔵されているかどうかを問う質問である。所蔵調査質問の処理にあたっては，当該資料の同定識別に必要な書誌的事項の把握が重要である。

2) 書誌的事項質問 書誌的事項質問

書誌的事項質問とは，ある特定の資料の書誌的事項の一部について問う質問である。出版者や出版年が不明な場合や，書名が明確でない場合など，それらの書誌的事項を把握するために提示される質問である。

3) 情報探索質問 情報探索質問

情報探索質問は，特定の事実やデータを求める質問である。たとえば，「日本の小学生の人数を知りたい」,「与謝野晶子の経歴について知りたい」という質問などがこれに該当する。

4) 文献探索質問 文献探索質問

文献探索質問は，特定の主題を扱った文献の探索（主題探索）を求める質問と，ある特定の著者が判明しており，その著者が書いた特定の文献探索（既知文献探索）を求める質問とがある。

5) 探索法質問 探索法質問

探索法質問とは，情報探索や文献探索の方法を尋ねる質問である。たとえば，「ある人物に関する文献の探し方を知りたい」という質問などがこれに該当する。

●…………演習問題

以下のレファレンス質問について，主題と要求事項に分析し，そのうえで，選択すべき情報源の類型を答えなさい。

1) 情報エントロピーの意味を知りたい。

2) アボカドのカロリーを知りたい。

3) 雑誌『児童心理』（金子書房刊）の創刊号を所蔵している図書館を知りたい。

4) 平成23年度のわが国の出版点数を知りたい。

5) 不登校といじめ問題との関係を論じた雑誌記事を知りたい。

UNIT 20

◉レファレンスプロセス

レファレンスインタビューの戦略

●…………主題の特定化のためのインタビュー

レファレンスインタビュー
開始質問

レファレンスインタビュー（以下，インタビュー）は，利用者から開始質問を受けた図書館員が，開始質問に反映されていないと考えられる情報要求を明らかにするために利用者に対して行われるものである。ここでは，1）なぜ，そうしたインタビューが必要となるのか，2）インタビューの有無によって回答にどのような違いが生じ，利用者の要求を充足する回答の提供が影響されるのか，これらの点を中心に解説する。

開始質問に対してインタビューを行う理由は，開始質問が利用者の真の情報要求を反映していない可能性が高いことがあげられる。たとえば，利用者の真の情報要求が「オーストリアの作曲家・モーツアルトの伝記資料がほしい」とする。この場合，利用者の開始質問が「伝記資料はどのあたりでしょうか」としよう。このとき，インタビューすることなく，伝記資料が原則として分類されているNDC（新訂9版。以下同様）の分類記号「280」あるいは「289」の書架を回答したならば，それらの分類記号が付与された書架を探しても，利用者はモーツアルトの伝記を入手することはできない。なぜなら，NDCの分類規程により，芸術家（音楽家を含む），哲学者，スポーツ選手，文学者の伝記資料は，各主題に分類されるからである。それゆえ，伝記資料に関する要求については分野の特定化が必要となる。このように，情報資源の組織化の方法により，開始質問の主題によっては，その主題を特定化するインタビューが必須となる。

分類規程

分類方針

NDCによる分類規程や分類方針によって，主題の特定化が必要となるケースには，伝記以外に，哲学，心理，教育，経済などがあげられる。NDCでは，教育に関する資料は370～379に分類されるが，各分野の教育については，各分野に分類される。たとえば，法学教育は320.7，医学教育は490.7というように，法律学，医学の分野に分類される。したがって，利用者が，真の情報要求は「医学教育に関する資料がほしい」であるが，開始質問が「教育に関する資料はどのあたりでしょうか」という場合，分野を特定するためのインタビューをすることなく，分類記号が37で始まる書架を回答したならば，利用者は求める資料を得ることはできない。

このように，利用者は，求める情報の主題について，開始質問では一般にその上位の主題を提示する傾向があることに注意する必要がある。利用者が求める主題の分類記号と開始質問で提示する傾向にある上位の主題を表す分類記号が，二次区分，三次区分，四次区分というように階層的な関係のもとで展開されている場合には，上位の主題の分類記号を指示することでも，求める主題の分類記号から大きくかけ離れることはない。しかし，上述の例のように，各分野の哲学や教育という主題の場合，上位の主題の分類記号による回答では利用者の真の要求を充足することはできないことになる。利用者がこうした図書館の分類規程や分類方針という情報資源組織化の方法に関する知識を事前に有していることを期待できないゆえに，真の要求を充足する資料を回答するには，インタビューが不可欠なのである。

●…………情報源の種類の特定化のためのインタビュー

情報要求

利用者の情報要求は主題の側面のみから構成されているわけではない。再び，利用者の開始質問が「伝記資料はどのあたりでしょうか」を取り上げる。そこで，インタビューによって分野が特定化でき，求める資料が「モーツアルトの伝記資料」であったとしよう。これにより，一般資料の書架にある資料で，分類記号が762.346（オーストリアの音楽史）の図書を回答することで問題はないだろうか。すなわち，利用者が求める資料が伝記であることから，一般資料の図書であると判断してよいか，ということである。

利用者の真の要求が「モーツアルトの音楽史上の業績について，簡潔にまとめられた説明がほしい」という場合，開架にある一般資料よりも，音楽事典や人名事典などのレファレンス資料を指示したほうがよいであろう。この例が示すように，情報源の種類も利用者の情報要求を充足する回答を提供するうえで重要な要素となる。それゆえ，利用者が提示した情報源の種類について，その妥当性を確認するインタビューを実施することが望ましい。

情報源の種類については，一般図書やレファレンス資料に加えて，雑誌記事・論文というメディアの選択も考慮することが必要である。「モーツアルトの音楽史上の業績について簡潔にまとめられた資料」という要求の場合，たしかに音楽事典をはじめとするレファレンス資料の選択が妥当ではあるが，雑誌記事の利用も考えられる。というのは，最新のモーツアルト研究で明らかにされた音楽史上の業績は，事典類ではなく雑誌記事に掲載される可能性があるからである。このことは，情報要求の主題に関する利用者の知識状態と関わる問題でもある。すでにモーツアルトに関する伝記は何点か読んでおり，モーツアルトに関する基本的な知識を有している利用者の場合，利用者が求める伝記資料とは，一般図書よりも，作曲家研究の成果が掲載されるような専門誌の記事を紹介することが妥当といえる。

伝記資料

●…………情報利用の目的に関するインタビュー

利用者はさまざまな目的をもって図書館の情報資源を利用し，その中でレファレンスサービスに支援を求めるわけであるが，その目的を把握することが利用者の真の情報要求を充足する回答を提供するうえで重要な手がかりとなる場合がある。たとえば，いま，利用者の真の要求が「瀬戸内海のある島への行き方，交通手段について知りたい」であるとしよう。ところで，その利用者の開始質問が「日本の島について調べたいのですが」とする。この開始質問に対しては，島の名称を確認するインタビューがまずは必要となろう。利用者から島の名称が明らかにされたならば，その島が属する都道府県名を手がかりに『角川日本地名大辞典』の該当巻から，島の名称を索引語，見出し語を使って調べるとの回答が提供できよう。しかしながら，そのような回答の提供を受けた利用者は，その事典を調べてみたものの，その記述内容に満足していない様子であった。

そこで，図書館員は島の名称の特定化だけでなく，「その島についてどのようなことをお調べになりたいのか」という主題をさらに特定化するインタビューを続ける必要があると判断し，インタビューを行った結果，利用者から「その島に観光に行きたいので，交通手段，交通費などを知りたい」という真の要求が明らかにされた。それを受けて，図書館員は地名事典ではなく，図書館に揃えている旅行ガイドを紹介した。

この事例は，要求を充足するうえで，情報利用の目的を把握することの重要性を示唆するものである。この事例では，図書館員は主題の特定化をさらに求めるインタビューを行い，目的を直接確認するようなインタビューは行ってはいないが，利用者から目的が明らかにされることにより，最終的に適切な資料が紹介できたことになる。利用者から開始質問を受け付けた後，早い段階で情報利用の目的について尋ねるインタビューを行うことも考えられる。しかし，目的や動機は利用者のプライバシーにも関わることから，主題の特定化を進める中で利用者から提示されることを待つことが望ましい。あるいは，主題の特定化により明らかになった要求に対して回答を提供し，その回答に対する利用者の満足度を確認する中で，目的や動機に関するインタビューを行うことが推奨される。

●…………インタビューの戦略と情報要求の特徴との関係

インタビューを行うにあたっては，開始質問に対してインタビューにより次第に情報要求を狭めていく方法と，開始質問に対して情報要求の内容を拡張させていく方法とがある。前者の方法を漏斗型のインタビュー戦略といい，後者の方法を逆漏斗型のインタビュー戦略という。図式すると次のようになる。

漏斗型のインタビュー戦略
逆漏斗型のインタビュー戦略

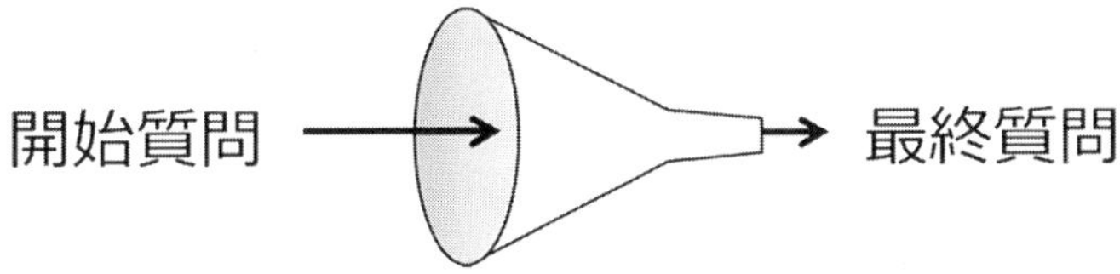

図 20-1　漏斗型のインタビュー戦略

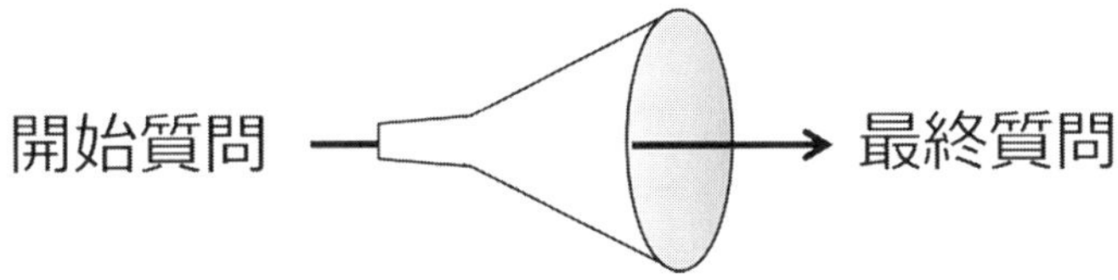

図 20-2　逆漏斗型のインタビュー戦略

漏斗型のインタビュー（図 20-1）が有効な事例は，利用者の真の情報要求が情報探索質問や書誌的事項質問で表現可能な特定化された要求の場合である。すなわち「ある特定の人物の生没年が知りたい」,「ある特定の記事の掲載誌と巻号が知りたい」などである。前者の要求では，「伝記はどのあたりか」という開始質問が提示された場合，具体的な人物が誰であるのか，さらに，その人物について何が知りたいのか，というように，情報要求を絞り込んでいくインタビューを展開することになる。その際，インタビューで使用する質問の形式については，5W1H 型の開質問（オープンクエスチョン），あるいは Yes-No 型で回答する閉質問（クローズドクエスチョン）がある。インタビューの前半では，一般にオープンクエスチョンを使用して利用者からの説明を求める必要があるが，インタビューを通じて要求が絞り込まれつつある後半では，絞り込まれた要求内容の確認を中心にクローズドクエスチョンを使用して要求の細部を把握していくことが望ましい。

情報探索質問
書誌的事項質問
開質問
オープンクエスチョン
閉質問
クローズドクエスチョン

一方，逆漏斗型のインタビュー（図 20-2）が求められる事例は，利用者の真の情報要求がある特定の主題を扱った文献を求めるもので，文献探索質問（主題探索質問）として表現される要求の場合である。情報探索質問や書誌的事項質問として表現される情報要求が，ごく少数の要素から構成されているのとは異なり，文献探索質問として表現される情報要求は，さまざまな要素から構成されている。すなわち,「ある人物の生没年が知りたい」という情報要求の場合，その人物の特定化と生没年という要求事項を特定すればよく，それ以上，把握する事柄はない。

文献探索質問
主題探索質問

しかし,「教育関係の資料はどのあたりか」という文献探索質問は，主題の特定化，文献の探索歴，文献の形態（図書・雑誌記事のいずれか），求める文献数，文献の刊行年の範囲（遡及探索の有無），文献の専門性のレベル，本文の言語，さらには文献利用の目的など，さまざまな要素から構成される情報要求を踏まえて提示

遡及探索

されたものである。それゆえ，情報要求を構成するこれらの要素について順次，把握していく拡張型のインタビューが求められるのであり，把握された要素の範囲が拡張されるほど，利用者の要求に合致した回答の提供につながることにもなる。

●…………演習問題

1）利用者の開始質問が「漢和辞書はどのあたりでしょうか」であり，利用者の真の情報要求は「“冬眠鼠”の読み方を知りたい」であったとする。この開始質問を受けた図書館員が実施すべきインタビューを検討しなさい。

2）利用者の開始質問が「教育関係の資料はどこでしょうか」であったとする。ところで，利用者の真の情報要求は次の通りである。

「医者不足が指摘されているわが国の医療の現状を踏まえ，医学部増設などをはじめとする大学における医学教育の改革等について取り上げている記事があれば知りたい」

なお，利用者は大学で公共政策を学んでいる学生であり，授業課題のレポートの作成のために当該記事を入手したいと考えているものとする。

この開始質問を受けた図書館員が実施すべきインタビューを検討しなさい。

UNIT 21

◉レファレンスプロセス

レファレンスインタビューの分析

レファレンスインタビューは利用者の開始質問に対して，情報要求を把握するために図書館員が行う一連のインタビューである。開始質問から始まる図書館員と利用者との質問交渉は，図書館員によるインタビューとそれに対する利用者の応答の連続として成立する。利用者は，図書館員が行うインタビューの内容の如何によってどのような応答をすべきかを判断し，応答内容を決定する。応答を受けた図書館員は，その応答内容によって次にとりうる複数の行動（インタビューはその一つ）から一つの行動を選択することになる。図書館員が選択する行動はその後のインタビューの展開を大きく左右することになる。

こうしたレファレンスインタビューを含む図書館員の行動と利用者との質問交渉は，利用者と図書館員をプレイヤーとし，図書館員にとっては利用者の情報要求を充足することを目的とし，利用者にとっては自らの情報要求の充足を目的とするゲーム的状況と見ることができる。ここで，ゲーム的状況とは，複数の意思決定主体または行動主体が存在し，それぞれ一定の目的の実現を目指して相互に依存しあっている状況を指している（岡田章『ゲーム理論』新版，有斐閣，2011，p.2）。

ゲーム的状況

●…………事例 1

図 21-1 は，利用者の開始質問「伝記資料はどのあたりでしょうか」に対して図書館員が選択した行動の系列と，図書館員によるインタビューへの利用者の応答を樹形図（ゲームの木）として表したものである。実線で囲んだものが利用者の発話（応答）であり，破線で囲んだものが図書館員の発話である。開始質問に対して図書館員が選択可能な行動はインタビューの実施の有無である。インタビューを実施しない場合の行動が矢印①で示した選択肢の「書架の 28 番台になります」である。この選択は，図書館員が，利用者の求めている伝記資料が哲学者，芸術家，文学者以外の分野の人物の伝記資料との予測に立ったものといえる。もう一つの選択肢は矢印②で示した，どの分野の人物の伝記資料なのかを確認するインタビューの実施である。このインタビューは，利用者の求める情報の主題を特定化を意図したものである。選択肢①が依拠した予測の妥当性は確認されるべきであろうから，選択肢②の選択が望ましいといえる。ゆえに，選択肢①を選択した結果，利用者に提供さ

樹形図

れる回答は，選択肢②以降の各選択肢を選択した結果として提供される回答に比べ，利用者の情報要求を充足する確率は最小値をとる可能性が高い。

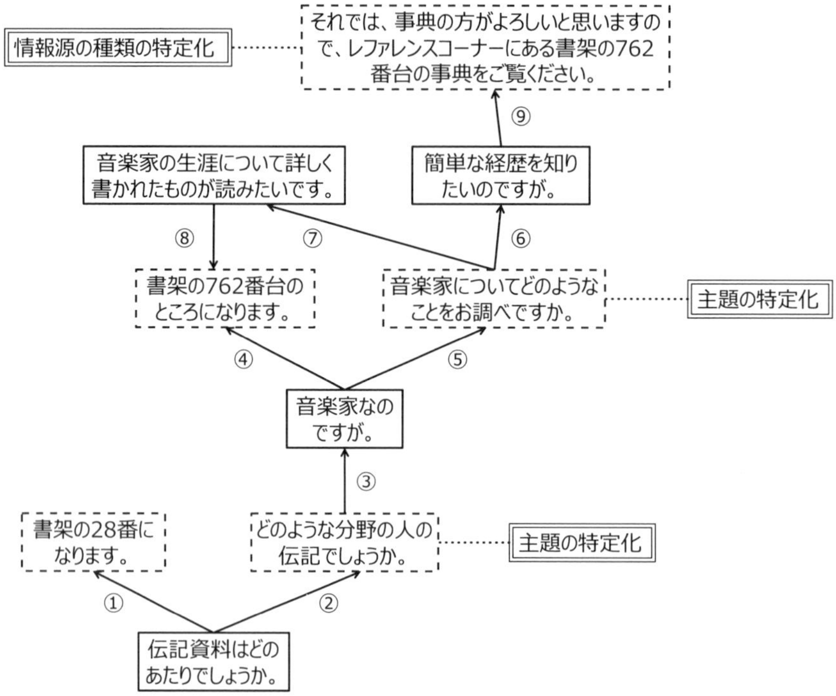

図 21-1　レファレンスインタビュー事例 1

選択肢②を選択し，求める伝記資料の人物の分野を問う図書館員のインタビューに対する利用者の応答が選択肢③で示した「音楽家」であったとする。この応答に対して，図書館員には少なくとも二つの選択肢が与えられる。一つは，選択肢④で示した「書架の 762 番台」という回答を提供することである。もう一つの選択肢は，通読用の資料でよいのか，あるいは事典類のレファレンス資料で得られる情報の方が適切なのかを確認するために，選択肢⑤で示した，音楽家について知りたいことを問うインタビューの実施である。このインタビューは，利用者の求める情報の主題を特定化するものと同時に，「どのようなことをお調べですか」という表現には，間接的ではあるが，情報利用の目的や動機の把握をも意図したものといえる。

それに対して利用者が「簡単な経歴を知りたい」（選択肢⑥）との応答に対して図書館員は事典類を紹介するという回答（選択肢⑨）を提供している。一方，利用者の応答が「音楽家の生涯について詳しく書かれたものを読みたい」（選択肢⑦）であった場合，選択肢④で示した回答でよかったことになる。この場合，利用者にはインタビューに応答するという，不要な負荷を与えたことになり，利用者の満足度は選択肢⑤のインタビューをすることなく提供した選択肢④の回答に比べ，低いと考えなければならない。

選択肢⑥の簡単な経歴を知りたいという利用者の応答に対する図書館員の選択肢⑨は，伝記資料よりも事典類の選択が妥当とする判断に基づいている。図書館員のこの判断は回答に使用する情報源の種類の特定化に関わるものといえる。

このように，利用者の開始質問に対する図書館員の即座の応答，あるいはインタビューから始まる一連の展開は，図書館員のインタビューの有無とその内容により，提供される回答が大きく左右されることを示している。利用者の最終質問が選択肢⑥で示した「音楽家の簡単な経歴を知りたい」という場合，選択肢①および選択肢④で示した図書館員の回答は，利用者の要求に適合していないことになる。よって，この事例においては，利用者の満足度は，選択肢⑨＞選択肢④＞選択肢①の順序で低下することになる。

●…………事例 2

図 21-2 は，利用者の開始質問「文学者の資料はどこでしょうか」に対して図書館員が選択したインタビューの系列と利用者の応答を，図 21-1 と同様に，樹形図（ゲームの木）で表したものである。利用者の開始質問に対して図書館員に与えられている選択肢は二つある。一つは，開始質問に対して直ちに回答すること（選択肢①）である。もう一つは開始質問に対して，要求の詳細を明らかにするために，インタビューを行うこと（選択肢②）である。選択肢②で示した，主題を特定化するためのインタビューである「どこの国の文学者ですか」に対して，利用者が「川端康成です」と回答したとしよう。

「川端康成です」という利用者の応答に対しては，同様に図書館員には二つの選択肢が与えられている。一つは選択肢④で示したように，日本文学を表す書架の91 番台を回答するものである。もう一つの選択肢は，選択肢⑤で示したように，さらに主題の特定化を求めて「どのようなことをお調べですか」というインタビューを行うことである。

このようなインタビューを行う理由は，作家に関して事典で得られるような経歴を中心とした事実情報を求めているのか，それとも，作家に関する伝記資料やその作家の作品研究に関する資料など，文献を求めているのかを確認するためである。回答に資料する情報源は，前者の場合には事典類となり，後者の場合には書誌・索引となり，選択する情報源も異なる。

選択肢⑤の図書館員のインタビューに対して，利用者の応答は選択肢⑥の内容であったとしよう。この応答により，利用者は作品研究を求めていることが判明する。この応答に対して，図書館員には二つの選択肢が与えられる。一つは選択肢⑦で示

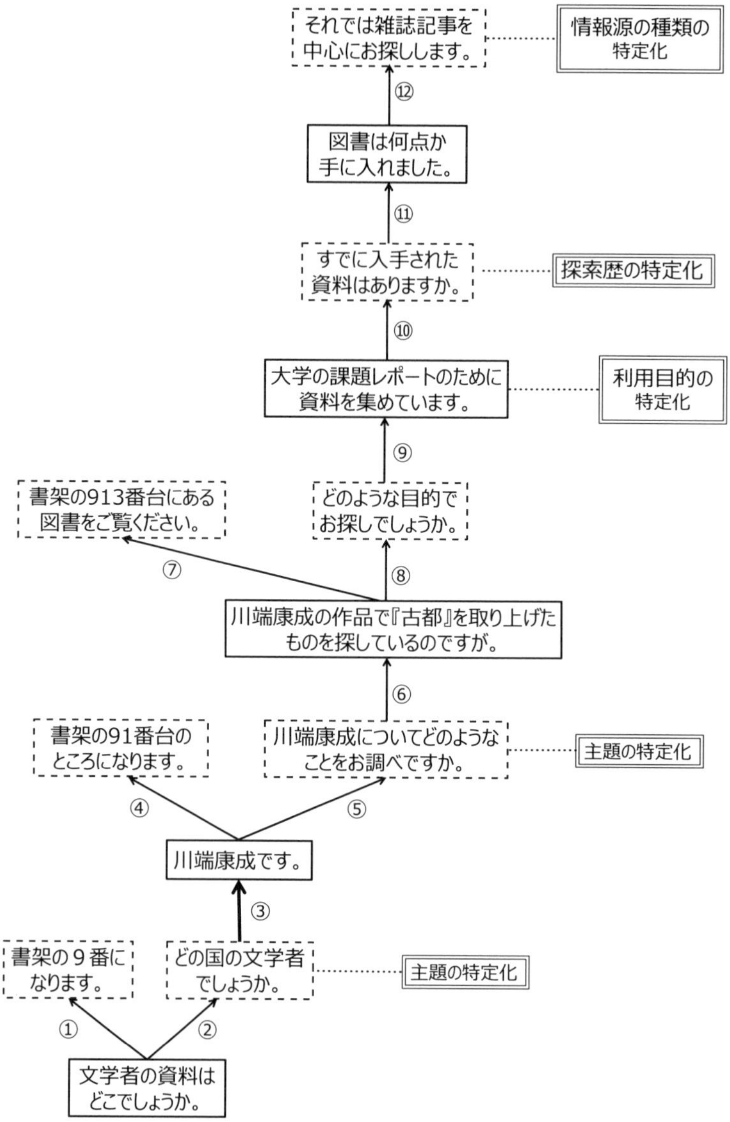

それでは雑誌記事を中心にお探しします。
情報源の種類の特定化
⑫
図書は何点か手に入れました。
⑪
すでに入手された資料はありますか。
探索歴の特定化
⑩
大学の課題レポートのために資料を集めています。
利用目的の特定化
⑨
書架の913番台にある図書をご覧ください。
どのような目的でお探しでしょうか。
⑦
⑧
川端康成の作品で『古都』を取り上げたものを探しているのですが。
⑥
書架の91番台のところになります。
川端康成についてどのようなことをお調べですか。
主題の特定化
④
⑤
川端康成です。
③
書架の９番になります。
どの国の文学者でしょうか。
主題の特定化
①
②
文学者の資料はどこでしょうか。

図 21-2　レファレンスインタビュー事例 2

したように，日本文学の小説およびその研究が排架されている書架を指示する回答である。もう一つは，選択肢⑧で示したように，情報資料を求める目的や動機を確認するためのインタビューを行うことである。このインタビューを行う理由は，利用者の要求が文献探索質問である場合，情報源の種類として図書に加えて雑誌記事・論文を含めるかどうかの判断，さらに求めている文献数や出版年の範囲などの確認が，要求に対してより適切な回答を提供する上で必要となるからである。このように，文献探索質問の場合，要求内容について把握すべき要素を次第に拡張させていく逆漏斗型インタビュー戦略が求められることになる。

利用者は選択肢⑨で示したように，目的がレポート作成にあることを明らかにする。これに対して図書館員は選択肢⑩で示したように，探索歴に関する確認のためのインタビューを行っている。このようなインタビューを行う理由は，大学の授業で課されたレポートのための資料収集という説明から，すでに利用者自身で文献探索を試みている可能性があると判断されるからである。このインタビューに対して利用者は，選択肢⑪で示したように図書についてはすでに何点か入手していると述べている。この応答を受けて，図書館員は，選択肢⑫で示したように，図書だけでなく雑誌記事の探索を提示している。図書館員が回答する情報源に雑誌記事を含めた理由は，作家の作品研究については，雑誌記事や学術論文で発表されているものが考えられるからである。こうした判断は，選択すべき情報源としての書誌に関する知識に基づいているといえる。たとえば，日本文学に関する研究文献の代表的な書誌として『日本文学研究文献要覧』（日外アソシエーツ）があげられるが，この書誌では，作家名を見出し語とし，作家研究，作品研究に関する図書と雑誌記事がリストされている。この書誌を利用すれば，図書のみならず雑誌記事の探索も可能となる。それゆえ，図書館員は，雑誌記事の探索とともに利用者がすでに入手しているとした図書についても改めて探索し，適切な図書の紹介が可能となるのである。

『日本文学研究文献要覧』

●…………演習問題

UNIT 20 の演習問題で解答したレファレンスインタビューと利用者の応答について，樹形図を使って分析しなさい。また，解答に示したインタビューとは異なる選択肢についても検討しなさい。

UNIT 22

◉レファレンスプロセス

レファレンスプロセスの実際：所蔵調査質問と書誌的事項質問の事例

所蔵調査質問

●…………所蔵調査質問の事例

ここでは，所蔵調査質問を例に，レファレンスプロセスについて具体的に解説する。

いま，以下のような利用者の開始質問を想定する。

利 用 者：「図書館について書かれた図書はどのあたりでしょうか」

この質問を受け付けた図書館員が利用者に行ったインタビューとそれに対する利用者の応答は以下の通りであったとする。

1) 第一段階（開始質問からレファレンス質問の確定まで）

利 用 者：（開始質問）「図書館について書かれた図書はどのあたりでしょうか」

図書館員：「010という分類記号が付与された書架のところになりますが，著者や書名はおわかりですか」

利 用 者：「はい，森耕一という人が書いた『図書館の話』（第4版，至誠堂，1981）という本が読みたくて，探しています」

図書館員：「では，その図書が当館に所蔵されているかどうか，お調べします。所蔵されていない場合には，新規購入をご希望であれば，リクエストサービスをご利用いただけます」

利 用 者：「よろしくお願いします」

2) 第二段階（検索戦略の構築）

a. 質問の分析

・主題：森耕一著『図書館の話』（第4版，至誠堂，1981）という文献（類型：図書）

・要求事項：原文献の入手（類型：文献（所在情報））

b. 情報源の選択

・主題：「図書」と要求事項：「文献（所在情報）」との組み合わせから，回答を得るための情報源として，蔵書目録を選択

c. 検索語の選定

・検索語は，著者：「森耕一」，書名：「図書館の話」

d.　検索式の作成

・著者と書名の条件を論理積（*AND*）で結合し，以下の検索式を作成

・著者：「森耕一」*AND*　書名：「図書館の話」

3)　第三段階（検索の実行から回答の提供まで）

以上の検索式を実行し，検索された書誌的事項とともに請求記号を回答する。

●…………書誌的事項質問と所蔵調査質問からなる質問の事例

書誌的事項質問
所蔵調査質問

ある利用者から提示された開始質問は「図書館関係の雑誌はどのあたりでしょうか」であったとしよう。ところで，この利用者の真の要求は，「川崎良孝氏が執筆した“アメリカの図書館界と知的自由”というタイトルの記事を入手したい。ただし，図書館雑誌に掲載された記事であることはわかっているが，巻号，刊行年，掲載ページはわかっていない」である。このとき，開始質問を受けた図書館員がたどるべきレファレンスプロセスについて，以下，詳述する。

この質問の処理にあたっては，まず，不明となっている当該記事の書誌的事項を確定させる書誌的事項質問を処理し，その結果を踏まえて，当該記事を掲載している雑誌の所蔵調査質問の処理を行うことになる。

A.　書誌的事項質問の処理

1)　第一段階（開始質問の提示からレファレンス質問の確定まで）

利 用 者：（開始質問）「図書館関係の雑誌はどのあたりでしょうか」

図書館員：「雑誌のフロアの010の分類記号のついた書架に排架されていますが，お探しの雑誌名はおわかりですか」

利 用 者：「はい，『図書館雑誌』です」

図書館員：「『図書館雑誌』は所蔵されていますが，雑誌のフロアに排架されている雑誌は出版年が2001年以降のものです。2000年以前のものは，閉架に排架されていますが，お探しの記事が掲載されている巻号か出版年はおわかりでしょうか」

利 用 者：「いえ，記事の執筆者とタイトルしかわかりません」

図書館員：「差し支えなければ，執筆者とタイトルを教えていただけますか」

利 用 者：「はい，川崎良孝氏が書かれた“アメリカの図書館界と知的自由”という記事です」

図書館員：「それでは，その記事が掲載されている巻号と出版年をまずはお調べします」

利 用 者：「お願いします」

2） 第二段階（書誌的事項質問の処理のための検索戦略）

a. 質問の分析

・主題：川崎良孝氏が執筆し，『図書館雑誌』に掲載された“アメリカの図書館界と知的自由”というタイトルの記事（類型：雑誌記事）

・要求事項：当該記事が掲載されている巻号（出版年）（類型：文献（書誌的事項））

主題の構成概念は，著者：「川崎良孝」，タイトル：「アメリカの図書館界と知的自由」，雑誌名：「図書館雑誌」である。

b. 情報源の選択

質問の分析で示された主題の類型と要求事項の類型の組み合わせは，主題：「雑誌記事」×要求事項：「文献（書誌的事項）」であることから，選択すべき情報源の類型は「書誌・索引」となる。その類型に属する具体的な情報源として『NDL ONLINE　雑誌記事索引』を選択する。

c. 検索語の選定

・質問の分析で示された主題の構成概念から，次の検索語を選定する

著者：「川崎良孝」，タイトル：「図書館界，知的自由」，雑誌名：「図書館雑誌」

なお，タイトルについてはタイトルを構成する主要な語句を検索語とすればよい。

d. 検索式の作成

・三つの主題構成概念は必須であることから，各検索語を論理積（*AND*）で結合し，次の検索式を作成する

著者：「川崎良孝」*AND* タイトル：「図書館界 *AND* 知的自由」*AND* 雑誌名：「図書館雑誌」

3） 第三段階（書誌的事項質問に関する検索の実行と回答）

検索式を使って検索を実行した結果，当該記事は，『図書館雑誌』の第 98 巻 10 号に掲載されており，出版年は 2004 年であることが判明する。この結果をもとに，「『図書館雑誌』第 98 巻 10 号は当館に所蔵されているか」という所蔵調査質問の処理に移ることになる。以下，その検索戦略を示す。

B. 所蔵調査質問の処理

1） 第一段階（開始質問の提示からレファレンス質問の確定まで）

レファレンス質問は「『図書館雑誌』第 98 巻 10 号は当館に所蔵されているか」である。

2） 第二段階（検索戦略）

a. 質問の分析

・主題：『図書館雑誌』第 98 巻 10 号（類型：雑誌）

・要求事項：所蔵図書館（類型：文献（所在情報））

要求事項を「所蔵図書館」とするのは，当該雑誌，あるいは同雑誌の当該巻号が当図書館に所蔵されていない場合には，他の図書館の所蔵調査が必要となるからである。

主題の構成概念は「図書館雑誌」と「第98巻10号」である。

b. 情報源の選択

質問の分析から，主題と要求事項の類型は，「雑誌」×「文献（所在情報）」であることから，選択すべき情報源は，「蔵書目録」，「総合目録」となる。具体的な情報源として，当該図書館の蔵書目録が選択される。

c. 検索語の選定

・質問の分析で示された主題の構成概念から，次の検索語を選定する

雑誌名：「図書館雑誌」，巻号：「98　10」

d. 検索式の作成

・検索語の「雑誌名：図書館雑誌」と「巻号：98　10」は必須であることから，次の検索式を作成する

雑誌名：「図書館雑誌」*AND* 巻号：「98　10」

なお，巻号を検索語として設定できない場合には，検索語は「雑誌名：図書館雑誌」のみとし，検索された書誌情報から当該巻号が所蔵されているかどうかを確認する。

3) 第三段階（検索の実行と回答の提供）

上記の検索式を実行し当該記事が「図書館雑誌　98巻10号，2004，p.728-731」に掲載されている記事であることが判明する。2004年の『図書館雑誌』は雑誌のフロアに開架資料として排架されていることを併せて回答する。

●…………演習問題

利用者の開始質問が「図書館に関する資料はどのあたりでしょうか」であったとする。利用者の真の要求は，「ランガナタンの書いた『図書館学の五法則』の出版者を知りたい。できれば，入手して読んでみたい」である。このとき，どのようなレファレンスプロセスが考えられるか，上記の二つの事例を参考に，検討しなさい。

UNIT 23

◉レファレンスプロセス

レファレンスプロセスの実際：情報探索質問の事例

情報探索質問
レファレンスプロセス

ここでは，情報探索質問を例に，レファレンスプロセスの実際を取り上げる。

利用者の開始質問が「歴史関係の資料はどのあたりでしょうか」であった。この利用者の真の情報要求は「東京にある信濃町という地名の由来について，長野県との関係の有無を含めて知りたい」という情報探索質問である。このときのレファレンスプロセスについて以下，詳述する。

●…………第一段階（開始質問からレファレンス質問の確定まで）

利 用 者：(開始質問)「歴史関係の資料はどのあたりでしょうか」

図書館員：「分類記号の200～270の書架になりますが，日本の歴史ということでしょうか」

利 用 者：「はい，そうだと思いますが，地名の歴史について調べたいのです」

図書館員：「どの地域の地名でしょうか」

利 用 者：「東京都の地名なのですが，その由来を知りたいのです」

図書館員：「わかりました。お知りになりたい地名を教えていただければ，お調べいたします」

利 用 者：「東京にある信濃町という地名です。長野県となにか関係があるのか知りたいのですが」

図書館員：「はい，わかりました。それでは，地名事典を使ってお調べします」

この開始質問を受けた図書館員は，歴史関係という主題は不明確で，漠然としているため，主題の特定化のためのインタビューが必要と判断している。この質問が不明確である理由は，歴史関係の資料は通常，NDCの200～270に分類されるが，政治体制史は312，社会史は362，文学史は902というように，各主題の歴史については各主題に分類されるからである。また，情報要求を充足するには，一般資料とレファレンス資料（事典類）のいずれが適当なのかについても，開始質問では判断できないからである。

それゆえ，利用者が求める歴史関係という主題が2類に分類される主題かどうかを確認する必要がある。そのため，図書館員は，ひとまず2類の歴史に関する分類記号200～270を回答した上で，日本の歴史に関する資料かどうかを確認するインタビューを行っている。もちろん，どの地域または分野の歴史関係の資料なのかについて開質問を使用したインタビューも考えられる。しかし，「日本の歴史でしょうか」という閉質問を使用することにより，利用者の応答内容をあらかじめ制限はするものの，「はい」か「いいえ」で応答できることから，利用者からの応答を引き出しやすいという効果が期待できる。「はい」か「いいえ」の応答をきっかけに，より具体的な要求を利用者から引き出しやすくなるという利点もある。

開質問

閉質問

その結果，利用者は，日本の地名の由来を知りたいという真の要求をもっているため，「日本の歴史でしょうか」という図書館員のインタビューに対して「はい，そうだと思います」と応答している。しかし，日本の地名の由来が日本の歴史に属するのかどうか確証がもてないと判断した利用者は「地名の由来について知りたい」という真の要求に近似した応答を行っている。事実，地名に関する資料は2類ではあるが，歴史とは区別されており，地理・地誌・紀行を表す290に分類されることから，利用者の判断は妥当といえる。

これを受け，図書館員は，「地名の由来」ということであれば，通読用の一般資料よりも，地名事典等のレファレンス資料の利用が適切であると判断する。日本の地名を扱った事典の代表的なものとして，『角川日本地名大辞典』と『日本歴史地名大系』があり，いずれも都道府県ごとに分かれて刊行されていることから，図書館員は地域の特定化が必要と判断し，「どの都道府県の地名でしょうか」というインタビューを行っている。

『角川日本地名大辞典』

『日本歴史地名大系』

このインタビューに対して利用者は真の情報要求を提示している。これを受けて図書館員は検索戦略の構築の段階に進むことになる。

●…………第二段階（検索戦略の構築）

1） 質問の分析

・主題：東京の信濃町という地名（類型：地名）

・要求事項：その由来，長野県との関係（類型：解説）

主題の構成概念は「信濃町」である。

2） 情報源の選択

質問の主題と要求事項の類型の組み合わせ「地名」×「解説」から，選択すべき情報源の類型は「地名事典」となる。具体的な情報源としては，主題が「日本の地名」であることから，『角川日本地名大辞典』，『日本歴史地名大系』を選択する。

3） 検索語の選定

主題の構成概念である「信濃町」を，各情報源で使用可能な検索語に変換する。

a. 『角川日本地名大辞典』では，東京都の地名を扱った第13巻の「総目次」の中の「地名編」を参照し，「し」で始まる地名はp.334から掲載されていることを確認する。

本文を参照すると，p.343に「しなのまち　信濃町＜新宿区＞」という見出し語があることが判明する。

b. 『日本歴史地名大系』では，東京都の地名を扱った第13巻の「五十音索引」を参照すると，「信濃町（新宿区）」という索引語があり，本文の該当ページ（430上，430中）が記載されている。p.430上の見出し語は「千駄ヶ谷西信濃町」，p.430中の見出し語は「四谷東信濃町」である。

4）検索式の作成：

a. 『角川日本地名大辞典』では，「しなのまち　信濃町＜新宿区＞」という見出し語を検索式とする。なお，同見出し語のもとに，［近世～近代］と［近代］という時代区分が示されている。

b. 『日本歴史地名大系』では，「信濃町（新宿区）」という索引語を検索式とする。

●…………第三段階（検索の実行から回答の提供まで）

1）検索の実行と検索結果

a. 『角川日本地名大辞典』を，見出し語「しなのまち　信濃町＜新宿区＞」を検索式として実行する。その結果，本文のp.343の見出し語「しなのまち＜新宿区＞」のもとの［近代］の箇所に，「町名は，江戸期に永井信濃守の別邸であったことによる」との記述がある。

b. 『日本歴史地名体系』を，索引語「信濃町（新宿区）」を検索式として実行する。その結果，p.430上の見出し語「千駄ヶ谷西信濃町」のもとに「東隣の四谷東信濃町とともに，信濃町の町名は江戸期初頭に永井信濃守尚政の屋敷であったことにちなむ」との記述がある。

2）回答の提供

以上の二つの情報源から得られた記述を，出典として各情報源の書誌的事項を明示したうえで，「長野県との関係は認められない」との回答を提供する。

なお，当事例の質問および回答例は，斎藤文男，藤村せつ子『実践型レファレンス・サービス入門』（日本図書館協会，2004，p.77）に掲載されたレファレンス事例をもとに作成したものである。

●…………**演習問題**

利用者の開始質問が「人名事典はどのあたりでしょうか」であったとする。ところで，この利用者の真の情報要求は，「数学界のノーベル賞といわれるフィールズ賞を受賞した歴代の日本人数学者を知りたい」である。このとき，どのようなレファレンスプロセスが考えられるか，検討しなさい。

UNIT 24

◉レファレンスプロセス

レファレンスプロセスの実際：文献探索（主題探索）質問の事例

文献探索質問
主題探索質問

ここでは，文献探索（主題探索）質問を例に，レファレンスプロセスの実際を取り上げる。

利用者の開始質問が「少子化の問題を扱った資料はどのあたりにあるでしょうか」であった。この利用者の真の情報要求は「少子化が日本の社会保障に及ぼす影響について書かれた図書や雑誌記事を知りたい」という文献探索（主題探索）質問である。このときのレファレンスプロセスについて以下，詳述する。

●…………第一段階（開始質問の提示からレファレンス質問の確定）

利 用 者：（開始質問）「少子化の問題を扱った資料はどのあたりでしょうか」

図書館員：「少子化に関する図書ですと分類記号が334の書架になります」

利 用 者：「図書だけでなく，少子化の問題を扱った雑誌記事も見たいのですが，雑誌はどこでしょうか」

図書館員：「雑誌記事ですと，雑誌記事索引というデータベースを検索して確認する必要がありますが，少子化についてどのようなことをお調べですか」

利 用 者：「少子化の影響で今後の社会保障制度が見直されるかもしれないと，新聞で読んだものですから，そのことについて書いてある図書や雑誌記事を読んでみたいと思いまして」

図書館員：「わかりました。当館に所蔵されている図書ですと334ではなく，364の書架になりますが，雑誌記事を含めてお調べしますので，お待ちください」

利 用 者：「よろしくお願いします」

利用者の開始質問を受けて，図書館員は図書であることを想定し，NDCの334（人口．土地．資源）の書架であることを回答する。それに対して，利用者は雑誌記事についても必要であることを表明する。これに対して，図書館員は，雑誌記事については書架を直接指示することはできないため，雑誌記事索引を使った検索が必要となることを伝えているが，雑誌記事の場合，より主題を特定化した検索が可能であることから，少子化についてどのようなことを知りたいのか，という開質問によるインタビューを行っている。それに対して，利用者は少子化が社会保障に及ぼす影響を扱った資料が欲しいという真の情報要求を提示している。同時に，情報要求をもつに至った背景として，新聞記事を読んだことを利用者が告げていることから，専門性の高い学術図書や学術論文はこの利用者にとって適切ではないと図書館員は判断することになる。このことは，情報源の選択や検索結果の評価にも反映されることになる。

利用者から真の情報要求が示されたことを受けて，図書館員は開始質問に対する回答の修正が必要であることを知る。というのも，影響関係を扱った資料は，NDCの分類規程により，通常，影響を受けた側に分類されるため，真の要求を充足する図書は364の社会保障の書架に排架されているからである。そこで，図書館員は利用者に対して334ではなく，364の書架になることを伝えている。雑誌記事については雑誌記事索引による検索が必要と判断し，そのことを伝え，次の段階である検索戦略の構築に進むことになる。

❷…………第二段階（検索戦略の構築）

1）　質問の分析

・主題：少子化が社会保障に及ぼす影響（類型：テーマ）

・要求事項：図書，雑誌記事（類型：文献（書誌的事項））

主題の構成概念は「少子化」,「社会保障」であり，いずれの概念も必須である。

2）　情報源の選択

主題と要求事項の類型の組み合わせ「テーマ」×「文献（書誌的事項）」から，「書誌・索引」という情報源の類型が選択される。

具体的な情報源としてここでは，図書検索のために『NDL ONLINE 詳細検索　資料種別「図書」』を選択する。図書については，該当館の所蔵資料の範囲で適切な図書があれば蔵書目録を使って検索し直ちに提供可能である。だが，所蔵図書に適切な図書がない場合も想定し，質問の主題を扱った図書を包括的に検索するために，図書についても『NDL ONLINE』を情報源として選択する必要がある。雑誌記事の検索では，『NDL ONLINE　雑誌記事索引』を選択する。

3）　検索語の選定

a.　図書検索用の検索語の選定

『NDL ONLINE』を使った主題からの図書検索にあたっては，検索語として，NDLSH（国立国会図書館件名標目表）中の件名標目を使用できることから，主題の構成概念を表している件名標目を選定する必要がある。質問の主題を構成している概念は「少子化」と「社会保障」であるが，NDLSHには，「少子化」と「社会保障」という件名標目（統制語）それぞれ登録されている。よって，検索語として， NDLSH

件名：「少子化」，件名：「社会保障」を選定する。

b.　雑誌記事検索用の検索語の選定

雑誌記事索引の検索では，主題検索に使用可能な検索項目として，「論題名」と「件名」がある。「論題名」は，記事の論題名に出現する語（自由語）による検索を可能にするものである。一方，「件名」は記事の主題を表すキーワードの使用が可能だが，NDLSH から選ばれているわけではなく，統制語としての機能は十分ではない。よって，検索語として，件名のみを選定することは避け，以下の検索語を選定する。

自由語

統制語

論題名：「少子化」，論題名：「社会保障」，件名：「少子化」，論題名：「社会保障」

4)　検索式の作成

a.　図書の検索式

・件名標目（統制語）による検索式

・件名：「少子化」，件名：「社会保障」はいずれも必須であるから，論理積（*AND*）を使用して次の検索式とする。

件名：「少子化」*AND* 件名：「社会保障」

b.　雑誌記事の検索式

1.　論題中の単語（自由語）による検索式

・論題：「少子化」，論題：「社会保障」はいずれも必須であるから，論理積（*AND*）を使用して次の検索式とする。

論題：「少子化」*AND* 論題：「社会保障」

2.　件名による検索語

・件名：「少子化」，件名：「社会保障」はいずれも必須であるから，論理積（*AND*）を使用して次の検索式とする。

件名：「少子化」*AND* 件名：「社会保障」

●…………第三段階（検索の実行から回答の提供まで）

a.　図書の検索結果

・上記の図書の検索式を実行した結果，次の図書を含め 7 件が検索された（2014 年 10 月現在）。

兼清弘之，安藏伸治 編著．人口減少時代の社会保障．原書房，2008.12.，234p.

b.　雑誌記事の検索結果

1.　論題名による検索結果

・雑誌記事索引の「論題名」による検索式を実行した結果，次の記事を含め，194 件が検索された（2014 年 10 月現在）。

椋野美智子．少子化対策の課題と展望．週刊社会保障，68（2788），2014，p.148

-153.

2. 件名による検索結果

・雑誌記事索引の「件名」による検索式を実行した結果，次の記事を含め，4件が検索された（2014年10月現在）。

安宅川佳之．少子高齢化時代の社会保険制度の展望．日本福祉大学経済論集，40，2010，p.1-32.

以上のa，bの検索結果を提示し，利用者が適切と判定した文献（適切性の判定については，UNIT 19を参照）について，その書誌的事項を回答として提供する。

●…………演習問題

利用者の開始質問が「教育に関する資料はどのあたりでしょうか」であった。ところで，この利用者の真の情報要求は「不登校といじめとの関係を扱った雑誌記事が知りたい。できれば，数点，入手したい」である。このとき，どのようなレファレンスプロセスが考えられるか，検討しなさい。

UNIT 25

◉事実検索質問の処理

言葉・事柄に関する情報の調べ方

●…………言葉・事柄に関する質問の調べ方

質問回答サービスにおいて利用者から寄せられるレファレンス質問は，大きく文献調査・事項調査・利用案内に大別される。言葉や事柄に関する質問は事項調査に該当し，事項調査の中でも特に多くの質問が寄せられる。

質問回答サービスにおけるプロセスはおおむね次のようになる。

① 質問の受付
② レファレンスインタビュー
③ 質問の確定（真の情報要求の把握）
④ 質問の分析（質問の主題と要求事項の確定）
⑤ 用いるべき情報源の選択
⑥ 検索語・検索式の確定
⑦ 検索の実行
⑧ 検索結果の評価
⑨ 回答

言葉・事柄に関する質問においてもプロセスは同様である。質問が確定し，質問の分析を行った後に情報源の選択を行う。この際注意すべき点は，利用者の質問が「言葉」に関する質問であるのか，「事柄」についての質問であるかによって用いるべき情報源が異なることである。

辞書

事典
便覧
図鑑
統計

言葉に関する質問であれば「辞書」（辞典，ことば典）を，事柄に関する質問であれば「事典」（こと典）や「便覧」，「図鑑」や「統計」といった情報源を選択する。

なお，辞書の中には事典的な用途に用いることも想定してつくられているものもある。しかし通常は両者を区別して，言葉に関する解説を求める場合には「辞書」，事柄に関する解説を求める場合には「事典」を用いることが一般的である。

●…………言葉・文字について調べる場合

言葉・文字に関する質問には以下のようなものがある。

・言葉の意味を調べたい
・言葉・文字の読みを調べたい
・言葉の成り立ちを知りたい
・似たような意味をもつ言葉を知りたい
・言葉の語源・由来を知りたい
・言葉の用い方を知りたい
・略語や当て字の本来の表記が知りたい

これらは一例であり，実際にはさまざまな言葉に対する質問が寄せられる。質問に応じて用いるべき情報源も異なってくる。

たとえば「言葉の意味を調べたい」という質問の場合，対象となる言葉が現代語であれば「国語辞書」，現在は用いられていない言葉であるならば「古語辞書」，最近使われるようになった時事的な言葉であれば「新語辞書」といったように，選択すべき情報源は時代によって異なる。

国語辞書
古語辞書
新語辞書

また，ある地方で特に用いられている言葉であれば「方言辞書」，特定の集団・団体の中だけで通じる言い回しであれば「隠語辞書」というように，その言葉が限定的に用いられている場合にはそれを考慮して情報源を選択しなければならない。

方言辞書
隠語辞書

(1)　国語辞書

言葉の意味，成り立ち，用例などを調べる際に用いられるのが「国語辞書」である。対象となる言葉の「読み」が判別している場合，索引または見出し語から検索して調べることができる。

国語辞書の代表的なものとして，『日本国語大辞典』第2版（小学館）がある。この資料は言葉の意味や語誌，語源説，発音，表記などの情報に加え，その言葉が用いられ始めた文献を出典としてあげている。このことから「その言葉がいつ頃から用いられているか？」といった質問に対し，典拠の出版（成立）年からそれを確認するといった使い方ができる。

『日本国語大辞典』

このほか，『広辞苑』第7版（岩波書店），『大辞林』第4版（三省堂），『大辞泉』第2版（小学館）などがある。

『広辞苑』
『大辞林』
『大辞泉』

また言葉が使われた時代に応じて「古語辞書」や「新語辞書」を用いる。古語辞典の例として『角川古語大辞典』（角川書店），『時代別国語辞典』（三省堂）がある。また新語辞典では『現代用語の基礎知識』（自由国民社）などがある。

『角川古語大辞典』
『時代別国語辞典』
『現代用語の基礎知識』

(2)　漢和辞書

漢字の読み，意味，成り立ち，用例などを調べる際に用いられるのが「漢和辞書」である。漢字を見出し語として，部首索引，音訓索引，総画索引などから検索

部首索引
音訓索引
総画索引

を行う。

『大漢和辞典』

漢和辞書の代表的なものとして『大漢和辞典』修訂2版（大修館書店）がある。これは最も詳細な漢和辞書の一つであり，レファレンスサービスにおいては頻繁に用いられる。それ以外の単冊資料では『大漢語林』（大修館書店），『講談社新大字典』（講談社），『新選漢和辞典』第8版（小学館）などがある。

『大漢語林』
『講談社新大字典』
『新選漢和辞典』

(3) その他の辞典

難読語
難読語辞書
『難読語辞典』（太田出版）
『音訓引き難読語辞典』
『難読語辞典』（東京堂）

いわゆる難読語においては「難読語辞書」を用いる。たとえば『難読語辞典』（太田出版），『音訓引き難読語辞典』（日外アソシエーツ），『難読語辞典』（東京堂）などがある。

『日本歴史地名大系』
『新潮日本人名辞典』

また地名や人名などについては，それぞれの主題情報源に難読地名索引や，難読人名索引を有するものもある。たとえば『日本歴史地名大系』（平凡社）には難読地名一覧があり，『新潮日本人名辞典』には難読人名索引がある。

外来語辞書
『宛字外来語辞典』
『現代用語の基礎知識：カタカナ語・略語版』

「外来語辞書」は海外の言葉のうち日本語として定着した言葉が調べられる辞書である。たとえば『宛字外来語辞典』新装版（柏書房）や『現代用語の基礎知識：カタカナ語・略語版』第2版（自由国民社）などがある。

故事成語・慣用句辞書
故事成語
ことわざ
慣用句
『故事俗信ことわざ大辞典』
『新明解故事ことわざ辞典』
『故事成語名言大辞典』
『故事名言・由来・ことわざ総解説』
『成語林』
『新編国歌大観』
『新共同訳聖書コンコルダンス』

「故事成語・慣用句辞書」は故事成語やことわざ，慣用句を調べる際に用いる辞書である。たとえば『故事俗信ことわざ大辞典』第2版（小学館），『新明解故事ことわざ辞典』第2版（三省堂），『故事成語名言大辞典』（大修館書店），『故事名言・由来・ことわざ総解説』第2版（自由国民社），『成語林』（旺文社）などがある。

特徴的な辞書として，特定の語句（フレーズ）を検索語として検索できるものがある。たとえば『新編国歌大観』（角川書店）は和歌の一節句からその節句が含まれる和歌を調べることができる。また『新共同訳聖書コンコルダンス』（キリスト新聞社）は聖書の言葉から検索し，その語句が聖書のどの箇所に記載されているか調べられる。

『JapanKnowledge』

その他，オンラインデータベース『JapanKnowledge』（ネットアドバンス）は『日本国語大辞典』，『角川古語大辞典』，『ランダムハウス英和辞典』など数十種類の辞書を，見出し語と本文中のキーワードから横断的に検索することができる。

●…………事象・事柄について調べる場合

事象・事柄・事物・事実など「こと」に関する質問には以下のようなものがある。

・ある事柄についての説明（解説）がほしい
・ある事柄について概要が知りたい
・ある事柄についての統計（データ）がほしい
・ある事物の形状や仕組みが知りたい

・ある現象が起きる原因が知りたい

これらは一例にすぎないが，このような事象・事柄に対する質問はそれに対する説明や裏づけとなるデータを求められている場合が多い。その際に用いられる情報源には「事典」，「便覧」，「図鑑」，「統計」などがある。

事典
便覧
図鑑
統計

たとえば，特定の現象に対する解説を求められる場合には「事典」を用いることが多い。あるいは，特定のテーマに関してひと通りの説明が求められる場合には「便覧」を用いることが適切である。

また，文章による解説だけでは理解が難しいと考えられる「物や生物の形状」について知りたい場合には「図鑑」が選択される。その他，数値が知りたい場合には「統計」や統計資料が含まれる便覧，事典などを用いる。このように，事象・事柄について調べる場合には，質問に対応する情報源を適切に選択する必要がある。

(1)　事典

特定の事柄に対する解説を求められたとき，手がかりとして最初に用いるのは「百科事典」である。百科事典はさまざまな主題を網羅的に対象とする事実探索の基本的情報源である。百科事典には『世界大百科事典』(平凡社)，『日本大百科全書』(小学館)，『ブリタニカ国際大百科事典』(TBS ブリタニカ) などがあるが，これらを比較参照するだけでもある程度の解説を得ることができる。

百科事典

『世界大百科事典』
『日本大百科全書』
『ブリタニカ国際大百科事典』

また，百科事典の見出し語に対する解説には執筆者 (著者) や参考文献があげられていることが多い。当該見出し語の著者は，通常その対象について主題知識を有しているとみなすことができる。そこから著作にどのようなものがあるかたどることで，関連文献の発見につながる可能性もある。また参考文献をたどっていくことで，当該主題の関連文献を収集することもできる。こうしたチェイニングによる探索は，事実探索において有効である。

チェイニング

百科事典から質問の主題が明確になれば，その後に主題事典や地域百科事典を選択することが容易になる。百科事典はあくまで探索の手がかりであり，関連する主題事典によってより詳細な情報を得ることが必要である。

主題事典
地域百科事典

(2)　便覧

特定のテーマについてひと通りの説明がほしいといった質問もある。「環境問題について調べたい」といったテーマを対象とした質問に対しては，「便覧」が有効である。この場合，当該主題のハンドブックの類を用いることで，環境問題における概論から水質汚濁や大気汚染といった各論まで，体系的に必要な解説を得ることができる。

このように，便覧は特定主題について体系的に情報を入手するのに向いている。

さらに利用者が詳細な情報を求める場合には，あげられている参考文献をたどったり，解説執筆者の著作を参照したりすることで，より多くの関連情報の発見に結びつくこともある。

(3) 図鑑

図鑑

動植物や昆虫，古生物などの生物や，鉱物の種類の特定，工業製品のデザインなど，視覚的な情報が求められている場合には「図鑑」が有効である。図鑑は主題別・対象別に作成されていることが多い。

ひとことで図鑑といっても，学術的視点で記述された生物図鑑から，ペットの図鑑・園芸図鑑など実用的なものまで幅広く存在する。情報源の選択にあたっては，利用者の情報要求を把握し，適切な情報源を選択するようにしなければならない。

(4) 統計・データブック

統計

『日本統計年鑑』
『政府統計の総合窓口（e-Stat）』

数値に関するデータを探すためには「統計」を用いる。国内の統計情報であれば『日本統計年鑑』（総務省統計局）や，『政府統計の総合窓口（e-Stat）』（総務省統計局，https://www.e-stat.go.jp/）などがある。

『理科年表』

主題別のデータであれば，各主題の下においてまとめられている場合もある。自然科学のデータブックである『理科年表』（国立天文台）などがその代表例である。

また，いわゆるランキングを調べたい場合には，「名数・番付」に関する情報源を確認する必要がある。

(5) ウェブ情報源

実際のレファレンスサービスにおいては，こうした事実探索においてウェブ情報源を併用することは十分に考えられる。たとえば，従来であれば百科事典などで確認していた「質問の主題背景」を確認する予備調査を，検索エンジンで検索して概要を把握するといったことは想定される。こうした利用法は実務において排除するものではないが，最終的に利用者に提示される情報源は，図書館資料やオンラインデータベースなど出典の明らかなものから提示することが望ましい。

UNIT 26

◉事実検索質問の処理

言葉・事柄に関する情報の検索演習

●…………例題 1

「陶冶」という言葉の意味が知りたい。またこの言葉はいつ頃から用いられているか知りたい。

1)　回答プロセス

求められているのは「陶冶」という言葉の①意味と，②いつ頃から用いられているかという点である。この言葉が読めない場合，事前に漢和辞書で「読み」を調べる必要がある。もし「とうや」と読めるのであれば，国語辞書を選択すればよい。

国語辞書は『広辞苑』（岩波書店），『大辞泉』（小学館）など複数ある。今回は「いつ頃から用いられているか」が知りたいということなので，言葉の出典が示される『日本国語大辞典』（小学館）を用いる。 『日本国語大辞典』

『日本国語大辞典』を見出し語「とうや」で引くと「陶冶」の表記の見出しがあり，以下のような解説が得られた。

(1)　陶物（すえもの）をつくることと鋳物（いもの）をつくること。転じて，物をつくること。

(2)　もって生まれた性質や才能を，円満に育て上げること。育成すること。要請すること。（出典『日本国語大辞典』第 2 版　第 9 巻）

また，(1)の意味において文献で用いられた最古のものは「日本後記－延暦二三年」（804 年），(2)の意味において文献で用いられた最古のものは「本庁文粋」（1060 年頃）であることが明らかになった。

2)　回答ポイント

質問回答サービスにおいては複数の情報源を確認し，回答として提供することが望ましい。そこで『広辞苑』第 7 版，『大辞泉』第 2 版で確認したところ，ほぼ同様の意味を表す解説が確認されたので，これらをあわせて提供する。 『広辞苑』『大辞泉』

●…………例題 2

「鑓」という漢字の読みと意味，その用例が知りたい。

1)　回答プロセス

求められているのは「鑓」という漢字の①読みと②意味，③用例という点である。

したがって用いるべき情報源は漢和辞書である。ここでは『大漢和辞典』(大修館書店)と『大漢語林』(大修館書店)を用いてみる。

『大漢和辞典』

はじめに『大漢和辞典』(大修館書店)を調査する。「読み」がわかれば字音索引,字訓索引を使用する。読みが不明の場合には部首索引または総画索引から検索する。今回は総画が23画であることから総画索引で検索したところ,第10巻に見出し語として収録されていることが明らかになる。内容を確認すると,読みは「シウ」,「ジユ」であり,意味は「こたへる,むくいる」など19種類の意味とその出典があげられていた。また用例では「讎夷(しゅうい)」をはじめ45の用例があった。

『大漢語林』

次に『大漢語林』で同様に総画索引23画から確認する。その結果,「讎」の読みは「シュウ」,「ジュ」であり,意味は「あだ,かたき,あだとする」など9種とあった。また古訓(古い呼び方)として「カタキ,カフ」など7種あったほか,用例が10種ほどあげられていた。

2) 回答ポイント

この調査では複数の漢和辞書を参照しているものの,出版者は同一である。また責任表示は『大漢和辞典』修訂2版,『大漢語林』ともに同一である。複数の情報源を用いることは重要であるが,可能であれば異なる責任表示,異なる出版者を比較したほうが「複数の観点から情報源を確認する」ことになり適切である。

『講談社新大字典』
『新選漢和辞典』

たとえば,『講談社新大字典』(講談社)や『新選漢和辞典』第8版(小学館)などが異なる編者によってまとめられている。相互比較して似たような結果が得られれば,その情報の信頼性・正確性が高まることにつながる。

●…………例題3

「プラシーボ」がどのようなもの(?)なのか,知りたい。

1) 回答プロセス

求められているのは「プラシーボ」という何らかの物,事柄,事象についての解説である。したがって事項・事象に関する情報源を選択していく。

『世界大百科事典』

まず百科事典で確認する。『世界大百科事典』をプラシーボで検索したところ,「偽薬」という見出し語へ参照される。偽薬の項を確認すると「薬物の効力を検定する場合」の「対象薬」,「薬理作用の無い物質」といった解説がある。

『日本大百科全書』

次に『日本大百科全書』を確認する。同じく「プラシーボ」という見出しはないが,「プラシーボ効果」という見出しがある。プラシーボ効果の項目を確認すると,「薬理作用に基づかない薬物の治癒効果」,「薬理学的にはまったく不活性な薬物(プラシーボ)」という記述がある。また,プラシーボはプラセボ(placebo)とも呼ばれることも明らかになった。

さらに,プラシーボまたはプラセボが薬に関する用語であることが明らかになったため，「薬学事典」を調べてみる。

薬学事典の中から『薬科学大辞典』第5版普及版（廣川書店）と『薬学用語辞典』（東京化学同人）を確認したところ，いずれも「プラセボ」の見出し語の下に百科事典と同様の内容の記述が確認できた。

『薬科学大辞典』
『薬学用語辞典』

2）回答ポイント

事項・事象に関する質問は，百科事典から主題事典へと広い主題から狭い主題に調査を進めていくことで一定の情報を入手することができる。また主題が明らかになれば，文献探索を行うことで関連する図書・雑誌記事などを確認し，あわせて提供することも考えられる。

●…………**例題 4**

地球温暖化対策における「パリ協定」とはどのようなものか。簡潔に知りたい。

1）　回答プロセス

質問から主題は「地球温暖化対策」に関する内容であり，「パリ協定」という呼称から国家間で締結された協定であることが推測される。したがって，環境または地球温暖化に関する事実探索の情報源を用いて「パリ協定」を探索すればよい。

まず百科事典を参照する。『日本大百科全書』第2版（1994-1998）と『世界大百科全書』改訂新版（2007-2009）を「パリ協定」で検索したが，該当する解説は得られなかった。

次に「パリ協定」が最近締結された協定である可能性を考慮し，『現代用語の基礎知識』2020（自由国民社）を確認した。すると「パリ協定」の見出しがあり，2015年12月に「国連気候変動枠組条約第21回締約国際会議」（COP21）で採択された，温室効果ガスの排出削減に関する国際協定であることがわかった。

『現代用語の基礎知識』

協定の締結年が明らかになったので，環境・地球温暖化に関連する情報源の中から特に2016年に出版されたものを確認したところ，『大気環境の事典』（朝倉書店，2019）に記述があった。この資料はタイトルに「事典」とあるが，形態は便覧である。その中の大気汚染の国際的取り組みを扱う節において「パリ協定」の見出しがあった。そこではパリ協定締結に至るまでの前後の経緯，パリ協定が目指す内容，発効後の動きなどが簡潔にまとめられていた。以上を提供する。

『大気環境の事典』

2）　回答ポイント

百科事典はあらゆる主題領域を対象とする事実探索の情報源であるが，印刷資料である以上「ある時点までに集められた情報」となる。参考までに『JapanKnowledge』を用いて「パリ協定」を再検索したところ，『平凡社世界百科全書』および『日本大百科全書』のオンライン版にはいずれもパリ協定に関する見出し語があり，その概要を把握することができた。

『JapanKnowledge』
『平凡社世界百科全書』
『日本大百科全書』

このようにオンラインデータベースは情報の更新が行われる利点がある。言葉や事項の調査においては，時事的な用語を取り扱う新語辞書を確認することはもちろん，こうしたオンラインデータベースの辞書・事典を活用することも有効である。

また，この質問は環境以外にも複数の観点で探すことが可能である。「パリ協定」という外交に関する事柄であることから，政治・外交といった主題からも探索が可能である。また国家間の協定という大きな出来事であれば，雑誌や新聞で取り上げられている可能性は高い。これは文献探索となるが，雑誌記事索引・新聞記事索引を用いて「パリ協定」で検索すれば，協定の解説記事が発見できることが期待できる。

●…………演習問題

1）「エビデンス」という言葉の意味と，元の言語の綴りが知りたい。

2）「天上天下唯我独尊」とはどういう意味か。また誰の言葉か知りたい。

3）「台風」「ハリケーン」「サイクロン」の違いは何か知りたい。

4）「黒曜石」とはどのような石か。またどこで産出されるのか知りたい。

5）「世界一大きい砂漠」の名称とその面積が知りたい。

UNIT 27

◉事実検索質問の処理

歴史・日時に関する情報の調べ方

●…………歴史・日時に関する情報を調べるときの視点

歴史上の事件や出来事などは，歴史事典（歴史辞典）や年表の類で調べることができる。

歴史事典
年表

他方，すべての事物（コト・モノ）には「歴史」がある。それらを調べようというとき，一般的な事物に関してなら，（それ単独の事典や年表まで探すとなると難しいかもしれないが）本をはじめとした情報源が存在し，そこから調べていくことができるはずである。たとえば，具体的に，パンの歴史に関してなら「パン」，「(歴) 史」，「年表」というキーワードからだけでも本を探すことは可能であろう。あるいは，それより上位概念の「食物」というキーワードで探してみて，食物史の本の中にパンの歴史に関する情報をみることも可能であろう。

事物の歴史に関する質問は多種多様なので，ここでそれら一つ一つの情報の調べ方を著すことは到底できない。ここでは歴史・日時に関することを調べている，あるいは調べようとしているとき，こんなときどうするかという視点から，調べる際の注意点を含めて以下に著す。

●…………わからない言葉がある

歴史用語・専門用語がわからないというとき，まずは『日本国語大辞典』（小学館）のような国語辞書，あるいは百科事典といった，全般的な辞書事典から調べるということも考えられる。『日本国語大辞典』では，その言葉の用例を上代から現代までの文献から採っていて，文献名とその成立年・発行年（西暦），さらに作者名までが記されている。文献の選択基準は，用法として最も古いと思われるものから，とされている。その言葉が少なくとも○○年には使われていたということまでがわかるようになっているのである。このことは，こと歴史用語に関していえば，それがいつごろには存在していたかがわかるということであり，これだけでも有効な情報といえる。インターネット情報としていえば，『日本国語大辞典』は『JapanKnowledge』のコンテンツの中に収録されていて，会員制でオンラインで利用が可能である。

歴史用語
専門用語
『日本国語大辞典』

『JapanKnowledge』

しかし，歴史の分野には数多の事典が存在するのであり，これらを使うことはや

『国史大辞典』
『角川日本史辞典』
複数の情報源

はり必須であろう。日本史用語なら，このとき『国史大辞典』（吉川弘文館）のように17冊からなるような大部なものを使うのか，『角川日本史辞典』（角川書店）のようにハンディな1冊を使うのか，日本史用語事典と銘打ったものを使うのか，複数の情報源を使うという意味合いにおいてこれらすべてを使わなければならないのか，プロセスの中でその都度決める必要がある。

●…………諸説ある

複数の回答

調べてみて，複数の回答が導き出されるということがある。情報源によって説明が異なるということがある。中にはおもしろおかしく書かれていると思われるものもあり――こういった情報源は除くということはありうるが，これだと思うものだけを使ってほかは除くというような調査プロセスは，図書館の調べ方とはいえない。

正確性
客観性
そのまま提供

調査は正確性と客観性に鑑みて行われなければならない。またそこから先，調査結果を提供する際においても，自分なりの解釈などといった主観を混ぜることなく，情報源に書かれていることから，そのまま提供すべきであることはいうまでもない（堀込静香，渋谷嘉彦編『レファレンスサービス演習』樹村房，1998）。

複数の情報源を使うことは，図書館の調査において，いかなる場合にも重要であるが，歴史・日時に関する情報を調べる場合にはことさら必要不可欠であると考えられる。なぜなら，歴史に関する質問は現在進行形のこともあるが，過去のふりかえり，過去へのさかのぼりからなることが多い。このとき，まだ解明されていないことについては情報源によってその答えとなる説が違うということがよくあるからである。

ルーツ

●…………ルーツがある

原典史料
参考文献

情報源として選んだ事典あるいはインターネット情報，その記述の中に参考文献としてあげられている資料があるとき，原典史料に限らずここではこれらもルーツと位置づけるが，その資料が本であり手にすることが可能であるなら，できる限り実物を確認したい。場合によっては，参考文献がまた別の情報源を参考にしているというのもありうることである。そうなると，選んだものがはたして情報源としてふさわしいかどうか，という疑問も生じてくる。

孫引き

情報源として選んだものが孫引きで書かれていたとしたらどうだろうか。一方，たとえ孫引きで書かれていたとしても，新たに有用な情報が付加されていることもあるかもしれない。

ルーツに，あるいはルーツに少しでも近いところにアプローチしてこそ，選んだ情報源の適否や使途はみえてくるものである。これもまた歴史・日時に関する情報を調べるときに限ったことではないが，意識したいところである。

あるいは日本史に関することを調べていて，参考文献にあげられている資料が古典籍であり，手にして中身を確認するのが難しいと思われることがあっても，すぐにあきらめることはない。このようなときに使えるツールがある。

古典籍

『国書総目録』（岩波書店）は，日本人によって上代から幕末までに著述・編集・翻訳された本の「目録」である。成立年代や所蔵先などが調べられるのはもちろんのこと，活字翻刻されているか否かの情報も得ることができる。叢書の一部に所収されているものであれば，叢書名とその収録巻数までが記されている。活字翻刻本が存在するということは，ルーツへのアプローチが容易になるということである。特別に閲覧の手続きをしたり，古文書判読に難儀したりすることなく，ひとまずその内容を確認できる。

『国書総目録』

活字翻刻本

一方，インターネット情報として，この『国書総目録』を継承・増補するものがある。国文学研究資料館（https://www.nijl.ac.jp）における電子資料館のデータベースの一つとして位置づけられている『日本古典籍総合目録データベース』である。『国書総目録』の内容をそのまま収録し，所蔵先で名称が変わってしまったり移動してしまったりしているものについては，現所蔵先と照合できる「『国書総目録』所蔵者一覧」表も作成されている。もちろん，活字翻刻本についての情報も得ることができる。『国書総目録』のオンラインデジタル版として，ルーツにアプローチするためのツールとして使える。

国文学研究資料館

『日本古典籍総合目録データベース』

●…………事物起源と時代考証（日本）

事物起源
時代考証

歴史に関する質問の中で多いものの一つに，起源（語源を含む）・由来のことがある。日本のそれについてみてみると，近世以前から今日まで存在する日本古来の事物の起源，文明開化以降わが国に入ってきた西洋の事物の起源などさまざまである。「事物起源事典」の類がレファレンス資料の典型となるであろうが，これらの中にはあたかも著者がその時代を体験してきたかのように書かれているものも見受けられる。しかし，そこには必ず参考文献があるはずである。繰り返しになるが，ルーツがあるならアプローチしたい。どうすればよいか。

事物起源事典

日本古来の事物の起源についての記述は，たとえば江戸時代に著されたものは比較的多くが残っていて，今日活字翻刻本になっている。これらが参考にされるわけだが，特に江戸時代またそれ以前からある事物について時代考証した「江戸随筆」は，レファレンス資料となりうる。信頼度については別途はかる必要のあるものもあるが，同時代，今日よりも近い時点で書かれているというところが有力である。すなわち，これらは事物起源を調べる上でのルーツの一つといえる。

江戸随筆

「江戸随筆」の活字翻刻本として，数百からの作品が集められている大がかりなものに『日本随筆大成』（吉川弘文館）がある。ここから時代考証随筆，事物起源

『日本随筆大成』

『日本随筆索引』『続日本随筆索引』『国立国会図書館デジタルコレクション』

に関する記述を探すには，『日本随筆索引』『続日本随筆索引』（太田為三郎編，岩波書店）などを使う。インターネット情報として，『国立国会図書館デジタルコレクション』で閲覧可能である。

『守貞謾稿』

そのままでの利用が想定されるのは，江戸時代に著された『守貞謾稿』（喜田川守貞著）の活字翻刻本である。今日，江戸時代（以前）の事物について書いたり調べたりする場合には不可欠で，要所は引用・参照されつくした感があるが，東京堂出版から1992年に全5巻で出たものと，岩波書店から『近世風俗志（守貞謾稿）』の書名で文庫版で1996～2002年に全5巻で出たものは「索引」付きで，調べに使えるようにつくられている。

『近世風俗志（守貞謾稿）』

●…………日時に関係する

年表

世界史・日本史とも，「年表」はこれというハンディな1冊を決めておくと，時代年代がらみの軽微な質問に即答しやすい。個々の事物についての年表は，単独で存在する場合はよいが，それ以外は『年譜年表総索引』（日外アソシエーツ）などのツールとなる本でその有無が調べられる。一方，インターネットから情報を得られることも多いが，その際，その年表の情報源は何か，誰がどのようにつくったか，といったことまで調べておくことである。

『年譜年表総索引』

新聞記事

歴史的事件に関する情報で事件当時のものを，ということであれば，近代以降なら「新聞記事」を閲覧することになるであろう。新聞はこれまで縮刷版，マイクロフィルム版，CD-ROM版，DVD版，そしてインターネットでのオンラインデータベースと，各紙いろいろな形態で提供されてきているが，記事検索にはインターネット情報で提供されるデジタルデータ，デジタル検索機能ツールをもつものがやはり便利である。あるいはレファレンス資料としては，事項別・見出し・目次別・分類別の総索引を備えた『明治ニュース事典』『大正ニュース事典』『昭和ニュース事典』（毎日コミュニケーションズ）が記事にたどりつきやすい。

『明治ニュース事典』『大正ニュース事典』『昭和ニュース事典』

統計年鑑

ピンポイントではなく，「○○の歴史的変遷は」というような時間的な幅をもつ質問には，年表もそうだが「統計年鑑」を使うことになる。日本史の質問に関連するところの情報を調べるのに，政府省庁系，民間系，さまざまなものが考えられる。年度版で出ているものを1冊1冊調べることもあるだろうが，最近のデータならインターネット情報から探すことができれば出版刊行物から探すよりも効率的である。あるいは古い紙ベースのデータでもPDF化して，インターネット情報として得ることができるようにしている場合もある。

UNIT 28

◉事実検索質問の処理

歴史・日時に関する情報の検索演習

●…………例題 1

パンの日はなぜ4月12日か。日本におけるパンの起源は。

回答プロセス：

まず『記念日・祝日の事典』（東京堂出版，2006）で4月12日を調べると，確かに“パンの記念日”とあるが，記念日などを調べるにはインターネット情報も有効である。よほどマイナーなものでもヒットする可能性がある。

『記念日・祝日の事典』

諸情報によると，毎月12日をパンの日とするというものもあるが，幕末開国前の1842（天保13）年4月12日，伊豆韮山代官の江川太郎左衛門が来るべき外国との戦争に備えてこの日わが国で初めて（兵糧用）パンを焼いたことにちなむ，というのが基本情報である。キーワードとして，「パン」，「（歴）史」で本を探すのはもちろんのこと，幕末維新人物の「伝記」の類を探して，これらの中から情報を得ることも考えられる。

ところで，これが日本におけるパンの起源か，なぜブレッドではなくてパンなのかということである。パンは言葉的には「カタカナ語辞典」の類からも調べることができるであろうが，『舶来事物起原事典』（名著普及会，1987）には「パンという言葉はポルトガル語のパオに由来する。パンのわが国への渡来は天文年間（1537-1555）のポルトガル船の来航によるものである」とあり，キリスト教禁止鎖国前の南蛮貿易の時代に起源を求めることができるのである。同書には「韮山の江川太郎左衛門邸跡には徳富蘇峰筆による“パン祖江川坦菴先生邸”碑が建てられている。このパン祖という称号はパンを最初に作ったことに与えられているのではない。国防上の見地からパンの効用に最初に着目してパン製造を手がけ，わが国にパンを普及させる端緒をつくった人という意味のものである」といったことが書かれている。

『舶来事物起原事典』

●…………例題 2

年中行事の中でも，お月見（十五夜）はなぜ毎年違う日なのか。

回答プロセス：

『三省堂年中行事事典』改訂版（三省堂，2012）で十五夜を調べると「旧暦八月十五日の夜。新暦では九月に入ることが多く，月見とか名月あるいは芋名月といい，

『三省堂年中行事事典』

『暦の百科事典』

満月を眺める」とある。一方，『暦の百科事典』（暦の会編，新人物往来社，1986）には「太陽暦の三月三日では，よほど南国にいかない限り桃は咲かない」，「現在の七月七日はまだ梅雨のさなかで，七夕はまた太陽暦では困る行事の一つである」としつつ「三月三日や五月五日の節句，七夕などの行事は，旧暦の月日をそのまま使用している」と書かれている。

すなわち，お月見（十五夜）は（ほかの年中行事と違って）太陽暦8月15日ではなく，旧暦8月15日にあたる太陽暦の月日に行っていることがわかり，それが毎年違う月日になる。

『暦と時の事典』

なぜ旧暦で行わなければならないかということであるが，『暦と時の事典』（雄山閣出版，1986）の旧暦には「現在，日本で旧暦という場合は一般には太陰太陽暦，いわゆる陰暦のことを言う」とある。さらに，太陰太陽暦で調べると，この暦のしくみがわかり，日本では1873（明治6）年の改暦まで使用していたことがわかるが，要は旧暦は月の満ち欠けの周期による暦であるということである。毎月中日が満月，よって旧暦8月15日（くらい）は必ず満月になる。一方，太陽暦8月15日は月の周期とは関係ないから満月とは限らない。

このことでは，異系統の，たとえば「天文」の本を使って調べることができる可能性もある。

●…………例題3

サッカーのイングランド代表のエンブレムにあるライオンと花について。イギリスの歴史と関係があるのか。

回答プロセス：

まずインターネット情報によると，3頭のライオンの紋章は獅子心王と称されたリチャード1世（1157-1199）のものであるというのが基本情報で，紋章の図柄も確認でき，これがイングランド代表のエンブレムのもとになっているのは明らかである。また，ちりばめられた10個の花はイギリス国花の薔薇であり，薔薇戦争（1455-1487）に関係するという。デザインはUMBRO（アンブロ）社が手がけたとあるが，現在はNIKE（ナイキ）社が扱っており，メーカーのウェブサイトから詳しい情報が得られる可能性がある。

『紋章が語るヨーロッパ史』

「イングランド（イギリス）」，「（歴）史」，「紋章」などのキーワードで本を探すと，『紋章が語るヨーロッパ史』（白水社，1998）の中に「鷲とライオン」，「薔薇とユリ」とたて続けに見出しがある。「赤薔薇紋章のランカスター家と白薔薇紋章のヨーク家は王位継承をめぐって有名な薔薇戦争を引き起こす。のち和解。テューダー朝成立。その紋章は赤薔薇と白薔薇を合成して和解を示し，テューダーローズとして現在に至っている」といったことが書かれているが，イングランド代表のエンブレムにはこれが使用されている。

●…………**例題 4**

江戸・明治・昭和・平成時代の日本人の身長について教えてほしい。

回答プロセス：

これはレファレンスインタビューなしには調べることができない。というのは，江戸は260年以上，明治は40年以上，昭和は60年以上という年月があり，平成もすでに30年以上が経過して，それぞれの時代の平均身長が知りたいのか（といっても，江戸・明治時代の平均身長を出すことはできないであろう），それぞれの時代のあるポイントにおける身長が知りたいのか，わからないからである。そこで，たとえば1850年くらい（江戸），1900年（明治），1950年（昭和），2000年（平成）の50年ごとのデータを調べるということでよいかなど，やりとりのうえ，調査内容を明確にする必要がある。

もしこれでよいとなれば，一つには「統計」の類で調べることが考えられる。インターネット情報から，まず2000年のデータは，厚生労働省ウェブサイト中（https://www.mhlw.go.jp）の「国民健康・栄養調査」を探して，「国民栄養調査（平成12年）」の中に見ることができる。また1950年のデータは，国立健康・栄養研究所ウェブサイト中（https://www.nibiohn.go.jp/eiken/）の「国民栄養の現状」の年度別インデックスで1950年を選び，PDF化資料で見ることができる。さらに1900年のデータは，文部科学省ウェブサイト中（https://www.mext.go.jp）の「統計情報」を探して，「学校保健統計調査」→「統計表一覧」（「政府統計の総合窓口（e-Stat）」へリンク）→「年次統計」と進んで，「年齢別平均身長の推移」のExcel（エクセル）表の中に見ることができる（ただし17歳まで。この年から始まった「生徒児童身体検査統計」の結果より）。問題は1850年くらいのデータで，この時代は当然のごとく身体測定は行われていない。インターネット情報を含めた諸情報によると，これには江戸時代の墓所から発掘された大腿骨などから身長を推定する方法がとられていることがわかる。キーワードは，考古学でも「近世考古学」，「骨考古学」，それに関する「発掘調査報告書」の類や論文の中などで探してみることができる。

厚生労働省ウェブサイト

国立健康・栄養研究所ウェブサイト

文部科学省ウェブサイト

「政府統計の総合窓口（e-Stat）」

「生徒児童身体検査統計」

●…………**例題 5**

昔の貨幣単位である1両は，現在の何円くらいか？

回答プロセス：

場合によっては，ずばり「1両は現在の○○円くらいである」などと書かれた本に偶然出くわすかもしれない。しかし，これを情報源とするなら，それで終わりではなく，その根拠はどこにあるのかを明らかにする必要がある。

「江戸時代は260年以上あって，1両の貨幣価値はずっと同じではない」，「江戸時代は年貢は主に米現物で納められ，換金するという社会であり，その時々の米価の変動をみなければならない」，これらのことを根拠にすれば「回答は困難である」ということになる。けれども，これでは質問者を満足・納得させることはできないであろう。

『大江戸調査網』
『日本随筆大成』

そこで，江戸時代にあって現代にもある事物から，価格換算を試みる。『大江戸調査網』（講談社，2007）では，『日本随筆大成』（吉川弘文館）第3期第3巻所収「柳庵雑筆」中の“みりん酒の価”を現代仮名遣いであらわしている。この内容をみると「奈良般若寺の古い公文書に，1602（慶長7）年（厨事下行）米3石6斗で7貫232文，みりん酒3升で195文とある。米3石6斗で7貫232文は，1石で2貫8文，1升で20文余に当たる。みりん酒3升で195文は米9升余の代金である。だから，みりん酒1升は米3升余に当たる。1845（弘化2）年の今も，みりん酒1升の価格は米3升余に当たる。244年の久しきを経て，価格のおおかた同じなのは如何なることか」といったことが書かれている。江戸時代を1603（慶長8）年から1868（慶応4）年までとすると，みりん（みりん酒）は「文」や「両」が使われていた長い期間（ピンポイントで大きく変わった時期もあるかもしれないが），価格がだいたい同じだというのである。これは米の価値（価格）に照らして言っている。かつ，これは実際に「文」や「両」を使っていた同時代（江戸時代）人が書いたものであり，ルーツである。江戸時代にあって現代にもある事物として，みりんをもとに考えるのは納得いくことと考えられる。

それで，「現代のみりんは何円か」である。これにはインターネット情報などを使って「1.8ℓペットボトル○○円」などの情報が得られれば，1.8ℓは約1升ゆえ，上記の江戸時代のみりん3升195文に照らすと，1文が何円かが算出できる。

尋ねられているのは，1両である。江戸時代の貨幣は金（単位は両）・銀（単位は匁）・銭（単位は文）の三貨であり，三貨交換比が1609（慶長14）年には1両＝50匁＝4,000文だが，1842（天保13）年には1両＝60匁＝6,500文であるというのは日本史事典の「付録」などからも調べられる基本情報である。

みりんで1文が何円か出せても，あくまでこれは目安・参考値である。なおかつ，これを使って1両に換算しようとしても，交換比が4,000文と6,500文の時代がある。

これらのことからだけでみても，「回答は困難である」とわかる。

インターネット情報からいえば，日本銀行金融研究所「貨幣博物館」ウェブサイト（https://www.imes.boj.or.jp/cm/）の“お金の歴史に関するFAQ”でこの問題を取り上げている。

●…………**演習問題**

以下の質問について，さまざまな情報源をよく調べて答えなさい。回答には，どのような情報源をどのようにして利用して調査したのかが明確にわかるように答えること。また，使用した情報源の書誌事項をきちんと記すこと。

1)　海の記念日は，いつどのような理由で制定されたのか。また，この記念日と国民の祝日「海の日」との関係について知りたい。

2)　5月5日について。「端午の節句」といわれたり，「こどもの日」といわれたりするが，どのような歴史と意味があるのか。また，なぜ菖蒲や粽や柏餅が関係するのか。

3)　イギリスの国旗（ユニオンジャック・ユニオンフラッグ）の意味と，現在の形になるまでの変遷について調べたい。

4)　日本で1日3食になったのはいつからで，どんな理由からか。いろいろな説を知りたい。

5)　日本武道館はいつ何のために建設されたのか。なぜ「ロックの殿堂」といわれるのか。最初にライブを行ったのは誰で，それは何年何月何日のことか。

UNIT 29

◉事実検索質問の処理

地理・地名に関する情報の調べ方

●…………地理・地名に関する情報を調べるときの視点

地名事典
地図

地理・地名に関する情報を調べるとなれば，地名事典（地名辞典）や地図の類が最も直接的であることはいうまでもない。

『世界地名大事典』

たとえば，新しいところで。世界の地名のことでいえば，国内最大の世界地名事典と銘打って，2012年から2017年に全9巻で刊行された『世界地名大事典』（朝倉書店，1970年代に全8巻で同名の本あり）がある。一方，日本の地名のことでいえば，『角川日本地名大辞典』（角川書店），『日本歴史地名大系』（平凡社）は必須であるが，前者は2006年に，後者は2018年に『JapanKnowledge』に収録されたことで，新しい情報等が付加されたオンラインデジタル情報としても存在する。

『角川日本地名大辞典』
『日本歴史地名大系』
『JapanKnowledge』

ところで，これらと連動して，特に考えられるのは「歴史」と「言語」の分野の情報源を使うことである。

どういうことかといえば，質問の形からみて，「○○は昔何という地名だったか」，「○○という史跡はどこにあるのか」，「○○事件はどこで起きたか」といった質問には，地理だけではなく歴史の分野に関する情報源へのアプローチが考えられるということである。具体的に，たとえば『新版世界各国史』シリーズ（山川出版社）は第1巻が『日本史』，第11巻が『イギリス史』，第24巻が『アメリカ史』……といった具合で全28巻からなり，元来は歴史の本であるが，世界の国別（地域別）に地理・地名に関することを調べる場合にも使えるところがあるであろう。同じく，たとえば『新版県史　第2版』シリーズ（山川出版社，各書名は『○○県の歴史』）は都道府県別に全47巻からなる構成であるが，都道府県各々の地理・地名に関することを調べる場合にも使えるところがあるはずである。

歴史の分野に関する情報源へのアプローチ
『新版世界各国史』
『新版県史　第2版』

あるいは，「地名にある○○は何と読むのか」，「○○という地名の由来は」といった質問には，言語の分野に関する情報源へのアプローチが考えられる。「難読地名辞典」のような特殊な事典もさることながら，漢和辞書の類が必要になるという可能性もある。

言語の分野に関する情報源へのアプローチ
難読地名辞典
漢和辞書

このように異系統の情報源を使うということは，他の場合でも同様であるが，調べ方という視点からいえば，複数の情報源を使うという基本的行動にもつながることであり，意識したいところである。

異系統の情報源
複数の情報源

このことをまず確認したうえで，以下では地理・地名に関する情報を調べるための情報源としてオーソドックスかつスタンダードな「地図」，「絵図」，「地誌」のことについて著す。

●…………現代の地図

地図帳
アトラス

まず，現代の地図帳（アトラス）についてみる。

世界地図のことからいえば，たとえば1989年にベルリンの壁が崩壊，東ドイツが西ドイツと統一，ドイツ連邦共和国として一つの国になったのは1990年である。ソビエト連邦が解体したのは1991年である。これらから考えても，1989年，1990年，1991年と，地図帳には違いがみられるわけであり，当然のことながら1冊あればすむというものではなく，調査の用途によって複数冊を使い分けなければならないであろう。日本地図においても，たとえば政府が1999（平成11）年から推進し，2010（平成22）年3月末にひと区切りついた平成の市町村大合併という出来事がある。これにより，この前後，この間で，地図帳には違いがみられる。

この点，平凡社からは世界版・日本版ともコンスタントにいろいろな大型本の地図帳が出版されているので，まずここから調べに入っていくという方法はある。

デジタル化

ただ，現在進行形で変化している現代の地図については，デジタルで形づくられたもの，デジタル化されたものをインターネット情報として閲覧するほうが簡単・確実であり，かつまたこれを使って調べるほうが便利な機能がたくさんあることは言うまでもない。主要検索エンジンの地図からいえば，『Googleマップ』，『Yahoo!地図』，『Bing Maps』の3地図は，世界であれ日本であれ最新の状態の地図が閲覧できる。表示は拡大縮小自在，多機能である。日本地図では，ゼンリンによる地図・ルート検索『いつもNAVI』，マピオンによる『地図マピオン』などがある。政府省庁系によるものでは，国土交通省国土地理院の『地理院地図』，『地図・空中写真閲覧サービス』を使うことができる。

『Googleマップ』
『Yahoo!地図』
『Bing Maps』

『いつもNAVI』
『地図マピオン』
『地理院地図』
『地図・空中写真閲覧サービス』

●…………昔の絵図（日本）

絵図

日本の昔の絵図について調べてみると，原図は博物館の収蔵庫に入ってしまったり，図書館でも貴重書扱いだったりといった理由で，簡単には閲覧できない状況にある。それをたとえば人文社，柏書房，中央公論美術出版などが複製して地図帳にしたり，また平凡社が『太陽コレクション』でムックで出したりして，利用に供せられるようにしている。これらはもちろん今でも調べものに使えるところ大である。

『太陽コレクション』

しかし，絵図はもとは大きな一枚ものであり，地図帳ではこれがページごとに分断されることになる。調べものに使うには，一枚の中の部分拡大および縮小が自在なデジタルアーカイブによるものがやはり便利である。

デジタルアーカイブ

これをインターネット情報のどこでみることができるのか。別の言い方をすれば，必要とする絵図はデジタル化されていてインターネット情報でみることができるのか。こうした情報源について知っておくことは，昔の地理・地名に関する情報を調べようというときに役に立つと考えられる。

『国立国会図書館デジタルコレクション』
『古地図コレクション』

たとえば，伊能忠敬測量の絵図は有名であるが，これらは『国立国会図書館デジタルコレクション』の古典籍資料（貴重書等）や国土地理院の『古地図コレクション』などで閲覧できる。

『国際日本文化研究センター　所蔵地図データベース』
『東京国立博物館研究情報アーカイブズ』
『国立公文書館デジタルアーカイブ』
国絵図
ルーツ
原典史料

『国際日本文化研究センター　所蔵地図データベース』では現在の県名別に，『東京国立博物館　研究情報アーカイブズ』では関東・近畿・九州・四国・東海北陸・東北・北海道ごとに，所蔵する絵図・古地図を（要は地域別に）探すことができる。『国立公文書館デジタルアーカイブ』では江戸幕府が全国の大名に命じて慶長年間・正保年間・元禄年間・天保年間の通算4回作成させた「国絵図」が閲覧できる。これらはルーツ（原典史料）として，地理・地名の有力な情報源となりうる。

江戸図
江戸切絵図
『TOKYO アーカイブ』
『goo 地図』

江戸東京エリアの絵図や古い時代の地図は，とりわけその数が多い。これについても，1600年代の「江戸図」から江戸時代末期に刷られた各種の「江戸切絵図」，また明治から昭和の古い時代の東京の地図などを，『国立国会図書館デジタルコレクション』や『国際日本文化研究センター　所蔵地図データベース』，あるいは東京都立図書館による『TOKYO アーカイブ』のカテゴリ“江戸図”“近代の地図”などで閲覧できる。NTT 系『goo 地図』においては，人文社で復刻加工した江戸切絵図，明治の東京古地図，さらには昭和22年と38年の航空写真，現代地図と，同じ場所を比較してみることができる。

以上のデジタルアーカイブは代表的なものであるが，あくまで一部である。ほかに，大学図書館などでも所蔵している昔の絵図をインターネット上で閲覧できるようにしているというものはある。原則，どこも機関ごとに所蔵しているものをデジタル化しているはずである。繰り返しになるが，どこでどのような絵図を所蔵していて，デジタル化しているのかを知っておく。改良がみられるデジタルコンテンツのしくみについて，その変更点を日ごろから情報収集しておく。このことが，実物を扱うのが難しい昔の絵図を，地理・地名に関する情報の調査に利用できるということにつながる。

地誌

●…………地誌

地誌からは，その地域の地理はもちろん，歴史や文化や自然に関する情報も得ることができる。反面，これをもって地誌であるという定義づけはなかなか難しい。

旅行案内書

「旅行案内書（ガイドブック）」の類も，それに該当するであろうか。最新の情報については，確かに，年ごと地域ごとに出版されている旅行のガイドブックやマガジンが調べやすい。たとえば，世界のことであれば『地球の歩き方』（ダイヤモンド社），日本のことであれば『るるぶ』（JTBパブリッシング）や『まっぷる』（昭文社）のシリーズはよく知られるところである。

ただ，これらの資料から調べられることで終わりではなく，そのカテゴリーにおける専門書にあたることが必要である。「地誌」，「日本」，「世界」などをキーワードに検索すれば，たとえば『日本地誌』（二宮書店），近年のものでは『日本の地誌』（朝倉書店），刊行中の『世界地誌シリーズ』（朝倉書店）などのシリーズ全巻ものがあがってくる。日本の地誌に関しては，市販されていない都道府県市区町村による自治体史誌や報告書といった灰色文献の中にも該当するものがたくさんあり，地域ごとの専門書として調査に利用できる。

『日本地誌』
『日本の地誌』
『世界地誌シリーズ』

自治体史誌
灰色文献

現代だけでなく昔の日本の地誌についていえば，これも復刻本などでみられるようになっているものが多い。「風土記」をキーワードとしてみて，たとえば江戸時代に編まれた『新編武蔵風土記稿』（1830）や『新編相模風土記稿』（1841）などは，蘆田伊人の『大日本地誌大系』（雄山閣）の中で活字翻刻本でみることができる。

風土記

『新編武蔵風土記稿』
『新編相模風土記稿』

さらに「名所図会」をキーワードとしてみると，有名な『江戸名所図会』（1834, 1836）や，秋里籬島による『都名所図会』（1780）をはじめとした江戸時代の全国各地のそれは，これまでいろいろな出版社から復刻刊行されている。これらは挿絵図版にみるべきところがあることからすれば，やはりデジタル化されているもの，さらにインターネット情報として閲覧できるようになっているものが，昔の絵図の場合と同様，調査に使う場合には便利である。『国立国会図書館デジタルコレクション』，『国際日本文化研究センター　平安京都名所図会データベース』などのほか，大学ごとにインターネット上に公開しているものもあるので，何があるかを確認してみることである。

名所図会
『大日本地誌大系』
『江戸名所図会』
『都名所図会』

『国際日本文化研究センター　平安京都名所図会データベース』

UNIT 30

◉事実検索質問の処理

地理・地名に関する情報の検索演習

●…………**例題 1**

時代小説を読んでいて，そこに出てくる江戸の町名が現在のどのあたりなのかを知りたくなった。何をみればよいか。

回答プロセス：

『日本歴史地名大系』

まず『日本歴史地名大系 13　東京都の地名』（平凡社，2002）の「索引」から旧町名を引くことができる。一つ，たとえば赤穂義士が討ち入った吉良義央(上野介)の屋敷があった本所松坂町を調べると，“本所松坂町一（二）丁目”の後に“(墨田区)”と現在該当する区名，ページが記されている。これをもとに該当ページを開いてみると，“本所松坂町一（二）丁目”の下に“現墨田区両国二－三（三－四）丁目”といった具合に書かれていて，現在のどのあたりなのかがわかるようになっている。

『街の達人　全東京 23 区+多摩便利情報地図』

あとは『街の達人　全東京 23 区＋多摩　便利情報地図』（昭文社）などのみやすい地図帳や，インターネット情報地図で場所を確認する。

『東京の消えた地名辞典』

江戸の地名と現代の東京の地名を照合する五十音索引などの付いたレファレンス資料は，種々みつけられるであろう。近年のものとしては，『東京の消えた地名辞典』（竹内誠編，東京堂出版，2009）がある。

●…………**例題 2**

ソビエト連邦はその建国から解体までいくつの共和国からなり，解体後はロシアのほか，何という国に分かれたか。解体前と解体後の情報を地図で確認したい。

回答プロセス：

ソビエト連邦はソビエト社会主義共和国連邦が正式表記で，1922 年に建国宣言し，1991 年に解体した。結果，ロシア・ウクライナ・ベラルーシ・モルドバ・アゼルバイジャン・アルメニア・グルジア・カザフスタン・ウズベキスタン・キルギスタン・タジキスタン・トルクメニスタン・エストニア・ラトビア・リトアニアの 15 か国独立となった。

こういった基本情報は，世界史事典・世界史年表やインターネット情報から得ることができる。1991 年解体の年がポイントであり，これより前，これより後の地図情報を確認することになる。地図帳でいえば，たとえば『世界全地図・ライブアトラス』（講談社，梅棹忠夫ほか監修，1992）には，発行年との関係で「旧ソビエト連邦」というページが設けてあり，解体前と解体後の確認が1冊でできる。

『世界全地図・ライブアトラス』

しかし，1922年建国の年の近辺までさかのぼってみると，初期の段階で消滅したアブハジア社会主義ソビエト共和国（-1931），ザカフカースソビエト連邦社会主義共和国（-1936）などがあり，これには1920〜30年代の地図情報を確認することになる。地図帳でいえば，たとえば『最新世界詳圖』（冨山房編輯部編，冨山房，1925）などがあるが，インターネット情報として，『国立国会図書館サーチ』で検索してみると，本書は『国立国会図書館デジタルコレクション』で全ページが閲覧可能となっている。

『最新世界詳圖』

『国立国会図書館サーチ』

『国立国会図書館デジタルコレクション』

●…………例題 3

平成の大合併で市町村数はどう変わったか。候補を含めて，カタカナの名称はどれくらいあったのか。そのうち新設され，現存するのは何というところか。そこはどことどこが合併してできたのか。

回答プロセス：

インターネット情報から，まず総務省ウェブサイト中（http://www.soumu.go.jp）の「広域行政・市町村合併」を探すと，本日の市町村数ということで，その数と各々の内訳までがあげられている。また，「市町村合併資料集」にいろいろな関係資料があげられており，市町村合併状況について調べられる。さらに，総務省自治行政局市町村課提供の『合併デジタルアーカイブ』（http://www.gappei-archive.soumu.go.jp）という検索画面も用意されている。

総務省ウェブサイト

『合併デジタルアーカイブ』

新設されたカタカナ名称の市町村は山梨県南アルプス市であり，中巨摩郡櫛形町・同郡甲西町・同郡白根町・同郡若草町・同郡芦安村・同郡八田村が合併してできたということが諸情報からわかる。

レファレンス資料から調べるなら，平成の大合併に特化した地図帳である『平成大合併　日本新地図』（正井泰夫監修，小学館，2005）が，まず一つあげられる。また『全国市町村要覧』（第一法規）は1年ごとに刊行されていて，南アルプス市について調べる際のデータブックとして使えるであろう。

『平成大合併　日本新地図』

『全国市町村要覧』

●…………例題 4

清水寺本堂にある，いわゆる「清水の舞台」は昔も今と同じ形状だったのか。昔の京都の名所案内・旅行案内といったものがあれば，そこに描かれている絵で確認したい。

回答プロセス：

どれくらい昔にさかのぼるかだが，「名所」，「旅行」，「案内」，「絵図」などを手がかりにすると，江戸時代の「名所図会」というキーワードが浮かんでくる。歴史の分野と連動する調査という観点から，『国史大辞典』（吉川弘文館）を使って調べると「近世主要名所図会刊行一覧」表があり，京都については『都名所図会』（1780），『拾遺都名所図会』（1787）があげられている。

『国史大辞典』

『都名所図会』

角川文庫の活字翻刻本『都名所図会』の語句索引で“清水寺”を調べて該当ページをみると，そこに俯瞰した絵図版があり，「清水の舞台」の様子がわかる。『都名所図会』はこれまでいろいろな形で復刻・翻刻されてきた。また『都名所図会を読む』（宗政五十緒編，東京堂出版，1997）などの解読本も存在するが，これも調査に使える。

『国際日本文化研究センター　平安京都名所図会データベース』

インターネット情報からいえば，『国際日本文化研究センター　平安京都名所図会データベース』では『都名所図会』，『拾遺都名所図会』，『都林泉名勝図会』（1799），『花洛名勝図会』（1864）などの全ページを閲覧できる。五十音索引を使って清水寺を検索すれば，すぐに絵図版のページにたどりつける。どれも拡大可能であるが，『花洛名勝図会』の清水寺本堂の絵が比較的大きく描かれていることがわかる。

●…………例題 5

明治大学駿河台キャンパスの建つ場所が昔どうだったか，地図・絵図で確認したい。誰かの居住地だったなら，その人物に関する情報もほしい。また，なぜ駿河台という地名なのかも知りたい。

回答プロセス：

『日本歴史地名大系』

駿河台の地名の由来から調べると，まず『日本歴史地名大系 13　東京都の地名』（平凡社，2002）には，1）遠く駿河国の富士山を遠望できたことから，2）家康が駿府で没すると，家康付を解かれた幕臣が屋敷を賜ったことから，3）秀忠の次男徳川忠長（通称駿河大納言）の屋敷があったことから，といった3説が典拠とともに示されている。『角川日本地名大辞典 13 東京都』（角川書店，1978）には2）の説が，さらに『東京の地名由来辞典』（竹内誠編，東京堂出版，2006）には1），2），3）の3説が典拠とともに示されているが，どれも断定には至っていないとしている。

『角川日本地名大辞典』

『東京の地名由来辞典』

『復元・江戸情報地図』

この地に家康付を解かれた幕臣すなわち旗本の屋敷の多かったことは，まず『復元・江戸情報地図』（児玉幸多監修，朝日新聞社，1994）による昔と現代の重ね地図で確認できるが，明治大学駿河台キャンパスの部分には“中坊陽之助”と“亀井吉十郎”の名前がみえる。この地図のデジタルデータ版ともいえるDVD-ROM『江戸明治東京重ね地図』増補改訂版（エーピーピーカンパニー，2004）でもこのことは確認できる。

『江戸明治東京重ね地図』

インターネット情報からいえば，『goo地図』の古地図で，江戸と現代を比較してみることができる。

『goo地図』

中坊家と亀井家の情報は幕臣人名事典や旗本人名事典の類で得ることができるが，そのルーツ（原典史料）の一つは「武鑑」である。武鑑を影印版で復刻しているものの一つに『江戸幕府役職武鑑編年集成』1～36（深井雅海ほか編，東洋書林，1996-1999）がある。

『江戸幕府役職武鑑編年集成』

また，江戸の地図・絵図情報のルーツ（原典史料）の一つは「江戸切絵図」である。江戸切絵図を地図帳の形で出しているものの一つに『江戸切絵図集成』1～6（斎藤直成編，中央公論社，1981-1984）がある。インターネット情報からいえば，『国立国会図書館デジタルコレクション』の古典籍資料（貴重書等）に「〔江戸切絵図〕駿河台小川町絵図」がみられる。

『江戸切絵図集成』

『国立国会図書館デジタルコレクション』

さて，これでこの調査は終わりか，中坊家や亀井家といった旗本屋敷からいきなり明治大学駿河台キャンパスになったのかというとそうではない。『江戸東京大地図』（正井泰夫監修，平凡社，1993）で「御茶ノ水」のページをみると，参謀本部陸軍部測量局による1883（明治16）年の実測図で，その場所が小松宮邸となっていることが確認できる。すなわち，旗本屋敷→小松宮邸→明治大学という変遷をたどったということがわかる。小松宮邸から明治大学へのいきさつは大学史などで，小松宮については「人物・人名事典」の類で調べることができる。

『江戸東京大地図』

●…………演習問題

以下の質問について，さまざまな情報源をよく調べて答えなさい。回答には，どのような情報源をどのようにして利用して調査したのかが明確にわかるように答えること。また，使用した情報源の書誌事項をきちんと記すこと。

1）目白の地名の由来について。日本女子大学目白キャンパスのある文京区目白台と，学習院大学目白キャンパスのある豊島区目白の由来は同じなのか。

2）1800年から1900年の間に，アメリカの州の数はどのように変わっていったか。10年ごとの1月1日時点の数を知りたい。

3）テレビ朝日・六本木ヒルズにある毛利庭園は江戸時代から存在したのか，なぜこの名称があるのか，江戸時代の絵図などで確認したい。また，明治時代以降の変遷を古地図などで確認したい。

4）外国の地名接尾辞“－トン”は英語のtown（＝町，例：ブライトン＝輝く町），“－ブルク”は独語のburg（＝城，例：ヴォルフスブルク＝狼の城）だが，ほかにどのようなものがあるか。地名の意味とともに知りたい。

5）青山学院大学青山キャンパスは渋谷区渋谷にあるのに，なぜ隣接する港区南青山の地名を冠するのか。

UNIT 31

◉事実検索質問の処理

人物・団体に関する情報の調べ方

●…………人物・団体情報を探索する際の視点

福澤諭吉の功績，生没年，写真，関連する著作物，閲覧できる場所，慶應義塾大学の教員数・学科編成，図書館の蔵書数と館長名など，これらの質問にいかに答えればよいのだろう。人物や団体の質問とはいっても意外と幅があるから，用いるべきツールの目安はつけておきたい。

これらの質問をUNIT 19にある要求事項の類型に当てはめてみると，表31-1のようになる。さらにそこに対応するレファレンスツールを組み込んでみた。

表31-1　主題が人物・団体の場合の要求事項の類型と探索に用いる主な二次資料

要求事項（例示）	要求事項の類型	人物・団体情報探索の主な二次資料
功績，館長名，学科編成	解説	人名事典，人名鑑，団体機関名鑑
生没年，教員数，蔵書数	数値データ	団体機関名鑑，物故人名録，人名事典
写真	画像	肖像事典，人名事典
著作物	文献（書誌的事項）	人物文献索引
閲覧場所	文献（所在）	＊蔵書目録，＊総合目録

本書の表19-3（p.107）を参考に筆者が加筆修正した。＊は人物・団体以外の情報源を示す。

百科事典
歴史事典
便覧

ここに列挙した二次資料は，あくまでも典型例なので，実際には，百科事典や歴史事典・便覧に収載の画像や数値で事足りるケースも少なくない。また，検索エンジンを用いれば，そもそもここにあげる二次資料にあたらずともダイレクトに一次情報（資料）へとアクセスでき，オリジナルの内容まで確認できるなど，情報ニーズを満たす環境は急速に変化している。

網羅性
アクセスポイント
遡及検索

しかしながら，歴史事典と人名事典とでは，人名の網羅性やアクセスポイントが異なるし，万能にみえる検索エンジンは，遡及検索に弱い一面がある。媒体の特性を常に意識し，冊子体や専門事典同士を組み合わせた探索法を心がけたい。

●…………人物情報の探索手順

さて，ここからは，実際に人物・団体情報の探索手順とツールの選択・扱い方について具体的事例を交えながら解説したい。まずは人物に関する典型的な探索プロセスを確認しておこう。

(1)　読み方・概要の把握　①人名よみかた辞書　②検索エンジン　③著者名典拠録

(2)　直接，情報源で確認　①人名事典・人名鑑　②人物文献索引

(3)　複数の情報源で確認　①人名索引　　　　　②冊子体・DBの併用

人名よみかた辞書
著者名典拠録
人名事典
人名鑑
人物文献索引
人名索引

もちろん，人名の読み方や概要が明らかな場合には(1)のプロセスをスキップしてもよいし，高次から低次の原則からすれば(2)の人名事典より先に(3)の人名索引を用いることが妥当であろう。探索結果の評価次第では，スキップした(1)を再考する選択も考えられる。

＜例題１＞　方舟という俳人がいたようだが，新右衛門という名の方舟と同一人物なのだろうか。実際に文献も手に取りたいが，どこで閲覧できるだろうか。

(1)　ヨミや概要から手がかりを得る

名前の読み方や表記（綴り）など，不確かさを減少させるために，人名よみかた辞書や検索エンジン，著者名典拠録を活用して手がかりを得たい。

①　検索エンジンで調べる

まずは，『Google』にて「方舟」，「方舟　俳人」の検索語で調べてみたが，ノイズが多く，手がかりがつかめなかった。検索語となる文字列が短い場合や日常的に用いられる自然語の場合は，固有名詞であっても精度が極端に低下することがあるから，フレーズ検索や完全一致検索，論理差を活用し，ノイズを除去する手立ても考えたい。

フレーズ検索
完全一致検索
論理差

②　人名よみかた辞書・著者名典拠録で調べる

人名よみかた辞書は，漢和辞書と同様に，部首索引，音訓索引，総画索引が用意されているので，いずれかの索引を利用し収載のページを確認することになる。読み方はあくまでも目安でしかないが，検索エンジンで情報が得られない場合には貴重な手がかりとなるだろう。

部首索引
音訓索引
総画索引

「方舟」を検索語にした場合，『人名よみかた辞典』（日外アソシエーツ，1983）ではみつけられなかったものの，『名前10万よみかた辞典』（日外アソシエーツ，2002）において，索引の「音訓読みガイド」で「ほ」，さらに「ホウ」の項目をみると「方 430」とあった（索引には「総画順ガイド」も用意されているので「方」の「4画」から「方」をみつけることもできる）。430ページには「方」から始まる名前が列挙され，「方舟」の見出しの下に「ほうしゅう」と読めることが確認できた。

『人名よみかた辞典』
『名前10万よみかた辞典』

『Web NDL Authorities』（国立国会図書館）のような著者名典拠録も活用したい。

『Web NDL Authorities』

(2)　人名事典を用いて詳細を知る

①　人名事典で調べる

要求事項の類型が「人物の解説」なので人名事典を用いたい。まずは『日本人名

大事典』（平凡社，1979）や『新潮日本人名辞典』（新潮社，1991）で検索を試みたが情報は見当たらなかった。

② 関連分野の専門事典で調べる

視点を変えて，歴史事典の『日本歴史大系』（山川出版社，1984）や『国史大辞典』（吉川弘文館，1979）からのアプローチを試みるも，手がかりをつかむことができなかった。

(3) 人名索引を用いて情報源を広げる

『人物レファレンス事典』

『国書人名辞典』

上記のような場合には，人名索引を用いて人名事典を横断検索してみたい。そこで『新訂増補 人物レファレンス事典 古代・中世・近世編Ⅱ（1996-2006)』（日外アソシエーツ，2007）の人物索引を用いたところ「方舟 ほうしゅう」の見出しをみつけることができた。その下に「江戸時代後期の俳人 ¶ 国書（生没年不詳)」とあったので，同書の「収録事典一覧」で「¶ 国書」の表記が『国書人名辞典』（1～4，岩波書店，1993.11～1998.11）を表していることを確認。『国書人名辞典 第5巻 索引・補遺』（岩波書店，1999）の559ページに「方舟 ④ 290d，→逸見在綱④ 283b」と2名の人物が存在することがわかった（④やｂは収載事典の巻号とページ内の段落を指す)。続いて，同書4巻の290ページ（4段目）と283ページ（2段目）を確認したところ，290ページに「方舟 ほうしゅう 俳人〔生没〕生没年未詳。江戸時代後期の人。〔各号〕通称，新右衛門。号，方舟・不言堂。〔経歴〕下総源田川岸の里正。〔著作〕遠筑波集編＜天保六刊＞〔参考〕新選俳諧年表」とあり，俳人の方舟と新右衛門が同一人物であることが確認できた。

『新選俳諧年表』

念のため『新選俳諧年表』（歴史図書社，1977）を参照する。俳名索引で「は」の項目（「ほ」ではない）をみると，方舟（伊藤)，方舟（不言堂）と2名の見出しがあり，後者に「方舟，下総源出河岸の里正，新右衛門と號す，天保年中」とあった。

(4) 人物文献索引で一次文献にあたる

上記の「〔著作〕『遠筑波集編』」は一次資料，「〔参考〕『新選俳諧年表』」は二次資料（人名録）を示しており，文末への参考文献・出典の明記は信頼性の担保とともに貴重な情報源となった。さらに被伝者の図書や雑誌記事など一次資料を入手したかったので，『日本人物文献目録』（平凡社，1974）や『人物文献索引』（国立国会図書館参考書誌部，1967）などの人物文献索引で検索してみたものの，残念ながら索引に名前をみつけることはできなかった。

(5) 一次資料の所在を調べる

『国書総目録』

最後に一次資料を実際に閲覧可能な場所を探る。『国書総目録 著者別索引』（岩波書店，1976）の816ページ，「方舟」の見出しの下に「遠筑波集編＜天保六刊＞⑥一一八4」とあったので，同書の第6巻をみると「遠筑波集」の見出しの下に「二冊（類）俳諧（著）方舟編（成）天保六刊（版）東大酒竹・富山志田」との記述があった（丸括弧は○の囲み文字。同書第1巻に凡例と図書館・文庫名の一覧あり）。どうやら所蔵場所は東京大学酒竹文庫および富山県立図書館志田文庫のようだ。

この『国書総目録』は『新日本古典籍総合データベース』（国文学研究資料館，https://kotenseki.nijl.ac.jp/）に収録されているので，冊子情報と同じく文献の所在を確認できる。さらに，『遠筑波集編』は『古典籍総合データベース』（早稲田大学図書館）の電子資料として閲覧することも可能だ。

『国書総目録』
『新日本古典籍総合データベース』

●…………人名鑑と団体機関名鑑の調べ方

カレントな情報を手に入れたい場合，ウェブ上の公式ページや検索エンジンを用いれば何かしら鮮度の高い一次情報を入手することができるだろう。しかしながら，遡及検索の場合は，冊子体が頼りになるケースも多い。

＜例題2＞　1995年度の久留米大学附属図書館（御井学舎）館長名，および所属や専門など教えてほしい。

要求事項の類型は，「団体の解説（館長）」，および「人物の解説（所属・専門）」なので，それぞれ団体名鑑，人名鑑を用いたい。『Google』では確信のもてる情報がつかめなかったので，まずは，団体機関名鑑の『図書館年鑑1995』（日本図書館協会，1995.7）で確認すると，館長は「船津孝行」氏であることがわかった。複数の情報源で確認したいので『日本の図書館　統計と名簿1995』（日本図書館協会，1995.12）で調べると「中川原徳仁」氏と掲載されており，記述に相違がみられた。

『図書館年鑑』
『日本の図書館統計と名簿』

改めて両ツールの凡例を読んでみると，調査について，『図書館年鑑1995』は「1994年5月1日現在」，『日本の図書館1995』は「1995年5月1日を基準」との記述。年鑑は前年の1月～12月の事象を記録するツールであるから，『図書館年鑑1995』はその前年1994年のデータ集ということになる。したがって，この質問の場合は『図書館年鑑1996』を利用しなければいけない。そこで改めて，『図書館年鑑1996』（調査は1995年5月1日現在とある）をみると，『日本の図書館1995』と同じく「中川原徳仁」氏であることが確認された。

次に所属と専門を知るために，組織と人との関係性に詳しい人名鑑を用いたい。『平成7年版　全国大学職員録』（廣潤社，1995.12）を用いて久留米大学を確認すると，附属図書館御井学舎分館の見出しの下に「館長 中川原徳仁」とあり，改めて，久留米大学のページを数ページにわたりスキャニングすると，「法学部」所属，「教授」，「政治学」であることがわかった。概要が把握できたので，『researchmap』（科学技術振興機構）で氏名を検索語としたところ，詳細な経歴を確認できた。

『全国大学職員録』
『researchmap』

遡及検索においては，団体機関名鑑と人名鑑，冊子とデータベース，2種類の情報源をうまく併用したい。

UNIT 32

◉事実検索質問の処理

人物・団体に関する情報の検索演習

●…………例題 1

日本史に出てくる一来という僧の情報がほしい。文章，もしくは絵でもよい。

1) 回答プロセス

要求事項の類型は「人物の解説・画像」なので，人名事典・肖像事典を用いたい。

まず，ヨミや概要など，検索エンジンを用いてみると，『コトバンク』などの辞書データベースや一次情報から大枠は把握でき，「いちらい」と読むことがわかった。

『人物レファレンス事典』

次に人名索引の『新訂増補 人物レファレンス事典 古代・中世・近世編』（日外アソシエーツ，1996，2007，2018）で出版年の異なる 3 冊をそれぞれ確認すると，各ツールともに，『鎌倉・室町人名事典』（新人物往来社，1985），『平家物語大事典』（東京書籍，2010），『日本人名大辞典』（講談社，2001）と人名事典の記述がみられ，「平安時代後期の僧で，源頼政の挙兵の際，治承 4 年 5 月 26 日宇治橋で平家軍と戦い討ち死に。享年 17 歳」と概要をここでも確認できた。

『鎌倉・室町人名事典』
『平家物語大事典』
『日本人名大辞典』

『リサーチ・ナビ』

次に一次資料にあたりたい。『リサーチ・ナビ』の「テーマ別データベース」において，キーワードフィールドに「一来」と検索すると，検索結果一覧では多くの図書が表示されたものの，精度は低かった。同じ検索語で，データベースを「日本人名情報索引（人文分野）データベース」に切り替えて再検索すると，2 件の図書（『ビジュアル源平 1000 人』，『図説・源平合戦人物伝』）に絞り込むことができた。前者は巻末索引に一来法師の見出しがあり，218 ページに肖像 1 枚，後者には巻末索引に見出しがあり，76 ページに肖像 3 枚が掲載されていた。

『歴史人物肖像索引』

『歴史人物画像データベース』

肖像事典の『歴史人物肖像索引』（日外アソシエーツ，2010）に「一来」の見出しの下，「平安時代後期の僧，浮世絵聚花 1 小学館 1983 図 7『宇治橋上の筒井浄妙と一来法師』（鳥居清倍）」と図書（一次資料）への参照がある。さらに『歴史人物画像データベース』（国文学研究資料館）のキーワードフィールドに「一来」と入力すると，『英雄百人一首』，『絵本武蔵鐙』の文献が検索され，肖像を確認できる。

2) 回答ポイント

人物の解説に加えて肖像情報を提供するパターン。二次資料と一次資料，人名索引・人物文献索引・肖像事典の冊子体やデータベースを併用するなど，多角的アプローチを試み，人物情報を異なる観点から提示したい。

●…………**例題 2**

クラシック分野で活躍していたが，近年亡くなったプリンツの人物像を知りたい。古い情報でもよいので実績など教えてほしい。

1）　回答プロセス

要求事項の類型は「人物の解説」なので人名事典や人名鑑を用いたい。Wikipediaである程度の手がかりは得られたが，その他，信頼性の高いウェブサイトで情報はつかめなかったため，冊子体の探索に移行する。『西洋人名著者名典拠録　3』の索引には「Prinz, Alfred　1925頁」の記述があり，当該ページで「Prinz, Alfred　プリンツ，アルフレート　1930.6.4～　オーストリアのクラリネット奏者」との表記と概要が得られたことで，不確かさを減少させることができた。

『西洋人名著者名典拠録』

次に，人名鑑の『現代外国人名録』（日外アソシエーツ）と出版年が異なる3つの版をあたってみたが記述はなかった。また，音楽に関する専門事典の『新訂　標準音楽辞典』（音楽之友社，1991）や『ニューグローヴ世界音楽大事典』（講談社，1994）も確認したが，「プリンツ，ヴォルフガング，カスパル　Printz, Wolfgang Caspar（1641・10・10 ヴァルトトゥルン～1717・10・13 ゾラウ）。ドイツの理論化，作曲家……」との情報はあったが，生誕年から考えると別人物のようである。

そこで，人名索引を用いることにした。『西洋人物レファレンス事典 音楽篇』（日外アソシエーツ，2012）別巻の『カタカナ表記索引』を用いて「プリンツ」の見出しを探し，同書732ページに「Prinz, Alfred　<20世紀>　オーストリアのクラリネット奏者」との記述，続いて「演奏（プリンツ，アルフレート　1930.6.4-），クラ（プリンツ，アルフレート　1930-）」と2つの事典への参照があった。同書に掲載の「収録事典一覧」をみると，それぞれ『演奏家大事典』（音楽鑑賞教育振興会，1982，2冊），『クラシック音楽事典』（平凡社，2001）を指していることがわかる。

『西洋人物レファレンス事典 音楽篇』

『演奏家大事典』

『クラシック音楽事典』

さっそく『クラシック音楽事典』のアルファベット索引で「Prinz Alfred」を引くと該当ページに次のように解説があった。「プリンツ，アルフレート，Prinz Alfred　1930～　［墺］クラリネット奏者。1945年にウィーン国立歌劇場Oに入り，55年からウィーンPOの主席を務めた。母校ウィーン音大で教え，また作曲家でもある。」加えて，『演奏家大事典Ⅱ』のカナ索引にて「プリンツ，アルフレート」の索引語に「2巻296頁」への参照指示があったので，「Prinz, Alfred　アルフレート・プリンツ〔1930.6.4 ウィーン～〕」の見出しから同様の内容を確認できた。

2）　回答ポイント

検索エンジンでは断片的な情報しか得られないケースは多々ある。また，歴史的人物でない場合は，人名索引で人名事典を横断的に検索すると，人物像が把握しやすく，まとまりのある情報を入手できる。

●…………**例題 3**

新中和門院について書かれている文献を教えてほしい。

1）　回答プロセス

要求事項の類型は「人物の文献（書誌的事項）」なので，人物文献索引を用いたい。新中和門院が書いた著作ではなく，新中和門院（被伝者）について書かれた著作を探すことになる。

まずは，検索エンジンを用いて「新中和門院」を検索語にすると，一次情報や『コトバンク』などの二次資料から概要を把握することができる。読み方は「しんちゅうかもんいん」。江戸時代中期の人物で近衛尚子の呼称もある。

『人物レファレンス事典』

『日本女性人名辞典』

人物索引の『日本人物レファレンス事典　女性篇』（日外アソシエーツ，2015）や『人物レファレンス事典　古代中世近世編』（日外アソシエーツ，2007）を用いて，新中和門院を収載する複数の人名事典を確認することができた。その一つ『日本女性人名辞典』（日本図書センター，1993）には，新中和門院の解説文の末尾に依拠文献・参考文献として一次資料および二次資料が次の通り列挙されていた。「『歴朝坤徳録』『野史』『日本人名』『大日本女性』『後宮の歴史』『国文学 25-13』」。

『日本人物文献目録』

『リサーチ・ナビ』

『日本人名情報索引（人文分野）データベース』

次に，人物文献索引にあたってみる。『日本人物文献目録』（平凡社，1974）の新中和門院の見出しの下に「贈皇太后新中和門院と津軽家　森林助　むつ　三　昭和7」と一次資料が明記されていた。また，『リサーチ・ナビ』を構成し，人物文献索引の機能を有する『日本人名情報索引（人文分野）データベース』（国立国会図書館）において被伝者名で検索すると，二次資料以外に新中和門院に関する近年の一次資料もいくつか検索された。検索結果一覧から各文献の結果詳細画面をみると，書誌情報の下部にデータベース名が記述されている（この場合は『日本人名情報索引（人文分野）データベース』とある）。これを展開すると，図書や事典に掲載されている人物名や別名が一覧で表示されたので，「新中和門院」でページ内検索したところ，新中和門院の名が収載されていることが確認された。

『Google ブックス』

また，『Google ブックス』を用いて検索すると，新中和門院に関する一次・二次資料が確認でき，一部の資料はすべて画像化された図書を直接閲覧できた。検索文字列（「新中和門院」）がハイライトされ，内容確認も効率的にできるが，検索結果にはノイズも多数含まれているので，「“新中和門院”」とフレーズ検索を用いたり，「ツール」機能を「プレビュー利用可能」や「本」に限定するなど精度を高めたい。

2）　回答ポイント

被伝者の資料が少ない場合は，人物文献索引を用いることで網羅性を担保できる。また，『リサーチ・ナビ』や『Google ブックス』などのデータベースとその機能を活用することによって，精度や再現率を考慮した効果的な検索を心がけたい。

●…………**例題 4**

俳人の「保牛」という人物について，どのような情報でもよいので教えてほしい。

1）　回答プロセス

要求事項の類型は「人物の解説」なので人名事典を用いる。まずは『Google』において「保牛」，「保牛　俳句」の検索語で調べてみたもののノイズが多く，フレーズ検索で「“保牛”俳句」と精度を高めようとしたがやはり手がかりは得られなかった。『Web NDL Authorities』（国立国会図書館）や人名よみかた辞書でも同様であった。

そこで，直接，人名事典の『新潮日本人名辞典』（新潮社，1991），『日本人名大事典』（平凡社，1979），『大日本人名辞書』（経済雑誌社，1909）において五十音索引の「ホ」の見出しを調べてみたもののやはり見当たらない。『日本人名辞典』（思文閣，1972，1914（大正 3）の復刻版）も同様であったが，視点を変えて字画索引を用いることにした。「字画索引目次」9 画のページに「保 49」とあったので「字画索引」で「保」の見出しを探ると，「保牛　828」との参照があり，「ハウギウ保牛」との見出しの下に「俳人。本間氏。矩久齋と號す。秀國の門」との解説がみられた。

『日本人名辞典』

念のために人名索引の『新訂増補　人物レファレンス事典　古代・中世・近世編』（日外アソシエーツ，1996，2007，2018）をすべて用いてみたものの見出しには存在せず，俳句に関する人名事典の『俳句人名辞典』（金園社，1997），専門事典の『俳文学大辞典』（角川書店，1995）などにも収載されていなかった。

2）　回答ポイント

出版年の古い事典に目的の情報が掲載されている事例である。レファレンスツールの更新は大切だが，事典の編集方針や収載範囲によっては旧版や古い事典を用いることで解決することもある。ただし，古い辞書（復刻版以前）は旧仮名遣いで記述されていることもあることから，五十音索引や見出しには注意したい。

●…………**演習問題**

1）　ずいぶんと前にケネディーというアフリカ系アメリカ人の俳優が捜査官に扮した映画を観たことがある。写真や出演作品など教えてほしい。

2）　作曲家の Sergei Sergeevich Prokofiev ついて書かれている日本語の文献を可能な限りたくさん教えてほしい。

3）　2010 年に「豪日交流基金」の理事長だった人物を知りたい。

4）　からくり儀右衛門はどのような人物だったのか。写真があれば併せて見たい。

5）　わが国の原子力に関する機関（協会・法人など）には現在，どのようなものがあるのか。また，10 年前，30 年前などはどうであったか，教えてほしい。

UNIT 33

◉文献検索質問の処理

図書／雑誌の書誌データの調べ方

●…………図書の書誌データを調べるには

図書の書誌データを調べる場合には，以下の５つの情報要求のタイプが考えられる。

1)　正確な図書の書誌データを調べたい

このタイプは，求める図書をある程度特定できており，出版者や出版年などより正確な図書の書誌データを知りたい場合である。このように，すでに存在を知っている図書をタイトルや著者名などの書誌データから探すことを既知文献探索という。

既知文献探索

2)　特定の主題やテーマについて書かれた図書を調べたい

このタイプは，求める情報がどのような図書に載っているのかを知りたい場合である。こうした場合，主題を手がかりとする主題検索によって求める図書を探す必要がある。主題検索では，主題を適切に表現する検索語を用いて検索式を構築するなど，検索に関する高度な知識・技術が求められる。

主題検索

3)　特定の図書の内容を調べたい

このタイプは，特定の図書の内容や特色などを解説した図書の書誌データを知りたい場合である。

4)　特定の叢書，全集や論文集に収録された作品や論文を調べたい

叢書とは個別の書名のほかにシリーズ名をもち，シリーズのもとに継続的に発行される２冊以上からなる図書群である。全集は複数の作品をまとめて編纂したもの，論文集は複数の論文を１冊または数冊にまとめて発行したものである。このタイプは，求める叢書，論文集などの書誌データとその中に収録された個々の独立した作品や論文の書誌データを知りたい場合である。

叢書
全集
論文集

5)　特定の図書の翻訳本が刊行されているか調べたい

このタイプは，国内外において，日本語をはじめとする諸言語で翻訳・刊行されている文学，社会，ノンフィクションなどの図書を知りたい場合である。

●…………図書の書誌データを調べるための情報源

以下では，上記の情報要求を満たすための情報源となる基本ツールを紹介する。図 33-1 は図書書誌データの情報要求のタイプと各々の情報要求を満たすために使

用すべき情報源の種類を整理したものである。

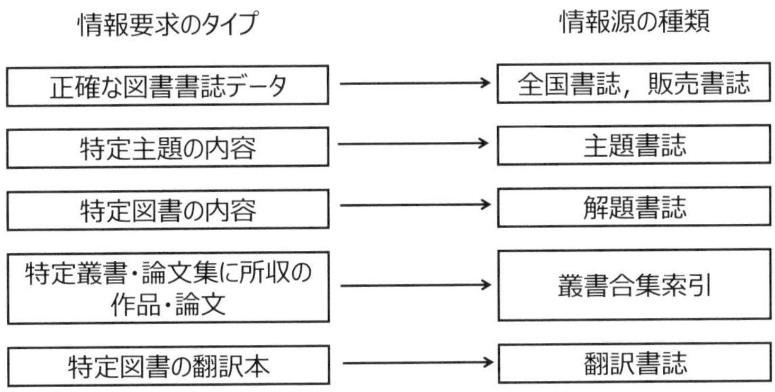

図 33-1　図書書誌データの情報要求のタイプと情報源の種類

全国書誌
販売書誌
『BOOK PAGE 本の年鑑』
『日本件名図書目録』
『NDL ONLINE』
『CiNii Books』
『Books』
『Amazon』
『e-hon』
オンライン書店
『日本古典籍総合目録データベース』

正確な図書の書誌データを調べるには，全国書誌や販売書誌（詳細はUNIT 14参照）を用いる。たとえば，冊子の情報源では，前年に発売された新刊書を収録した『BOOK PAGE　本の年鑑』や図書をキーワードから検索できる『日本件名図書目録』がある。ウェブの情報源では，国立国会図書館の『NDL ONLINE』，国立情報学研究所の『CiNii Books』などがある。現在，国内市場に流通する入手可能な図書の書誌データを探すには，『Books』がある。また，『Amazon』（http://www.amazon.co.jp/）や出版取次のトーハンが運営する『e-hon』（https://www.e-hon.ne.jp/）などのオンライン書店では，販売促進の一環として，目次やあらすじ，書影（表紙），読者による書評，購入履歴に基づく関連図書などの情報を提供している。国書など古い図書を探すには，『日本古典籍総合目録データベース』がある。総合目録ではあるが書誌としても活用できる。

主題書誌

特定の主題やテーマについて書かれた図書を調べるには，主題書誌（詳細はUNIT 14参照）を用いる。主題書誌には冊子，ウェブの情報源を含めて，さまざまなものがある。どのような情報が，どの情報源に収載されているのか，日ごろから把握に努める必要がある。主題書誌は，一般に人文・社会科学の分野で作成されることが多い。

解題書誌
選択書誌
『選定図書総目録』
『世界名著大事典 オリジナル新版』

特定の図書の内容を調べるには，解題書誌を用いる。解題書誌とは，収録する個々の著作について，書誌データに解題（解説）を付したものである。収録方針の観点からは，選択書誌（詳細はUNIT 14参照）としての性格をもつと考えられる。『選定図書総目録』や『世界名著大事典　オリジナル新版』などは選択書誌として位置づけられているが，解題が付されていることもあり，解題書誌としての役割も果たしている。

特定の叢書，全集や論文集に収録された作品や論文を調べるには，叢書合集索引

叢書合集索引

を用いる。叢書合集索引とは，叢書や論文集などの中に収録されている個々の作品や論文の書誌データを知るためのものである。

『全集・叢書総目録』

たとえば，次の2つがあげられる。まず，『全集・叢書総目録』（日外アソシエーツ，45/90，91/98，99/04，05/10，11/16）は，戦後から現代までに日本で発行された全集・叢書とそれを構成する各巻の書誌データを一覧できる。五十音順に排列した索引を使って，約10万種の全集・叢書類を検索できる。2つ目の『論文集内容細目総覧』（日外アソシエーツ，93/94，93/98，99/03，04/08）は，戦後から現代までに日本で発行された論文集とそれに掲載された論文の書誌データを収録した内容細目集である。「記念論文集」，「一般論文集」，「シンポジウム・講演集」の3分冊からなり，論文集の書名や編者名，論文の執筆者名などの索引を使って，約24万件の論文を検索できる。

『論文集内容細目総覧』

翻訳書誌

特定の図書の翻訳本を調べるには，翻訳書誌（詳細はUNIT 14参照）を用いる。たとえば，冊子の情報源では，日本語に翻訳された図書を探せる『翻訳図書総目録』，ウェブの情報源では，国内外で刊行された図書がどのような言語に翻訳されているかを検索できる『Index Translationum』などがある。

『翻訳図書総目録』

『Index Translationum』

●…………雑誌の書誌データを調べるには

雑誌の書誌データを調べる場合には，以下の3つの情報要求のタイプが考えられる。

1） 正確な雑誌の書誌データを調べたい

このタイプは，求める雑誌をある程度特定できており，出版者や発行頻度などより正確な雑誌の書誌データを知りたい場合である。

2） 特定の主題やテーマを扱った雑誌を調べたい

このタイプは，求める主題やテーマを扱う雑誌にはどのようなものがあるかを知りたい場合である。

3） 特定の雑誌の目次を調べたい

このタイプは，ある雑誌には，どのような記事や論文が掲載されているのかを目次を通覧することで知りたい場合である。

●…………雑誌の書誌データを調べるための情報源

以下では，上記の情報要求を満たすための情報源となる基本ツールを紹介する。図33-2は雑誌書誌データの情報要求のタイプと各々の情報要求を満たすために使用すべき情報源の種類を整理したものである。

逐次刊行物リスト

正確な雑誌の書誌データを調べるには，逐次刊行物リストを用いる。逐次刊行物リストとは，雑誌や新聞など逐次刊行物のタイトルを見出しにして排列したもので

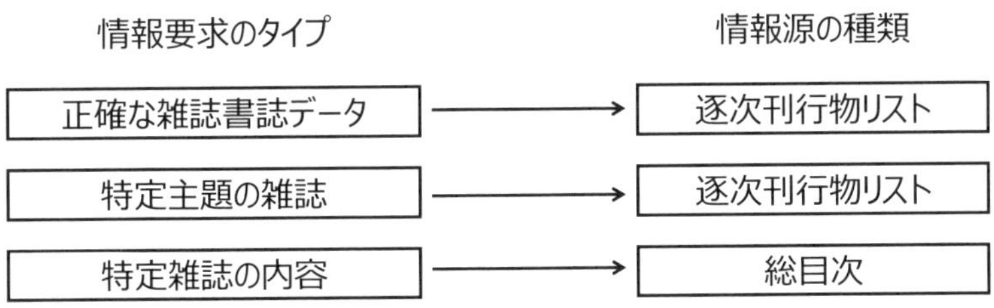

図 33-2　雑誌書誌データの情報要求のタイプと情報源の種類

ある。

『雑誌新聞総かたろぐ』

たとえば，次の冊子とウェブの情報源があげられる。まず，『雑誌新聞総かたろぐ』（メディア・リサーチ・センター，1978-2019 年刊）は，国内で発行されている雑誌や機関誌，新聞などを分野別に排列し，タイトルごとに書誌データ，発行部数，広告の有無，読者層，内容解説などを収録している（2019 年で休刊）。雑誌タイトルや発行元などの索引から，約 2 万タイトルの逐次刊行物を検索できる。次に，『科学技術論文誌・会議録データベース』（新規データ採録は 2018 年 3 月で終了）（http://rnavi.ndl.go.jp/kaigi/）は，国立国会図書館の『リサーチ・ナビ』の一部を構成するもので，2018 年 3 月現在，国内で活動する諸団体が発行する約 1 万 9400 タイトルの科学技術関係の学術論文誌等を分類一覧（国立国会図書館分類表）やキーワードから検索できる。書誌データのほか，ウェブ上に電子ジャーナルが存在する場合には，その URL も収録している。

『科学技術論文誌・会議録データベース』

『リサーチ・ナビ』

『CiNii Books』

また，終刊となったり，タイトルが変わり現在発行されていない雑誌をも含めて探す場合には，国立情報学研究所の『CiNii Books』が役に立つ。サイト名に“Books”とあるが，雑誌の書誌データも検索できる。総合目録データベースであるが，書誌データには，タイトル変遷の情報も記されているので，過去に発行されていた雑誌をたどることができる。学術雑誌が中心であるが，一般総合誌なども収録対象となっている。

『Genamics JournalSeek』

洋雑誌の書誌データを探すには，『Genamics JournalSeek』（http://journalseek.net/）がある。約 4 万タイトル（2019 年 12 月現在）を対象に，キーワードや誌名などから検索でき，書誌データ，内容解説，雑誌のウェブサイトなどを参照できる。また，人文・社会・自然科学の 24 分野に分類された誌名を選択することで詳細データを参照できるカテゴリ検索の機能もある。

特定の主題やテーマを扱った雑誌を調べるには，やはり，逐次刊行物リストを用いる。『雑誌新聞総かたろぐ』では，文学・文芸総合，教育一般など，2019 年版では約 270 の分野とタイトルごとに付された内容解説から，特定の主題やテーマを扱った雑誌を調べることができる。

総目次

特定の雑誌の目次を調べるには，総目次を用いる。総目次とは，雑誌の各号に収載された目次を通覧できるようにまとめたものである。総目次は1年ごとに編纂され各巻の最終号に掲載されたり，別冊や目次総覧などに数巻から数十巻分をまとめて掲載されることがある。一般に，特定の雑誌の総目次がどこに掲載されているのかを把握するには労力を要する。しかし，『日本雑誌総目次要覧』（日外アソシエーツ，1985（収録対象は1983年まで），84/93，94/03，04/13）を用いると明治期以降2013年までに発行された雑誌の総目次・総索引約32,900点の掲載場所を把握できる。五十音順に排列された雑誌名のもとに，収録巻号と期間，収録誌・掲載資料名，発行年月，ページなどを参照できる。

『日本雑誌総目次要覧』

『雑誌の新聞』

また，新刊雑誌の目次情報を知るには，『雑誌の新聞』（http://www.zasshi.com/）がある。この情報源は，週刊誌，月刊誌，経済誌など約21誌（2019年12月現在）を対象に最新刊の目次情報を参照できる。また，収録対象誌のうち，直近3週間に発行された目次情報の書誌データをキーワード検索でき，タイトル，登場者，誌名，発行日などを調べることができる。

UNIT 34

◎文献検索質問の処理

図書／雑誌の書誌データの検索演習

●…………図書の書誌データの検索演習：例題 1

2012 年に発売された『現代トップリーダーとイノベーション』という図書の著者，出版者，目次内容を知りたい。

1）回答プロセス

a.『BOOK PAGE　本の年鑑』（日外アソシエーツ，1988-）2013 年版（2 巻本）のうち，以下の索引を使用して検索する。下記 1，2 のプロセスから，343 ページに当該図書の著者，出版者，目次内容を発見できる。 『BOOK PAGE 本の年鑑』

1. 書名索引を参照し，図書のタイトルで探すと 2 巻目の 343 ページへ参照指示があるので，当該ページを見る。

2. 事項名索引を参照し，当該図書のタイトルなどから主題分野が「経営管理」ではないかと推測し項目を見ると 2 巻目の 342 ページへ参照指示がある。342 ページから順次見ていく。

b.『CiNii Books』（国立情報学研究所，http://ci.nii.ac.jp/books/）にアクセスして，図書・雑誌検索の検索欄に図書のタイトルを入力し，資料種別を「図書」として検索すると，当該図書の書誌データがヒットする。タイトルをクリックして詳細表示すると，図 34-1，2 に示す書誌事項，内容説明・目次などの情報が得られる。 『CiNii Books』

2）回答ポイント

情報要求のタイプは正確な図書の書誌データを調べたい場合に該当する。例題では，ある図書の著者，出版者，目次内容を求めている。この場合，冊子の情報源では販売書誌の一つであり，前年に発売された新刊書を収録する『BOOK PAGE 本の年鑑』を使用する。また，ウェブの情報源では，目次情報も含めた書誌データを参照できる『CiNii Books』を使用する。 販売書誌

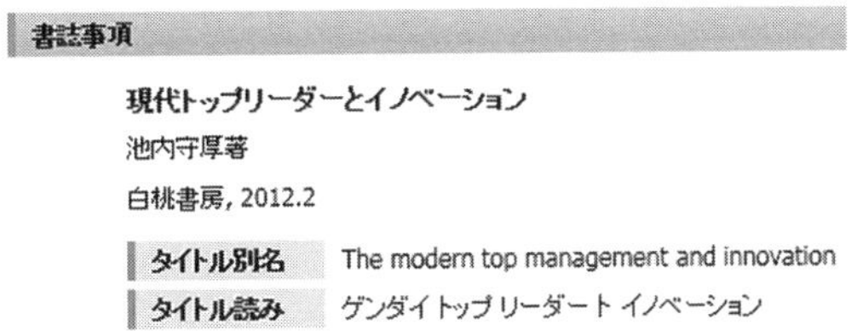
書誌事項
現代トップリーダーとイノベーション
池内守厚著
白桃書房, 2012.2
タイトル別名　The modern top management and innovation
タイトル読み　ゲンダイ トップ リーダー ト イノベーション

図 34-1 『CiNii Books』の詳細表示の例

内容説明・目次

目次

- 第1章　制度主義と企業進化（制度主義と進化；制度主義の研究課題；社会システム進化と企業の進化能力）
- 第2章　資本主義の発展と企業進化（「資本主義」と資本的私企業；「修正資本主義」と制度的私企業；「民主資本主義」と制度改革的私企業）
- 第3章　制度的私企業と「経営戦略」（制度的私企業のイノベーションと経営戦略；経営資源戦略；慶映写と企業成長戦略；製品開発と多角化戦略）
- 第4章　制度改革論と「戦略的経営」（制度改革的私企業の戦略的経営とそのイノベーション；現代ネットワーク社会と制度改革的私企業の戦略的経営；企業ダイナミズムと企業経営の活性化）
- 第5章　制度改革的私企業と「戦略的経営」（新規事業開発戦略；ネットワーク開発戦略；企業文化のイノベーションと創造戦略；アジア・ローカライゼーション戦略）

「BOOKデータベース」より

図 34-2 『CiNii Books』の詳細表示の例（部分抜粋）

●…………図書の書誌データの検索演習：例題2

イギリスの陶磁器のデザインとシノワズリーについて書かれた図書について知りたい。

1）回答プロセス

『美学・美術史研究文献要覧』

a.『美学・美術史研究文献要覧』（日外アソシエーツ，1985/89，90/94，95/99，2000/04，05/09）を使用する（ここでは2005/09版を使用）。事項名索引を参照し，例題の主題は「工芸」の中の「デザイン（工芸）」ではないかと推測し項目をみると678ページへ参照指示がある。デザイン（工芸）の「図書」をみていくと，『柳模様の世界史：大英帝国と中国の幻影』（東田雅博，大修館書店，2008）を発見する。さらに，『CiNii Books』で当該図書の内容説明と目次を確認することによって，より深く内容を把握できる。

『NDL ONLINE』

主題検索

『Web NDL Authorities』

b.『NDL ONLINE』の「詳細検索」のタイトル欄で図書を対象に検索してみるが適切なものを探し出せない。そのため，件名を使った主題検索を行う。国立国会図書館では，書誌データに同一の著者や主題を一つにまとめて検索できるよう標目を付与している。『Web NDL Authorities』（http://id.ndl.go.jp/auth/ndla）は，この標目を統制するため，標目の別表記や同義語などを「典拠データ」として管理し検索に供している。ここで，「シノワズリー」と入力すると，「シノアズリー」という普通件名に統制されていることがわかる。同様に調べたところ，「イギリス」と「陶磁器」は統制された件名であった。改めて「詳細検索」の件名欄を使用し，「イギリス　シノアズリー　陶磁器」と入力し，さらに，資料種別を「図書」のみに絞り込んで検索する。件名欄は，「選択してください」をプルダウンして選ぶ。すると，『柳模様の世界史：大英帝国と中国の幻影』（東田雅博，大修館書店，2008）がヒットする。

なお，「詳細検索」のキーワード欄に上記の検索式を入力して資料種別を「図書」のみに絞り込んで検索しても上記と同様の検索結果になる。これは，キーワード欄では，タイトル，責任表示，出版事項，内容細目，普通件名，地名件名，非統制件名などの項目で使用されているワードをまとめて検索しているためである。

2） 回答ポイント

情報要求のタイプは特定の主題やテーマについて書かれた図書を調べたい場合に該当する。例題では，美術や芸術を主題とする図書を求めている。この場合，冊子の情報源では主題書誌の一つであり，美学や美術史に関する研究文献を芸術理論，芸術史・美術史，写真，工芸，彫刻などの分野から調べられる『美学・美術史研究文献要覧』を使用する。

『美学・美術史研究文献要覧』

また，ウェブの情報源では，タイトルや件名などから検索できる『NDL ONLINE』を使用する。この課題では単純なキーワード検索で探し出せないため，『Web NDL Authorities』を利用する。主題から図書を検索する場合，タイトル中のキーワードだけではなく，件名，分類といったフィールドも手がかりになる。

『NDL ONLINE』

『Web NDL Authorities』

●…………図書の書誌データの検索演習：例題 3

オノレ・ド・バルザック著『谷間の百合』の日本語に翻訳された図書のうち，訳者の異なるものを 2 冊入手したい。

1） 回答プロセス

a. 『翻訳図書目録』（日外アソシエーツ，1984-）の以下の 2 つの版をもとに検索する。

『翻訳図書目録』

1. 1992/1996（4 巻本）の総索引の書名索引（五十音順）で『谷間のゆり』を見るとⅢ 11484（巻次　文献番号）へ，または，著者名索引（五十音順）でバルザック，オノレ・ドを見るとⅢ 725（巻次　ページ）へ参照指示がある。「Ⅲ芸術・言語・文学」の 725 ページ，文献番号 11484 を参照すると 1994 年に岩波書店が発売した宮崎嶺雄訳の翻訳本を発見できる。

2. 2004/2007（4 巻本）の総索引の書名索引（五十音順）で『谷間の百合』を見るとⅢ 14137 へ，または，著者名索引（五十音順）でバルザック，オノレ・ドを見るとⅢ 888 へ参照指示がある。「Ⅲ芸術・言語・文学」の 888 ページ，文献番号 14137 を参照すると 2005 年に新潮社が発売した石井晴一訳の翻訳本を発見できる。

b. 『Index Translationum』（ユネスコ，http://www.unesco.org/xtrans/）を利用して，以下の検索条件を指定して検索すると，図 34-3 の検索結果が得られる（図は下記 1 の条件のものであるが検索結果は同じになる）。

『Index Translationum』

1. Word（s）from original or translation Title: Tanima no yuri と入力し，Target Language: Japanese を選択。
2. Author: Balzac, Word（s）from original or translation Title: Le lys dans la vallée と入力し，Target Language: Japanese を選択

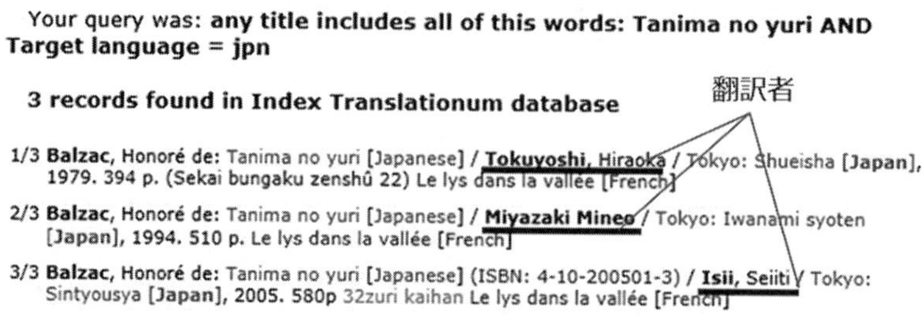

Your query was: any title includes all of this words: Tanima no yuri AND Target language = jpn
3 records found in Index Translationum database
翻訳者
1/3 Balzac, Honoré de: Tanima no yuri [Japanese] / Tokuyoshi, Hiraoka / Tokyo: Shueisha [Japan], 1979. 394 p. (Sekai bungaku zenshû 22) Le lys dans la vallée [French]
2/3 Balzac, Honoré de: Tanima no yuri [Japanese] / Miyazaki Mineo / Tokyo: Iwanami syoten [Japan], 1994. 510 p. Le lys dans la vallée [French]
3/3 Balzac, Honoré de: Tanima no yuri [Japanese] (ISBN: 4-10-200501-3) / Isii, Seiiti / Tokyo: Sintyousya [Japan], 2005. 580p 32zuri kaihan Le lys dans la vallée [French]

図 34-3 『Index Translationum』の検索結果例

2) 回答ポイント

『翻訳図書目録』

『Index Translationum』

情報要求のタイプは特定の図書の翻訳本を調べたい場合に該当する。例題では，ある言語から日本語に翻訳された図書を求めている。この場合，冊子の情報源では翻訳書誌の一つであり，明治期から現代まで国内で刊行された翻訳図書を収録する『翻訳図書目録』を使用する。ウェブの情報源では，国外で刊行された図書で日本語に翻訳されているものを検索できる『Index Translationum』を使用する。

●…………雑誌の書誌データの検索演習：例題 1

『国語教室』という雑誌の購読を検討している。刊行頻度，年間購読料，出版者，内容を知りたい。

1) 回答プロセス

『雑誌新聞総かたろぐ』

たとえば，『雑誌新聞総かたろぐ』（メディア・リサーチ・センター，1978-2019）2013 年版をもとに以下の索引を使用して検索する。

a. タイトル索引を参照し，雑誌のタイトルで探すと 479，0510（ページ，ジャンル）へ参照指示があるので，当該ページを見る。

b. 分野コード早見表を参照し，当該雑誌のタイトルなどから分野名が「国語（科）教育」ではないかと推測し項目を見ると分野コードの 0510 へ参照指示がある。0510 教育技術から順次見ていく。

a，b のプロセスから，479 ページに当該雑誌の刊行頻度（年 2 回刊雑誌），年間購読料（年￥640），出版者（㈱大修館書店），内容（高等学校の国語科教員を対象とした情報誌など）を発見する。

2) 回答ポイント

『CiNii Books』

情報要求のタイプは正確な雑誌の書誌データを調べたい場合に該当する。例題では，ある雑誌の刊行頻度，年間購読料，出版者，内容を求めている。この場合，冊子の情報源では逐次刊行物リストの一つであり，現在，国内で発行している雑誌や機関誌などの書誌データや読者層，内容解説など収録する『雑誌新聞総かたろぐ』を使用する。また，ウェブの情報源では，『CiNii Books』でも出版者，刊行頻度などの書誌データを把握できる。ただし，逐次刊行物の書誌データは，初号をもとに記述されるため，記述の内容が古い可能性もあり注意が必要である。

●…………雑誌の書誌データの検索演習：例題 2

『一橋論叢』という雑誌の目次一覧を見たい。目次情報を収載した当該誌の巻号や掲載資料を知りたい。

1) 回答プロセス

たとえば，『日本雑誌総目次要覧』（日外アソシエーツ，1985，84/93，94/03，04/13）の 1984/93 版を使用する。誌名が五十音順に排列された本文をたどると，340 ページに当該雑誌のタイトルを発見する。1（1）（昭 13.1）から 100（6）（昭 63.12）までの目次が，『一橋論叢』の 102（4）（1989.10），p.359-572 に収載されていることがわかる。

『日本雑誌総目次要覧』

2) 回答ポイント：

情報要求のタイプは特定の雑誌の目次を調べたい場合に該当する。例題では，ある雑誌の目次一覧の参照を求めている。この場合，冊子の情報源では総目次の一つであり，雑誌の総目次の掲載場所を把握できる『日本雑誌総目次要覧』を使用する。総目次は，一定期間ごとに複数回，掲載・発行される場合があるので，複数の版を参照すると総目次の網羅性を高められる。

●…………演習問題

以下の質問について，さまざまな情報源をよく調べて答えなさい。回答には，どのような情報源をどのようにして利用して調査したのかが明確にわかるように答えること。また，使用した情報源の書誌事項をきちんと記すこと。

1) 『食堂かたつむり』という図書の著者，出版社，出版年を知りたい。
2) 2014 年に刊行された衣生活に関する図書のリストを入手したい。
3) 紫式部の源氏物語（Genji Monogatari）のドイツ語訳がいくつあるのか知りたい。
4) 『アナホリッシュ国文学』というタイトルの雑誌の購入を考えたい。刊行頻度，年間購読料，出版社，内容を知りたい。
5) 『人口学研究』という雑誌の目次一覧を見たい。目次情報を収載した当該誌の巻号や掲載資料を知りたい。

UNIT 35

◉文献検索質問の処理

雑誌記事の書誌データの調べ方

●…………目次情報を利用する

雑誌記事の書誌データを調べる場合，1）目次情報から見つけるやり方と，2）記事自体を探すやり方の2つに大別される。まず，1）目次情報から見つける場合であるが，雑誌を手にとると，通常，掲載記事のタイトルや著者を一覧できる目次が付されている。雑誌によっては1年ごとに年間総目次が作成されたり，複数年をまとめた総目次・総索引（雑誌記事を事項，著者名，分類などから引けるようにしたものを総索引という）が刊行されている場合もあり，調べる対象雑誌がはっきりしているとき，こうした総目次・総索引がつくられていれば参照することができる。

『NDL ONLINE』

総目次・総索引の有無については，国立国会図書館の『NDL ONLINE』や東京都立図書館のOPACで雑誌の所蔵を検索すると，検索結果の注記に「総目次あり」などと記載される場合もあるので確認してみるとよいだろう。

個別の雑誌の総目次・総索引を見れば，ある特定の雑誌が各時代に取り上げたテーマや，どういった執筆者がそこに関わっていたのかを知ることができる。たとえば，1904年5月創刊の文芸雑誌『新潮』（新潮社）については，『マイクロ版近代文学館　新潮』（日本近代文学館編，1977）が製作された際に，『新潮総目次・執筆者索引』（小田切進編，八木書店，1977）が刊行され，創刊号から1945年3月の戦前最終号（第42巻3号）まで490冊の総目次を参照することができる。また，1945年12月創刊の総合雑誌『世界』（岩波書店）では，創刊60周年を記念した際，2006年1月号の別冊に特集「総目次　1946→2005　執筆者別総索引付」が作成され，それまでの掲載記事を一覧できる。ほかにも，出版社の社史に総目次が収録される場合があり，たとえば，1923年1月創刊の総合雑誌『文藝春秋』に関しては，『文藝春秋七十年史　資料篇』（文藝春秋，1994）に，創刊から1991年12月号までの目次が収められている。

また，複数の雑誌の目次情報を参照して，求める雑誌記事を探す方法もある。号をまたいで一覧できるような総目次が刊行されていれば，数年分をまとめて，しかも複数の雑誌について検索することができるので便利である。こうしたツールの代

『日本雑誌総目次要覧』

表的なものが『日本雑誌総目次要覧』『同　1984-1993』『同　1994-2003』『同　2004-2013』（いずれも日外アソシエーツ）であり，明治時代から2013年までに出

版された図書や雑誌の中に，どういった総目次・総索引が掲載されているかを知ることができる。このうち，『日本雑誌総目次要覧　2004-2013』を見ると，3,593種の雑誌の総目次・総索引5,252点が，五十音順排列の雑誌名のもとに収められており，学術雑誌をはじめ，専門誌や同人誌，明治時代から昭和初期の復刻雑誌など，さまざまな分野・形態の総目次・総索引を一覧できる。

●…………雑誌記事索引を検索する

次に，2）雑誌記事自体を探す場合である。雑誌記事の総目次は巻号順に記事が一覧できるようになっており，雑誌名や巻号・日付がわからないと効率的な検索は不可能といってよい。雑誌名も巻号もわからない場合に，求める雑誌記事を探すためのツールが雑誌記事索引である。雑誌記事索引には，複数の雑誌の記事索引について，記事名の読みによって音順に排列した記事名索引，執筆者順に排列した執筆者名索引，記事内容によって分類したり，適切な見出し語（件名）を与えたりして排列した事項索引などがある。

『雑誌記事索引』

日本の代表的な雑誌記事索引は，国立国会図書館の編集・提供する『雑誌記事索引』（『NDL ONLINE』で検索可）である。これは，法定納本制度のもとで同館が収集・整理した学術雑誌，専門誌などから採録した記事を索引対象としたもので，1995年12月の受入雑誌分をもって冊子体の刊行は中止されたが，その後，CD-ROM版が頒布されたのち，2002年以降はウェブ上で無料公開されている。当初は主に学術雑誌から採録誌が選定されていたが，1996年以降，同館の調査で利用頻度の高かった雑誌が採録対象に加えられ，『週刊文春』や『週刊新潮』など一般週刊誌の一部も採録対象となった。2000年からは，大学の学科・専攻・研究所や高等教育研究機関で発行される紀要すべてが採録対象に加えられている。この結果，1996年時点の採録誌は約3,100誌であったが，2020年2月に24,323誌に増加し（このうち10,960誌が採録中），収録記事件数は約1,300万件である。

『NDL ONLINE』で「雑誌記事」のタブを選ぶと，雑誌記事を，キーワード，タイトル，著者名（著者・編者），件名，掲載誌名，出版者，出版年などの書誌事項を組み合わせて検索することができる。たとえば，『アンパンマン』の著者として知られる絵本作家・やなせたかしが，1990年代半ばに郵便切手のつくられ方について書いた雑誌記事がないかを探すとしよう。このとき，著者名の検索フィールドに「やなせたかし」，出版年に「1994～1996」と指定すれば，検索結果は3件になる。その中には，雑誌『郵政』第48巻7号に収められた「切手ができるまで」という適合記事が含まれることがわかる。

●…………『CiNii Articles』を検索する

『雑誌記事索引』

『NDL ONLINE』で利用できる『雑誌記事索引』は，雑誌記事を検索する際の基本となる情報源であるが，すべての雑誌記事を網羅しているわけではない。探す分野によっては，主題別に運用・公開されているデータベースを利用するほうが効率的に探索を進めることができる（UNIT 15 参照）。

『CiNii Articles』

『J-STAGE』

学術分野の雑誌記事や論文を確認する際に有用なのが，国立情報学研究所が運用・公開する『CiNii Articles』（https://ci.nii.ac.jp/）である。『CiNii Articles』には，2020 年 3 月段階で約 2,200 万件の雑誌記事・論文データが収載され，このうち，『J-STAGE』や機関リポジトリに収められた約 670 万件以上について，ウェブ上で論文自体を読むことができる（ただし，無料公開のものだけでなく，「購読者番号」が必要とされるケースなども含まれる）。『CiNii Articles』の特色は，国立情報学研究所，国立国会図書館，科学技術振興機構，国内の各大学などで提供されるデータベースを横断的に検索し，学術成果にアクセスできる点にある。なお，国立情報学研究所では，国内の機関リポジトリを統合検索できる「学術機関リポジトリデータベース」（IRDB）を公開しているが，そのデータの中で論文にあたるものは『CiNii Articles』でも検索できるようになっている。

「学術機関リポジトリデータベース」

『CiNii Articles』を使う際には，「詳細検索」画面から，タイトル，著者名，著者所属，刊行物名，出版者，出版年などの書誌事項を組み合わせて検索することができる。このほか，「本文あり」という検索条件を付加することによって，ウェブ上で無料利用可能な論文データを指定することができる。たとえば，民俗学者・折口信夫が戦後著した論文の中で，ウェブ上で読むことのできる文献を探すとしよう。このとき，著者名の検索フィールドに「折口信夫」と入力し，出版年を「1945～」と指定したうえで，さらに「本文あり」を選択すると，検索結果の中に適合記事として，三田史学会の発行する雑誌『史学』第 23 巻 3 号に収められた「古代の氏族文學」という論文などが含まれている。そこには「機関リポジトリ」のアイコンも付けられているが，この「機関リポジトリ」のリンク先は，出版者の三田史学会との関わりで，『慶應義塾大学学術情報リポジトリ』（KOARA）（http://koara.lib.keio.ac.jp/）となっており，そちらから本文を無料で読むこともできる。さらに，検索結果には『J-STAGE』へのリンクが張られ，そこから抄録を読むことができたり，「PDF をダウンロード」というアイコンをクリックして，本文全文を読むことができたりするケースがある。

●…………科学技術分野の雑誌記事検索

『JDream Ⅲ』

科学技術分野のデータベースとして，国立研究開発法人科学技術振興機構（JST）がデータベースを作成し，㈱ジー・サーチによって利用提供されている『JDream

Ⅲ』（https://jdream3.com/）がある。もともと，科学技術情報の検索システムとしては，1976年に日本科学技術情報センター（JICST）でオンライン情報検索システム『JOIS』が開発されており，2003年からJST（1996年にJICSTから改組）が教育機関・医療機関向けの後継データベース『JDream』の有料公開を始めた（2006年から『JDream Ⅱ』と改称）。その後，科学技術関連政策の中で文献情報提供について民間業者に移行する方針がとられ，2013年4月から『JDream Ⅲ』の運用が開始された。書誌・抄録・索引などのデータベース作成は，従来同様にJSTが担当しており，日本最大級の科学技術文献データベースとなっている。

『JDream Ⅲ』では，科学技術や医学・薬学関係の国内文献を網羅的に検索できるほか，海外文献も検索可能である。2018年4月現在，約7,000万件のデータが提供され，データベースとしては，1981年以降に国内外で発行された資料から科学技術（医学を含む）全分野に関する文献情報を収録した『JSTPlus』（約2,992万件）や，日本国内で発行された資料から医学，薬学，歯学，看護学などに関する文献情報を収録した『JMEDPlus』（約888万件），米国国立医学図書館（NLM）が作成する，医学，看護学，歯学などに関する文献情報を収録した『MEDLINE』などがある。国内外の科学技術文献情報を中心に，書誌事項に加え，原則として日本語抄録が用意されている点に特徴がある。

『JSTPlus』
『JMEDPlus』
『MEDLINE』

『JDream Ⅲ』を使う際には，「アドバンスドサーチ」から，キーワード，著者名，所属機関名，資料名などのほか，シソーラス用語を手がかりに検索することもできる。これは『JICST科学技術用語シソーラス』に収録される約37,000語から選んでシソーラス用語を設定することで，類義語や同義語についてディスクリプタに収れんし，効率的な検索を可能にしたものである。また，検索条件簡易入力メニュー（『「言語」「記事区分」などで絞り込む』）を開いて，発行年，言語，記事区分（原著論文，短報，文献レビューなど），発行国を指定することもできる。たとえば2018年に英語で発表された文献レビューの中で，BSE（ウシ海綿状態症）について扱った文献を探すとしよう。このとき，まず「JSTシソーラスブラウザ」のアイコンを押して，シソーラス用語の中に「BSE」があるかどうかを確認する。そしてヒットした語「BSE」に対応する索引語「[ウシ海綿状脳症]」をクリックして，「検索語候補」に表示し「検索条件セット」とする。さらに，検索条件簡易入力メニューを開き，出版年を「2018」，言語を「英語」，記事区分を「文献レビュー」と指定し検索すれば，検索式「(“ウシ海綿状脳症”/AL) AND (2018-2018/PY) AND (EN/LA) AND (b1/DT)」が自動的に生成され「PrPScプリオンの構造」という雑誌記事がヒットする。

●…………一般雑誌の雑誌記事検索

国立情報学研究所の『CiNii Articles』や，科学技術分野の有料データベースで

『CiNii Articles』

『JDream Ⅲ』
『雑誌記事索引』

ある『JDream Ⅲ』は，採録の重点を学術分野に置いており，研究者支援の位置づけにあるといえる。また，『NDL ONLINE』で利用できる『雑誌記事索引』にしても，一般週刊誌の一部が採録対象になっているとはいえ，基本的には学術雑誌を中心に採録されている。一方，公共図書館などでよく読まれるのは学術雑誌よりもむしろ，一般向けの月刊誌や週刊誌，女性誌などであり，そうした一般分野の雑誌記事に対するニーズは低くない。

『Web OYA-bunko』

一般雑誌の記事を確認する際に有用なのが，『大宅壮一雑誌記事索引総目録』とそのウェブ版の『Web OYA-bunko』（有料）（https://www.oya-bunko.com/）である。評論家・大宅壮一（1900-1970）は生前，「本は読むものではなく，引くものだ」と語り，評論活動のかたわら，執筆に使う資料の収集・整理を精力的に進めたといわれる。大宅壮一文庫は，大宅没後の1971年に設立された雑誌の専門図書館であり，大宅の収集した約20万冊の「雑草文庫」コレクションが母体となっている。2019年4月現在，約12,000誌，80万冊に上る雑誌が所蔵されており（ここには約7,000誌の創刊号も含まれる），2018年4月時点の索引総件数は約664万件で，人名索引が293万件（15万人）に上る。

『Web OYA-bunko』を使う際には，フリーワード，執筆者，発行日，雑誌名などの書誌事項を組み合わせて検索する。このとき，記事種類（インタビュー，対談，座談，グラビアなど）や雑誌ジャンルを選択したり，「分類別検索」のタブを選択し，「職業別人名検索」や「件名項目検索」を試すこともできる。たとえば，1960年代にイギリスのロックバンド・ビートルズが初来日したとき，女性週刊誌にどのような記事が載ったのかを探すとしよう。このとき，「詳細検索」から，著者名のフリーワードに「ビートルズ」と「来日」を入力し，発行日を「1960年□月□日～1969年□月□日」と指定した上で，さらに雑誌ジャンルから「女性週刊誌」を選択すれば，6件の雑誌記事が適合することがわかる（なお，フリーワード検索の際，検索ボックス一つに1語ずつ入力すると*AND*検索となる。同じ検索ボックス内に，スペースを空けて2語を並べると*OR*検索となってしまう点に注意が必要である）。

UNIT 36

◉文献検索質問の処理

雑誌記事の書誌データの検索演習

●…………例題 1

1990 年前後の時期，武邑光裕氏が雑誌『世界』に載せた記事を読みたい。

回答プロセス：

検索のキーワードは著者名「武邑光裕」，雑誌名「世界」，掲載時期「1990 年前後」であるが，さて，まずは著者の名字「武邑」は何と読むだろうか。口頭で質問を受け付けたのであれば「タケムラ」とすぐにわかるので，著者名フィールドにその語を入力すればよいが，書面やメールの場合にそうはいかない。この場合，人名よみかた辞書等を使用することになる。コンピュータ上で作業する場合には，日本語入力システムの各種機能を使用（Windows 初期設定の IME では手書き入力機能，Mac では，「Google 日本語入力」をインストールして「手書き文字入力」機能を活用）することになる。

1990 年前後の時期の記事であれば，冊子体もしくは CD-ROM 版の『雑誌記事索引』を検索することもできるが，ここではウェブ版を使ってみる。国立国会図書館の『NDL ONLINE』（https://ndlonline.ndl.go.jp/）のタブから「雑誌記事」を選び，「詳細検索」で著者「武邑光裕」，掲載誌名「世界」，出版年「1988～1992」で検索すると，武邑光裕「剥がされた情報宇宙－グローバル・ネットワークと瞬時の時空」（『世界』524 号，1989，p.173-180.）という適合文献がみつかる。 『NDL ONLINE』

●…………例題 2

雑誌のクラビアで，2007 年まで宮城県を走っていた「くりでん」の廃線直前の時期の写真を見たい。

1）回答プロセス

まず，『NDL ONLINE』のタブから「雑誌記事」を選び，「詳細検索」で，タイトル「くりでん」，出版年「2006～2007」で検索すると，10 件以上の雑誌記事がヒットする。ところが，検索結果をみてみると，「絶対おいしい！　林さんちの『普通じゃない』もちづくり伝授」や「曲げ物づくり　伝統工芸の伝承者－曲げわっぱ」のように，「…づくり伝…」の部分の読みの文字列「くりでん」が，検索結果に反映されて表示された文献がほとんどあることがわかる。

そこで，今度は論題名を「くりはら田園鉄道」と変えて検索すると，斎藤幹雄「最後の春を迎えた　くりはら田園鉄道」(『鉄道ピクトリアル』第57巻5号，2007，p.94-96.）のような，「くりでん」関連文献のみが表示される。ただし，これらの雑誌記事が「グラビア」かどうか，書誌事項からだけでは確証が得られない。日外アソシエーツの有料データベース『MagazinePlus』を使って同様に検索しても，ほぼ同じ結果となる。

『MagazinePlus』

学術雑誌よりも一般雑誌のほうに関連記事が多そうであると見当をつければ，有料データベースの『Web OYA-bunko』を検索することに目が向くであろう。検索画面で「詳細検索」を選び，まず，フリーワード「くりでん」，発行日「2006年□月□日～2007年□月□日」，それから記事種類で「グラビア」を指定して検索すると，1件の雑誌記事がヒットする。これは，関根弘康「廃止されたはずの“くりはら田園鉄道”が5日間だけの復活走：今度こそ，ホントにサヨナラ…？“くりでん”」(『週刊プレイボーイ』2007年12月03日号，p.35-37.）であるが，「復活」と論題にあることから，設問にある「廃線直前」という条件に合うかどうかは微妙である。

『Web OYA-bunko』

そこで，今度は，フリーワードを「くりはら田園鉄道」と変えて検索すると，複数の結果が得られ，そこに，関仁巳「消えゆく『ニッポンの光景』17回くりはら田園鉄道（宮城県）鉱山とともに走った田園列車が廃止される」(『読売ウイークリー』2007年5月13日号，p.104-105.）などのグラビア記事が含まれることがわかる。この雑誌記事の論題中には「くりでん」という言い回しが用いられていないため，「くりでん」という検索語ではみつけられなかったのである。

2）　回答のポイント

検索する雑誌記事索引の選択が重要であることがわかる。一般分野の雑誌記事に掲載されていることが予想されるので，『NDL ONLINE』の『雑誌記事索引』，『Web OYA-bunko』を使用して検索するのがよい。

●…………例題3

1990年代半ば，教育学者の有元秀文氏が国語科教育について論じたうち，アメリカの州との比較事例を扱ったものを読みたい。

1）　回答プロセス

検索のキーワードは，論題名「国語科教育」，「アメリカ」，著者名「有元秀文」，掲載時期「1990年代半ば」である。まず，『NDL ONLINE』の「雑誌記事」のタブを選び，「詳細検索」でタイトル「国語科教育」，著者名「有元秀文」，出版年「1993～1997」で検索すると，検索結果は0件である。出版年の設定を外しても結果は変わらない。また，論題名に「アメリカ」や「米国」，「海外」と入力しても，同様に検索結果は0件である。

次に，「国語科教育」の類義概念である「国語」に変えて検索すると，複数文献がヒットする。そこには，有元秀文「相互交流的なコミュニケーションの推進を」（『教育ジャーナル』第36巻4号，1997，p.12-15.）のような文献も含まれるが，設問にある「アメリカの州との比較事例」という点が不明である。学術雑誌が検索対象となることが想定されるので，『CiNii Articles』を使ってみても，やはりアメリカの州と比較した文献をみつけることはできない。

そこで，日外アソシエーツの有料データベース『MagazinePlus』を使ってみる。まずは，標題・キーワード「国語科教育」，著者・訳者等「有元秀文」，年月次「1993□月～1997年□月」で検索すると，ヒットする文献はあるが，アメリカの州との比較事例ではない。次に，標題・キーワードを「アメリカ」と変えても，「該当データがありません。キーワードを変更して再検索してください」と表示されるだけで，検索結果は得られない。

『MagazinePlus』

しかし，今度は，標題・キーワードを「国語科教育」よりも広く「国語」と変えて検索すると，複数文献がヒットし，有元秀文「スピーチコミュニケーション能力の育成をめざした国語カリキュラムの開発－カリフォルニアのカリキュラムとの比較研究」（『教科教育学の探求』第1号，1995，p.1-16.）のような適合文献が含まれる。適合文献の論題中には，「国語カリキュラム」とアメリカの一州である「カリフォルニア」という言い回しが使われており，「国語科教育」も「アメリカ」も用いられていないため，そうしたキーワードで検索してもみつからなかったのである。

2）　回答のポイント

国立国会図書館に当該雑誌の『教科教育学の探求』は所蔵されている。『NDL ONLINE』の「雑誌記事」の検索は，同館所蔵のすべての雑誌が対象とされるわけではないことに，改めて注意が必要である。また，検索者が想定する表現そのままで検索できるとは限らないので，検索語の柔軟な処理が必要である。

●…………例題4

海外のノロウィルスの研究文献を探しているが，エビ養殖におけるノロウィルス感染の危険性を扱ったドイツ語の論文はないだろうか。

1）　回答プロセス

科学技術分野の雑誌記事検索の際は，有料データベース『JDream Ⅲ』が役に立つ。『JDream Ⅲ』にアクセスすると，キーワード入力画面が一つ用意されている「クイックサーチを使う」と，検索語の組み合わせが可能である「アドバンスドサーチを使う」という検索モードが選択できるほか，対象ファイルも指定できる。そこには，科学技術全般の『JSTPlus』（科学技術全分野　1981～），『JST7580』（科学技術全分野　1975～1980），『JSTChina』（中国発行の科学技術文献　1981～），

『JDream Ⅲ』

『JSTPlus』
『JST7580』
『JSTChina』

『JMEDPlus』
『MEDLINE』

医学分野全般の『JMEDPlus』（国内発行の医薬文献　1981～），『MEDLINE』（国内海外発行の医薬文献　1950～）などが含まれる。医学・薬学文献を探す場合には『JMEDPlus』や『MEDLINE』が有力ツールとなるが，科学情報であれば，デフォルトの『JSTPlus + JST7580 + JSTChina』を選び，各データベースを一緒に検索することができる。これを選択し，「クイックサーチ」画面で検索してみよう。

検索ボックスに「ノロウィルス□エビ」のようにスペースで区切って入力すると，2つの言葉の*AND*検索となる。さらにスペースを区切って「ドイツ語」を加えると，「ノロウィルスとエビについて論じた文献で，ドイツ語で書かれたもの」が検索され，1件のヒット件数が得られる。Thongsawad Sanigan ほか "Research about the prevalence of norovirus in Pacific White Shrimps（Litopenaeus vannamei）in Thailand."（*Archiv für Lebensmittelhygiene*, Vol.58, No.3, 2007, p.86-90.）がそれであり，この文献の和文標題「タイの太平洋白エビ（Litopenaeus vannamei）でのノロウィルス発生についての調査」が付されている。さらに，その日本語抄録を読むと，240点の小エビを採取し，ノロウィルスを検査している旨が書かれており，適合文献であることがわかる。

なお，検索結果下段には「文献複写申込」の案内も記されている。これは，国内外のジャーナル，レポート，会議録など約2万誌について，文献検索回答画面から学術文献の複写（コピー）を提供するサービスで，郵送，FAX，電子配信のいずれかの形態を選ぶことができる。別途，利用料金が発生するが，著作権者や著作権管理団体に対する複写使用料は処理されている。

2）　回答のポイント

この例題では，ドイツ語という言語が明確に指定されているが，利用者にとって使用できる言語で書かれたものであるかどうかは常に注意しておく必要がある。利用者にとって使用できない言語では，実際には利用できない状態となってしまうからである。

●…………例題 5

公民館分館と町内会の関係を調査した論文を探している。

1）　回答プロセス

検索のキーワードは，論題名「公民館分館」，「町内会」である。まず『NDL ONLINE』で「雑誌記事」のタブを選び，「詳細検索」からタイトル「公民館分館」，「町内会」で検索すると，検索結果は0件である。「公民館分館」を「公民館」と変えても結果は変わらない。それぞれのキーワードを単独に検索すると，それぞれ複数の文献がヒットするが，両者の関係について調査した論文が含まれるのかどうか，書誌事項からだけではわからない。

そこで，本文を読むことのできる文献を含む情報源として，『CiNii Articles』を使う。これなら，著作権許諾処理の済んだ雑誌記事・論文について，ウェブ上で閲覧できる。まず，「詳細検索」からタイトル「公民館分館□町内会」を検索すると，検索結果はやはり0件である。続いて，「公民館分館」を「公民館」に変えると，2件の文献がヒットする。これは，鴨川木綿子・野口孝博「5230 札幌市内町内会館の施設現状：住宅地における小規模コミュニティ施設のあり方に関する研究（公民館・集会，建築計画I）」（『学術講演梗概集. E-1，建築計画I，各種建物・地域施設，設計方法，構法計画，人間工学，計画基礎』2005，p.493-494.）など，日本建築学会の大会梗概集に掲載された文献である。しかし，町内会館についての調査報告とはなっているが，公民館分館との関係性には触れられていない。 『CiNii Articles』

そこで，今度はタイトル「公民館分館」のみで検索すると，複数の文献がヒットする。そこに，佐藤一子ほか「地域公民館システムにおける分館の普及：長野県における公民館分館をめぐる実態と課題」（『生涯学習・社会教育学研究』第23号，1998，p.12-19.）が含まれている。この論文は「機関リポジトリ」の扱いとなっており，リンク先の「東京大学学術機関リポジトリ」（https://repository.dl.itc.u-tokyo.ac.jp/）を経由して，本文PDFファイルを読むと，「Ⅲ　公民館分館の普及をめぐる実態と課題」の文章の中に「B　調査結果　⑦町内会等との関係」が記述されている（p.16）。そして，その「表9　町内会との関係」の中で，公民館分館と町内会とが独立の関係にあるか，助成金を受けているかどうか，などの数値が示されていることがわかる。設問の調査に適合するといえる。書誌事項からだけではわからない調査結果の詳細について，文献自体を目にすることによって確認することができたわけである。 機関リポジトリ

2）　回答ポイント

全文を確認することで検索した例であるが，近年，オープンアクセス（OA）の広がりとともに，学協会の発行する学術雑誌や大学紀要に収められた論文などを，ウェブ上で見ることのできる機会が増えてきている。文献の内容情報の検索については，UNIT 39，40でも触れる。

●…………演習問題

以下の質問について，さまざまな情報源をよく調べて答えなさい。回答には，どのような情報源をどのようにして利用して調査したのかが明確にわかるように答えること。また，使用した情報源の書誌事項をきちんと記すこと。

1）　手塚治虫が1980年代に映画に関する雑誌に載せた単著の記事はいくつあるか（再録されたものは除く）。また，一番古い記事の書誌事項を答えなさい。

2）『青鞜』という雑誌を刊行していた団体について，関係者も含めた座談会が戦後に掲載されている。その記事の書誌事項を答えなさい。

3) 「サッカーボール分子」といわれる物質があるらしい。わが国の雑誌の中で最も古い特集を掲載した雑誌名と巻号を知りたい。

4) 生涯学習に関する施設に適用した仮想評価法を用いた研究論文を探している。複数ある場合はすべてを知りたい。

5) 日本において『赤ずきん』がどのように受け入れられていったのかを論じた論文を探している。

UNIT 37

◉文献検索質問の処理

文献の所在情報の調べ方

●…………文献の所在情報の調べ方

文献の所在を調べるときは，まず自分が日常的に利用する図書館の蔵書検索から行っていくことになる。この段階で資料の所蔵を確認できれば，請求記号をもとに排架されている場所を確認して，資料を入手すればよい。

よく利用する図書館で所蔵していない場合には，自分が利用している図書館の館種が中心となっている総合目録や横断検索を利用して検索していくことになる。ここで所蔵が確認された場合は，書誌データ，所蔵する図書館の情報，そしてその図書館における請求記号を記録して，所蔵館に出向くか，相互貸借もしくは複写を依頼して入手することになる。いずれにしても自分がよく利用する図書館に相談するべきである。所蔵館を利用するために図書館の紹介状が必要であったり，相互貸借や複写を利用するには図書館を経由しなければならないからである。

総合目録
横断検索

相互貸借
複写

紹介状

この段階でも所在を確認できない場合には，異なる館種の総合目録や横断検索，さらには『国立国会図書館サーチ』を検索して所在情報を調べていくことになる。この場合でも資料の入手を図るならば図書館に相談すべきである。

『国立国会図書館サーチ』

●…………総合目録と横断検索

総合目録は，「複数の図書館あるいはコレクションに収録されている資料の書誌データを，一つの体系のもとに編成，排列し，所在を示した目録」（『図書館情報学用語辞典　第4版』）である。「一つの体系のもとに」なっていることがポイントで，仮に複数の図書館で所蔵されていたとしても，書誌データはただ一つのものとして記述され，書誌データの後に所蔵している図書館が記載される形で提示される。

一方で横断検索は，「複数のデータベースを対象として，同一の検索を同時に実行すること」（『図書館情報学用語辞典　第4版』）である。このデータベースが各図書館の目録検索となれば，複数の図書館の所蔵を同時に検索することになるので，総合目録を利用した場合と同様の結果になる。しかし，総合目録は，一つの文献をただ一つの書誌データにまとめていくのに対して，横断検索はそれぞれの図書館に個別に検索を行うことになる。したがって，検索の方法によって結果件数が変更することがありうる。

表 37-1 は，『図書館用語集　四訂版』（日本図書館協会，2013，ISBN:978-4-8204-1311-0）について『CiNii Books』とある県の横断検索（対象図書館数 37）で検索条件を微妙に変えて検索した結果の一覧である。『CiNii Books』では，該当する資料をヒットできれば所蔵図書館数は必ず一致する。一方，横断検索の場合，条件を変えることで所蔵図書館数が変わってしまうことがわかるだろう。

表 37-1　総合目録（CiNii Books）と横断検索（ある県の県内横断検索）

検索条件	CiNii Books	横断検索
ISBN：9784820413110	131	20
書名：図書館用語集 & 出版年：2013-2013	131	21*
書名：図書館用語集 & 書名：四訂版	−（資料を見つけられず）	1
書名：図書館用語集 & 書名：4 訂版	−（資料を見つけられず）	3

＊実際には出版年による検索に失敗していて異なる図書が 2 件混ざっている

上記の表の通り，総合目録は，検索が成功すれば所蔵状況については信頼でき，品質の高い書誌データ・所在情報を入手しやすい。しかし，これは一つの体系のもとにまとめることによって可能になるため，品質管理のコストがかなりかかる。一方，横断検索は，書誌データ・所在情報について品質は低い。しかし，横断検索の場合，関係各図書館は，自らの目録を修正する必要はないので，品質管理に関わる追加的なコストは必要ないことになる。このようにそれぞれ長所と短所があるが，現在は，新しくサービスを立ち上げる場合，横断検索を採用することが多い。

なお，総合目録については，参加館が所蔵する資料をすべて申告して総合目録に登録しているとは限らないという問題点もある。特に総合目録に参加する前の書誌データの遡及入力分について，この問題は顕著である。

遡及入力

わが国において，著名な総合目録としては，国立国会図書館を中心に都道府県立・政令市立図書館をはじめとする公共図書館（2019 年 12 月現在で 1,151 館）が参加する『国立国会図書館総合目録ネットワーク』（『ゆにかねっと』（https://iss.ndl.go.jp/somoku/））と国立情報学研究所が運営し国公私立大学の大半と研究機関が参加している『NACSIS-CAT』（https://www.nii.ac.jp/CAT-ILL/）がある。『ゆにかねっと』については『国立国会図書館サーチ』で，『NACSIS-CAT』については『CiNii Books』で一般でも検索可能である。海外の総合目録としては，OCLC が運営している『WorldCat』（https://www.worldcat.org/）が世界最大のものとして有名である。横断検索については，各都道府県立図書館の手で公共図書館を中心に都道府県内の図書館の横断検索システムを構築している地域が多い。また，ウェブに公開しているさまざまな図書館の横断検索を提供している民間のサービスとしては，『カーリル』（https://calil.jp/）があげられる。

『国立国会図書館総合目録ネットワーク』
『ゆにかねっと』
『NACSIS-CAT』
『CiNii Books』
『WorldCat』
『カーリル』

●…………総合目録と横断検索の使用上の注意

自分がよく利用する図書館が参加している総合目録や横断検索を利用さえすれば，一度ですべてを調べられるように考えるかもしれないが，現実には横断検索や総合目録双方に問題があるため，完璧な検索とはならない。したがって，まず身近な図書館の目録を検索して，そこで文献が見つからない場合に改めて総合目録や横断検索を活用することを考えるべきである。ここでは，総合目録や横断検索を利用して文献の所在を確認する場合について見ていきたい。

まず，調べたい文献の書誌データを正確に把握しておく必要がある。検索に失敗する理由の一つに書誌事項が誤っている場合があげられる。初歩的な理由で検索が失敗とならないように，書誌事項を正確に把握しておくべきである。

そして，総合目録や横断検索を行う場合には，できるだけ既知の書誌事項に基づいた検索，すなわち既知事項検索に持ち込む必要がある。特に横断検索においては，書誌データを正確に把握し，ISBNやISSNといった一義的な書誌事項に基づいて検索を行うよう心がけるべきである。

既知事項検索

表37-1の場合も，それぞれの図書館の検索システム上の機能として，版表示をタイトルと表示されている検索項目で検索可能としているのかという問題が生じ，さらに四訂版（タイトルページの表記）の数字を漢数字にするかアラビア数字で入力するかで結果が異なっており，実際に所蔵している図書館よりも少ない所蔵館数として結果が表示されてしまっている。

これに対して，ISBNや揺れの少ないタイトルの一部と出版年の組み合わせによる検索は比較的多くの所蔵館数が表示されており，こちらの検索のほうが優れていることがわかる。ただし，書名の一部と出版年の組み合わせの結果を詳細にみてみると，ある図書館では出版年による検索が機能していなくて，『図書館用語集』の改訂版や三訂版も出力していた。このため，見かけ上はISBNによる検索よりも所蔵が多くみえる結果となっている。この点をみても，横断検索システムを利用する際には注意が必要であることがわかるだろう。

●…………総合目録の使用上の注意

一方，総合目録の場合には，一つの体系のもとに複数の図書館の目録をまとめているので，検索の機能としては相当程度使用できる。ただし，出力されたよく似た複数の書誌が同一かどうか判別する必要が生じる場合もある。

たとえば，図37-1は，我妻栄の『民法研究』というシリーズの第8巻にあたる『憲法と私法』（有斐閣，1970）という図書の『NDL ONLINE』上の書誌データである。近年オンデマンド版で復刻されたものを除くと，著者が“我妻栄”，タイトルが“憲法と私法”で1970年に刊行された図書は，この1件だけになる。しかし，

『CiNii Books』で著者に「我妻栄」，タイトルに「憲法と私法」，出版年を「1970年」で検索すると，オンデマンド版を除いても，図37-2，37-3のように2つの書誌データがヒットしてしまう（検索は2020年1月現在）。理屈としては，総合目録の品質管理が完璧ならばこのような問題は生じないはずであるが，総合目録が参加館の分担作業によってデータが作成されている以上，現実としては避けられない。したがって，記述を見てある程度判断できるだけの書誌事項を事前に押さえておくほうが望ましい。

タイトル	民法研究
巻次・部編番号	第8 (憲法と私法)
タイトルよみ	ミンポウ ケンキュウ
著者	我妻栄 著
出版事項	東京：有斐閣
出版年月日等	1970
デジタル化出版者	国立国会図書館
デジタル化日	2011-03-31
大きさ、容量等	492p ; 22cm
記録形式	image/jp2
価格	1800円 (税込)
著者標目	我妻, 栄, 1897-1973

図37-1　我妻栄『憲法と私法（民法研究8）』の『NDL ONLINE』上のデータ

図37-2（左），図37-3（右）『CiNii Books』上のよく似た書誌データの例

●…………雑誌の所在情報

雑誌の所在情報の探索は，図書とは異なる問題がいくつかあるので注意する必要がある。一つ目は，雑誌記事の書誌情報の検索では所在情報は確認できないという点である。入手したい記事・論文の書誌情報をもとに，掲載号の所在情報を探さなければならない。なお，『CiNii Books』を利用する場合，その名称から受ける印象とは異なり，雑誌の所在情報も収録されている点に注意が必要である。そして，ここから派生する二つ目の問題として，図書と比べて記事・論文を入手するまで手間がかかりやすいという問題がある。記事・論文を入手するためには，掲載されている雑誌の巻号を特定した上で，その巻号が所蔵されていることを確認しなければならない。

『CiNii Books』

三つ目は，年鑑に代表されるように刊行間隔があいている逐次刊行物や，ムックのようにそもそも図書なのか雑誌なのか判別が困難な資料が一定数あるという問題である。『書店経営の実態』は刊行頻度が年刊で継続されていることから，『NDL ONLINE』では雑誌として扱っている。しかし，『国立国会図書館サーチ』でこの資料を調べると，ほとんどの公共図書館では，継続的な収集が行われておらず，収集した年度のものを図書として取り扱っていることがわかる（図 37-4）。

ムック

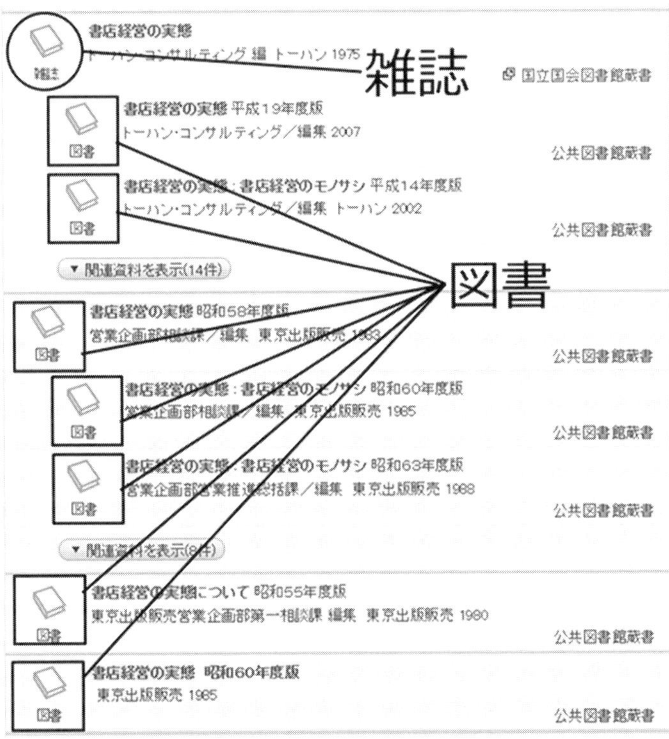

図 37-4　雑誌『書店経営の実態』の国立国会図書館サーチの検索結果

雑誌名
刊行頻度

四つ目は，雑誌の場合，そのタイトルが継続して刊行されていくためにさまざまな形で刷新が行われることが多く，結果として雑誌名や刊行頻度が変更されることがあるという点である。雑誌名の変更は特に把握しておかないと検索に支障が発生する可能性があるので，自分にとってよく知らない雑誌，あるいは過去の雑誌について調べたいときには，雑誌の書誌情報の詳細表示を確認したほうがよい。たとえば『日本図書館情報学会誌』の詳細表示を『CiNii Books』で見ていくと，下のほうに「継続前誌」の項目に以前の雑誌名が記載されている（図 37-5）。

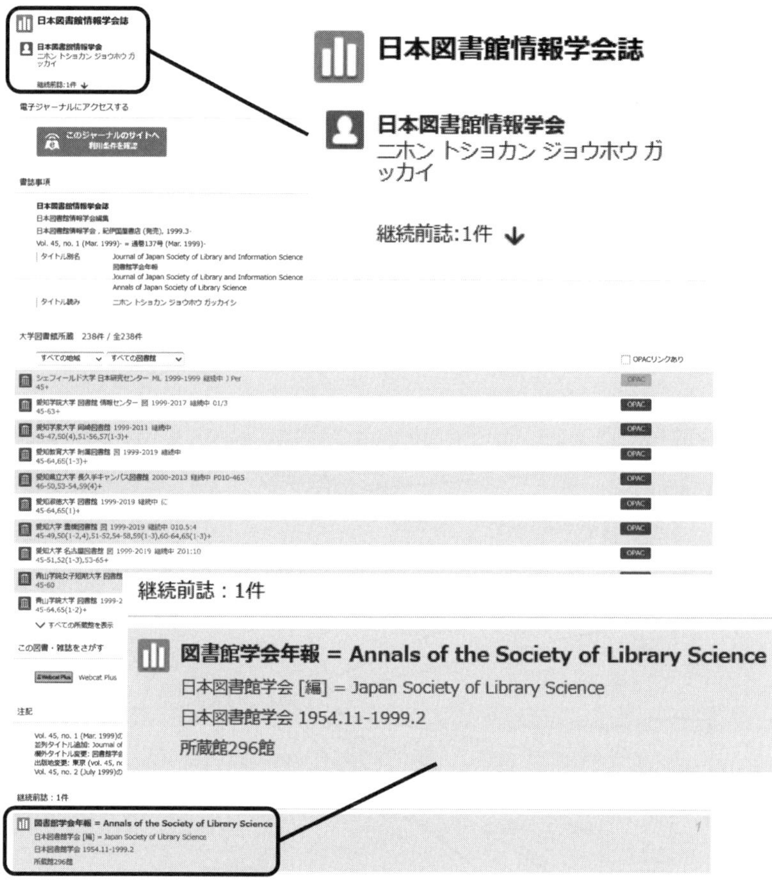

図 37-5 『日本図書館情報学会誌』の詳細表示

UNIT 38

◉文献検索質問の処理

文献の所在情報の検索演習

●…………例題1：図書の所在情報の演習

1954年に刊行された岡田温『図書館』という図書を探したい。利用者は，私立大学の学生で自らの大学の図書館で探索している。

回答プロセス：

まずは手がかりがややあいまいなので書誌データを明確にしたい。『NDL ONLINE』で調べてみると，問題の図書が『図書館』（岡田温，三省堂出版，1954）であることが，詳細な書誌データとともに確認できる。そこで自分の大学図書館の蔵書目録を検索するが，著者名と書名を入力しただけではみつからなかったとする。 『NDL ONLINE』

そこで総合目録や横断検索を選択することになる。この事例の場合，大学図書館の主たる利用者であること，所在を確認した後の手続きを考えると『CiNii Books』を利用することにする。タイトルに「図書館」，著者名に「岡田温」で入力すると，何件かヒットするが条件を満たす図書はただ一つであったので詳細表示を確認すると，書誌データと所蔵図書館11という結果が表示される（図38-1）。なお，図書館名の横に「OPAC」と表示されているが，これはその図書館が提供している蔵書目録データへのリンクであり，排架場所等詳細が確認できるので便利である。 『CiNii Books』

各図書館の名前はハイパーリンクになっているので，利用しやすいと思われる図書館をクリックすると図38-2のように所蔵図書館に関する詳細表示画面に移動する。一番左上の部分には図書館名と連絡先という一番基本的な情報が表示されている。その下の箇所は「利用方法」となっているが，比較的上の箇所には，英文名称・連絡先，ウェブサイトURL，担当部署名等といった基本的な情報が記載されている。そしてこれらの部分以降の「利用方法」や「各種コード」には，どのようなサービスが利用できるのかという利用条件や利用するための注意事項が記載されている。

いくつかの図書館の詳細表示を見ていくと確認できるが，利用条件や注意事項は図書館ごとに異なっている。また，利用の際には紹介状を必要とする図書館もあるので，いきなり資料を所蔵する図書館に訪問したり照会することなく，必ず利用する前に最寄りの図書館の相談窓口に相談しなければならない。

ここまでは『CiNii Books』を利用して図書を所蔵する図書館がみつかった場合

『国立国会図書館サーチ』
『WorldCat』

であるが，これでもみつからない場合には，『国立国会図書館サーチ』や外国語文献の場合には『WorldCat』を参照して所蔵する図書館を探していくことになる。ただし，これらの総合目録で所蔵を確認できたとしても，図書を入手するためには図書館から依頼・照会を行う必要がある場合も多いので，図書館の相談窓口に相談しながら探索を行っていくことを勧めたい。

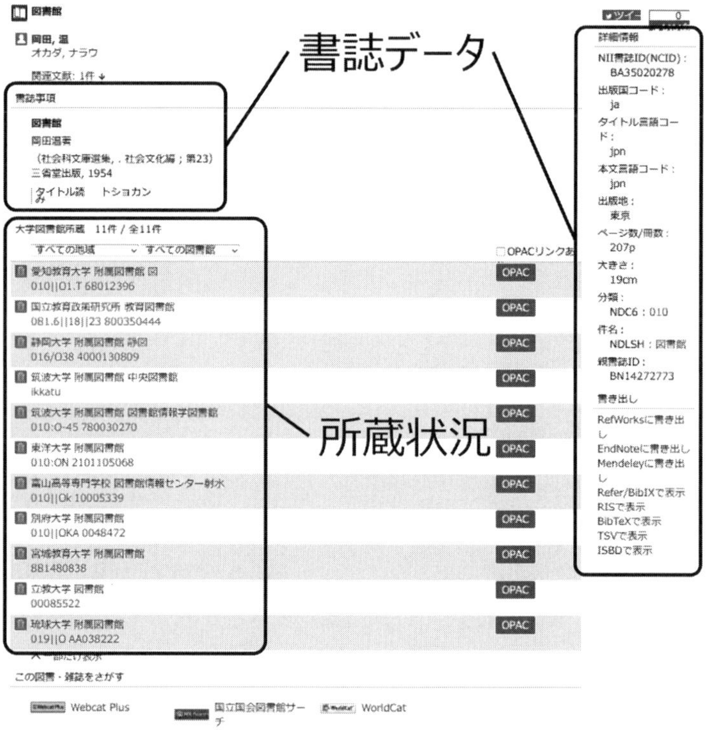

図 38-1 『CiNii Books』の検索結果詳細表示

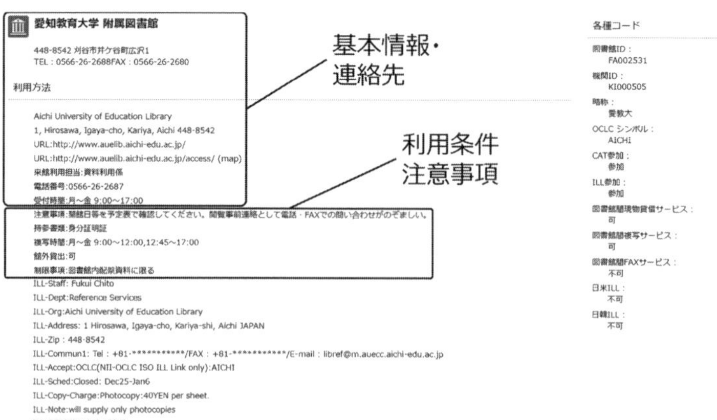

図 38-2 『CiNii』の所蔵図書館に関する表示（図書館詳細表示画面）

●…………例題 2：雑誌の所在情報の演習

現物を入手するために，牧田稔「消費者行動研究と心理学」（『年報社会心理学』25 号）という論文の所在情報を探したい。

回答プロセス：

図書の所在情報の演習と同様に，まず自分が利用する図書館の蔵書目録を検索することになる。ただし，雑誌の場合には雑誌名の変更によって，想定している排架場所と大きく異なってしまうこともありうるので，特に雑誌タイトルの書誌情報を明確に把握しておく必要がある。この例題でいうと，『年報社会心理学』という雑誌名は第 25 号までであり，以降は『社会心理学研究』に変更されている。現在の雑誌名で五十音順に排架している図書館の場合，排架場所を探し出せない可能性がある。所蔵が確認できた場合，当該号が欠号ではないことを確認しなければならない。

自分が利用する図書館で検索できない場合には総合目録や横断検索を利用することになる。『CiNii Books』で検索すると，所蔵図書館数が 209 館という結果が表示される。それぞれの図書館のもとには受入状況が表示されているので，第 25 号を受け入れていない図書館以外の図書館に対して資料の入手を図ることになる。

『CiNii Books』

図 38-3 『CiNii Books』の雑誌の受入状況の確認

●…………**演習問題**

1）『国立国会図書館サーチ』を利用して，公共図書館で最新の『書店経営の実態』というタイトルの図書を所蔵する図書館数を答えなさい。

2）『図書館情報学用語辞典　第4版』の詳細な書誌情報を把握してから，あなたが住んでいる，もしくは在学している都道府県（アクセスできない場合には隣接の都道府県を選択しなさい）単位の横断検索システムですべての図書館を対象にして検索して，いくつの図書館で所蔵されているのか答えなさい。

3）『CiNii Books』を使用して『市民の図書館』というタイトルの図書の初版を所蔵している大学図書館がいくつあるのか答えなさい。そして，あなたの自宅から一番近いと思われる大学図書館の利用条件がどのようなものになっているのか答えなさい。また，その図書館での請求記号を答えなさい。

4）あなたは，神奈川県横浜市に在住して東京都港区に勤務している利用者である。『カーリル』にアクセスして，使用法を確認しながら，神奈川県横浜市と東京都港区にある図書館を検索対象に設定して，『中小都市における公共図書館の運営』というタイトルの図書を検索しなさい。どの図書館で資料を利用できるのか答えなさい。

5）「電子図書館における著作権典拠管理ファイルの機能に関する一考察」というタイトルの論文の掲載号を所蔵している図書館がいくつかあるのか答えなさい。また，この雑誌はどのような誌名の変遷をたどってきたのか答えなさい。

UNIT 39

◉文献検索質問の処理

文献の内容情報の調べ方

●…………内容情報における検索の注意

文献の内容に関する情報とは，文献の内容そのものを入手することを意味し，全文検索を行うことになる。二次資料を探索し，そこから求める文献に到達するという従来の方法に比べ容易に入手できるように感じられ，一面では事実である。 二次資料

しかし，内容情報の検索のときには，全文検索のもつ問題点，すなわち検索対象中に語句が多いためヒットしやすくなり精度が低下する傾向があることを忘れてはならない。現在の情報検索システムは，この検索そのものの問題点に対して検索の仕組みを全面的に改めるのではなく，検索結果の出力部分に適合度順出力を導入して対処している。この対処法は，妥当な回答をごく少数確認できれば差し支えない日常的な場面では合理的であるが，本当に必要な情報そのものを過不足なく入手できているのかとなると疑問である。 全文検索 適合度順出力

たとえば，『Google』ではウェブページの評価を踏まえた検索結果の適合度順出力を提供している。しかし，このような『Google』のアルゴリズムは，あくまでウェブページを評価していく仕組みであって，任意の事柄に関する最善の記述であるかどうかを判断するものではない。したがって，理屈の上では，検索結果上位に位置するもののAという事項に対する記述は正確ではないページと，検索結果下位であるがAという事項についてはたまたま最も優れた記述があるページとを比較した場合に，後者が結果一覧の下位になることもありうる。利用者が参照しないくらい下位に出力された場合，事実上検索されなかったことと同義になるだろう。

内容情報を検索する場合には，通常の情報検索以上に，識別力や特定性のある検索語を選択することを注意したほうがよい。また，件数が多くなりやすいことから，検索語を一つ追加する，より特定性の高い語句に切り替える等の，通常の検索よりも出力件数が絞られる方向で検索式を組み立てたほうがよい。UNIT 17で指摘している点を特に留意する必要がある。 識別力 特定性

●…………文献内容検索の種類

文献内容を検索する場合には，すべてのレコードの全文を対象に検索を行っていくものと，書誌情報で対象を限定して利用者が内容を確認していくものとがある。

『CiNii Articles』

後者は文献内容検索という表現に反しているように思われるが，『CiNii Articles』の論文検索のように一部データのみが全文を参照できるようになっていて全体としては書誌情報データベースとして提供されているシステムもあるからである。前者の代表は，インターネット上の検索エンジンや『CiNii Articles』の全文検索になる。

後者は文献の書誌情報を検索するところまでは，他の書誌情報の検索と同じなので，このUNITでは，前者の，特に検索エンジンについて指摘をしていく。

●…………検索エンジンによる内容情報検索

検索エンジンを利用してインターネット上の情報資源を探索しようとする場合，以下の点に注意する必要がある。

1） 検索エンジンの機能に関する注意点

精度

a. 検索精度の低下

動作のあいまいさ

b. 検索機能の動作のあいまいさ

2） インターネット上の情報資源に関する注意点

検索対象外のウェブページ

a. 検索対象外のウェブページ

記述の信頼度・新鮮さ

b. 記述の信頼度・新鮮さ

ウェブページの再現性のなさ

c. ウェブページの再現性のなさ

1）は，検索エンジンの機能によるところが多い注意点である。検索エンジンは，使用する演算子については，これまで提案されているが普及していない高度な機能はそれほど採用していない情報検索システムであるのに対し，収録件数が膨大，かつ1件あたりの情報量も多いため，先ほど指摘した全文検索の問題が特に顕著になる。また，検索機能については，論理演算やフレーズ検索機能・属性指定等が用意されているが，これらが厳格に機能しているかどうかは微妙である。検索語を多数用意して組み合わせてごく少数しかヒットしない場合や多数結果がある場合でも下位を見ていくと気がつくが，条件に入力していたはずの検索語が含まれていないのにヒットしていたり，論理演算でこちらが出した条件ではヒットしないはずのページがヒットしていたりする。このように検索エンジンは検索機能の動作にあいまいな部分がある。

2）は，インターネット上の情報資源全般の問題点である。まず，インターネット中の情報資源のうち，検索エンジンの対象になるウェブページは全体の一部にすぎないことである。検索エンジンはクローラ（ロボット，スパイダー等とも）と呼ばれるプログラムによってリンクをたどりながらインターネット中のウェブページの情報を収集している。しかし，このような情報収集を拒否しているウェブページ，外部とのリンクがつながっていないページ，あるいはリンクをたどるのに失敗して

クローラ

しまう場合については，情報収集ができない。情報収集できなければ索引作業を行うことができないため，インターネット上に存在するが検索エンジンからは検索できないページが存在することになる。このようなページを深層ウェブ（deep web, invisible web（見えないウェブ）とも）という。図書館の多くのOPACデータは深層ウェブに該当しており，ほかにもさまざまな種類の情報資源が該当し膨大な量があると推定されている。検索可能なウェブページを表層ウェブというが，表層ウェブは深層ウェブも含めたすべてのウェブページの中で氷山の一角にすぎないともいわれている。一見，膨大なウェブページによってすべての情報があるかのように錯覚しがちであるが，実際には一部の情報しか検索できないということを理解しておく必要がある。

深層ウェブ

次に，記述の信頼度（信頼性）や新鮮さの問題がある。インターネット中の情報は，印刷媒体の文献のように編集プロセスの中で内容の吟味が行われないため，利用者の側がより情報を評価する必要がある。以下の点が判断材料になるだろう。

信頼性

・URL中のドメイン表示
・公式／非公式サイトの区別
・機関・団体制作／個人制作
・最終更新／更新頻度

ドメインとはコンピュータの識別に用いられる名称の一部である。URLでhttp://www.jla.or.jpとあった場合，jla.or.jpがドメイン名となっている。近年はいろいろな表記法が並行しているため単純ではないが，一つの判断基準になる。

ドメイン

また，法人・機関・著名人自らが作成し内容に責任をもつ公式サイトや，第三者が作成するが当事者から一定の条件で許可を得て公開している公認サイトのほうが，第三者が勝手に作成する非公式サイトよりは信頼できるだろう。

公式サイト
公認サイト

さらに，個人よりは機関，組織として内容を確認して作成しているサイトのほうが信頼できるだろう。

そして，最終更新の日時や更新頻度である。ページ作成時点では正確であったが，時間の経過とともに内容が変化してしまうことは多い。役職にある人間の氏名や法律の条文といった要素は特に変わりやすい。可能な限り新しい情報を用意している，あるいは更新が頻繁に行われているサイトのほうが信頼できる。

最終更新日時
更新頻度

最後の問題点がウェブページの再現性のなさである。ウェブ上の情報資源は改変が容易であるため，同一のURLでも前回見たページと今回見たページがまったく同一の内容であるという保証はない。したがって，そのページにアクセスした日時やページそのものの記録が，場合によっては必要になるだろう。なお，『Internet Archive』（https://archive.org/）や国立国会図書館『インターネット資料収集保存事業』（『WARP』http://warp.da.ndl.go.jp/）といったサービスや『Google』の

『Internet Archive』
『インターネット資料収集保存事業』

キャッシュ

キャッシュにアクセスすることで過去のウェブページを参照することは可能であるが，任意の時点での情報を収集して保持しているだけであって，すべてのバージョンを保持しているわけではないので限界がある。

●…………ページ内検索による本文内容の確認

ページ内検索

逐次検索

ページの本文が長い場合，参照したい箇所を特定して内容を確認するのに，かなりの時間を要する場合がある。このような場合に役立つのがページ内検索機能である。インターネットブラウザやPDF文書を読むためのアプリケーションである『Acrobat Reader』にもそれぞれ用意されている。基本的なしくみは，入力された文字列について文書の先頭から逐次調べていく逐次検索と呼ばれるものが大半である。逐次検索の場合，わずかの表記の揺れも許容しないこと，一文献に範囲が限定されることから，ページ内検索では，通常の検索式に入力する語句より短めになるよう心がけることで失敗を減らすことができる。なお，PDF文書は見た目は大差なくても，画像形式になっていて文献のページ内検索ができない場合もあるので，その場合は目視で確認することになる。

UNIT 40

◉文献検索質問の処理

文献の内容情報の検索演習

●…………例題1：インターネット上の情報資源の演習

内閣総理大臣の今年と昨年の年頭記者会見全文を入手したい。

1)　回答プロセス（以下，検索は2020年1月現在)。

この情報要求の中で，検索語として使用できないのは“今年”や“昨年”といった表現である。これは相対的に時間を示しているので，検索語として不向きである。なお，数値を入力しても検索がうまくいかない場合があるので注意が必要である。まずは,「内閣総理大臣」,「年頭」,「記者」,「会見」といった単語が候補になるだろう。

このうち内閣総理大臣に関する公式サイトを考えてみると，首相官邸が考えられるだろう。実際「内閣総理大臣　公式サイト」で検索すると検索結果上位に『首相官邸ホームページ』(https://www.kantei.go.jp/）が登場する。このサイトから発見されれば，一番確かであると考えることができる。

以上の点を踏まえて，2通りの方法が考えられるだろう。URLにドメイン名kantei.go.jpが含まれるページを優先的に確認するように注意しながら,「内閣総理大臣　年頭　記者　会見」と一気に入力して検索結果を見る方法と，最初に「内閣総理大臣　公式サイト」で検索した首相官邸ホームページに移動して，サイト内検索機能で「年頭　記者　会見」と調べる方法である。多少手間がかかることもあるが，いずれの方法を採用しても，平成30年もしくは令和2年の「安倍内閣総理大臣年頭記者会見」が「総理の演説・記者会見など」のページにあることが確認できる。

2)　回答のポイント

上記で指摘した両者の方法のいずれを採用すべきかはケースバイケースである。そもそも公式サイトがあるとも思えない，あるいはわからない場合には，検索エンジン上である程度複雑な検索式を作成することになるだろう。一方，明らかにそのサイトのどこかにある，あるいはそのサイトにしかないと思われるのであるならば，はじめからそのサイトに移動してサイト内検索を活用したほうがよいだろう。サイト内検索に速やかに移行する方法の場合，仮にサイト内検索で失敗しても，サイトマップを確認するなど，ほかの方法で探索が行えるからである。基本的には親しみのある方法から順次試していけばよい。検索が不得手な人の中には，検索エンジン

サイト内検索
サイトマップ

上で無理やり見つけ出そうとして失敗するケースも多い。当初の戦略で行き詰ったら，他方の戦略で探し出せないか再検討したほうがよい。

●…………例題 2：インターネット上の情報資源の演習

日本の物価がどう変わっているのか。

1） 回答プロセス

「日本　物価」で検索すると『Wikipedia』の物価の項目が上位に表示される。しかし，よく読んでいくと物価変動についての政府統計は日本でも何種類か調査されていることが確認できる。この中でたとえば消費者物価指数に着目するのであるならば，改めて消費者物価指数で検索することになる。消費者物価指数は『総務省統計局ホームページ』中に統計データがあるので，このデータを見ていけば，物価の変動を時系列で確認できる。

『総務省統計局ホームページ』

2） 回答のポイント

『Wikipedia』については，option C で詳しく述べているが，いずれにしても他者へ情報提供するサービスという観点に立てば，その記述を全面的に信頼するのは問題があるといえよう。『Wikipedia』自身が編集方針として情報源を明記することを掲げている以上，基本的にその記述には情報源があって，その所在が明記されているわけであるから，その情報源で確認しなければならないし，情報源が明記されていない場合には，他の情報を参照していくべきである。

●…………例題 3：学術文献の内容情報検索の演習

「図書館員の養成教育」について書かれた論文を内容を確認して入手したい。

1） 回答プロセス

一般の雑誌には掲載されないような比較的学術的な内容であることが想像されるので，ここでは『CiNii Articles』を使用して検索する。

『CiNii Articles』

法律用語としての司書は図書館法に規定する図書館の専門的職員に限定されているが，図書館で働く職員全般のことを司書と呼ぶこともある。ここでは，図書館員だけではなく有力な類義語として司書も加えておくことにしよう。そうなると検索式は“(図書館員 *OR* 司書) & 養成 & 教育”となる。

本文の入手を前提としているので，「本文あり」の項目を選択して，検索すると結果は図 40-1 の通りになる。それぞれの結果の左下に四角で表示されている箇所をクリックすると内容情報を確認することになる。ただし，「定額アクセス可能」と表示されている場合には，法人単位で申し込んでいる定額機関からアクセスしている場合は無料であるが，それ以外は有料となり，「有料」という場合には有料で購入しなければならない。

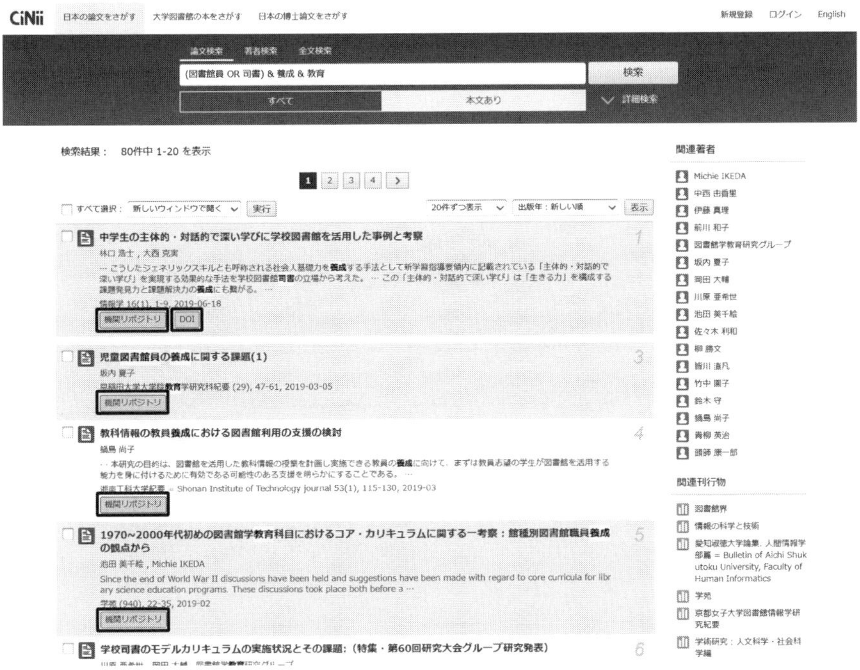

図 40-1 『CiNii Articles』の検索結果

●…………例題 4：学術文献の内容情報検索の演習

シンガポールの図書館について書かれている論文の本文をインターネット上で入手したい。

1）回答プロセス

『CiNii Articles』の論文検索詳細検索画面で「本文あり」を選択しておく。なお，『CiNii Articles』のマニュアルでは，「本文あり」を選択すると，“連携サービス（医中誌 Web 等）へのリンクがある論文を対象に検索”することになる。連携サービスは 2020 年 1 月時点では，『日本農学文献記事索引（JASI）』，『機関リポジトリ』，『J-STAGE』，『医中誌 Web』，『CrossRef』（出版者提供の本文へのリンク），『日経 BP 記事検索サービス大学版』，『情報処理学会』，機関設定リンク（認証機関内から利用時に設定していれば表示。機関の設定により、範囲と表現は異なる）となっている。

『CiNii Articles』

『日本農学文献記事索引（JASI）』
『J-STAGE』
『医中誌 Web』
『日経 BP 記事検索サービス大学版』

この設定で“シンガポール　図書館”で検索してみると 25 件ほどヒットする。場合によっては有料となっていることもあるが，一定数の文献全文の内容を確認することができる。

2）回答のポイント

『CiNii Articles』の本文入手で提示されている，連携サービスの中には，有料のデータも大学による機関リポジトリで公開されているデータも含まれている。有料のため内容入手が大変になる場合も多いが，機関リポジトリ収録の学術文献が入手できることを考えると，内容情報を検索したいときには，「本文あり」のほう（初期設定では「すべて」）を選択しておくのがよいだろう。

図 40-2 「CiNii Articles」の詳細検索画面（「本文あり」を選択）

●…………演習問題

1） 『Google』を使用して以下の問いに答えなさい。

a. 現在の内閣の大臣，副大臣，政務官の名簿が入手できる URL を答えなさい。

b. 2013 年夏に学校司書について文部科学省で会議を開いて検討を行ったらしい。この会議の正式な名前とメンバーの名簿を答え，根拠となった URL も答えなさい。

c. 2015 年の日本の男性の平均寿命，女性の平均寿命を答えなさい。ただし，根拠となった資料の名前とその URL，さらにその回答に到達するまでのプロセスもきちんと書くこと。

2） 『CiNii Articles』の全文検索を使用して，ウェブサイトチェックツールを使用して大学図書館のウェブサイトを評価した論文を探しなさい。また，この論文の本文を参照して，HTML の仕様として，調査時点ではどのような形式で大学図書館のウェブサイトが構築されたのか，また，その比率を答えなさい。

3） ノーベル医学・生理学・化学賞を受賞した日本国籍の人すべてを調べなさい。そして，『CiNii Articles』の論文検索で「本文あり」を指定して，ノーベル医学・生理学・化学賞受賞者が著者となっている論文それぞれ何件ヒットしたのか答え，最新の論文の本文を入手しなさい。

UNIT 41

◉レファレンス事例の記録と活用

レファレンス事例と質問受付票の記録

●…………レファレンス事例とは

レファレンス事例とは，実際に利用者が提示した質問から始まり回答の提供にいたるまでのレファレンスプロセスの具体的な内容を指すものである。このレファレンス事例は，次の4つの要素から構成される。

レファレンス事例

レファレンスプロセス

1）利用者の提示した開始質問と，それに対して図書館員が行ったインタビューと利用者の応答

開始質問
レファレンスインタビュー

2）インタビューの結果，明らかにされたレファレンス質問

レファレンス質問

3）レファレンス質問に対して構築された検索戦略

検索戦略

4）構築された検索戦略により，検索を実行した結果とその評価に基づく回答

レファレンス事例の記録は，基本的に，上記の1）～4）が対象となるが，1）の要素については，利用者のプライバシーなどの理由から，記録として残すことが困難であるため，実際に記録されるレファレンス事例は2）～4）が中心となる。

●…………質問受付票の記録

質問受付票

レファレンス事例の記録にあたっては，まず，利用者からどのような質問が提示されたのかを詳細に記述する必要がある。レファレンスインタビューとその応答内容の記録は困難であっても，インタビューを通して明らかにされたことについて詳細に記述されていれば，間接的にどのようなインタビューが実施されたのかを示すことにもなる。そこで，図41-1に示したような「質問受付票」を用意し，質問内容を詳細に記述することから始めるとよい。

この「質問受付票」のうち，太線で囲まれた部分に含まれている各項目は，口頭での質問受付であれば，利用者自身に記載してもらうか，あるいは，利用者へのレファレンスインタビューを通して図書館員が確認しながら記載するという方式で記録することになる。ウェブ上で利用者の質問を受け付ける（バーチャルレファレンス）場合には，この質問受付票の太線枠内の項目を図書館のウェブサイトにアップしておき，利用者自身に入力してもらう方式を採用することになる。

バーチャルレファレンス

利用者（質問者）区分は，国立国会図書館の『レファレンス協同データベース』における「調査種別」項目で採用されている「未就学児　小中学生　高校生　学生

『レファレンス協同データベース』

社会人　団体　図書館」の区分を採用している（『レファレンス協同データベース事業データ作成・公開に関するガイドライン』国立国会図書館，2013，https://crd.ndl.go.jp/jp/library/guideline.html）。

質問受付票

受付日時：　年　月　日　時　分
受付方法：　口頭　電話　文書　ファックス　インターネット（ウェブ）、その他（　　）

氏　名：　　　　所属：
連絡先：　　　　電話：　（　　）
E-mail：　　　　ファックス：
利用者（質問者）区分：　未就学児　小中学生　高校生　学生　社会人　団体　図書館

質問内容
（情報を求める場合、次に該当するものがあれば○で囲み、求めていることを具体的に書いてください。
言葉・文字、事物・事象、歴史・日時、統計・数値、地理・地名、人物・団体、その他（　　）

（文献を求める場合、次に該当するものがあれば○で囲み、求めていることを具体的に書いてください。）　図書、雑誌、雑誌記事、新聞記事

探索の範囲
最近１年以内のもの　過去３年間のもの　その他（　　）
使用言語　（日本語　英語　フランス語　ドイツ語　その他（　　））
探索歴（参考資料などがあれば）

調査済　既知事項（もしあれば

調査種別
事実調査　文献紹介　書誌的事項調査　所蔵調査　利用案内　その他（　　）

回答期限　　　　回答方法
月　日　時　分　口頭・電話・文書・ファックス・電子メール・その他（　　）

回答内容

処理中（　　に照会中）　処理済み　年　月　日　時
回答不能（理由：　　）
担当者名：

図 41-1　質問受付票

（長澤雅男『レファレンスサービス－図書館における情報サービス』丸善，1995 の図 6.1 に加筆・修正）

質問受付票の太線枠内に示されている項目は利用者の情報要求を記述するものであり，次の５項目から構成されている。すなわち，1）質問内容，2）探索の範囲，3）使用言語，4）探索歴，5）調査済み（既知事項）である。

●…………質問内容

質問内容については，情報を求めている場合と，文献を求める場合とに分けて，記述することになる。前者については，求める情報が「言葉・文字，事物・事象，歴史・日時，統計・数値，地理・地名，人物・団体」のいずれの類型に属するのかを示し，そのうえで具体的な要求内容を記述する，という形式をとっている。たとえば，「冬眠鼠の読みと意味が知りたい」という質問であれば，その類型は「言葉・文字」となり，「ここ数年のわが国の合計特殊出生率を知りたい」という質問であれば，

その類型は「統計・数値」となる。

文献を求める質問の場合は，求める文献が「図書，雑誌，雑誌記事，新聞記事」のいずれの類型に該当するのかを示し，そのうえで具体的な要求内容を記述することになる。たとえば，「2·26 事件を報じた当時の新聞記事を知りたい」という質問であれば，その類型は「新聞記事」となる。

質問受付票において，質問内容の類型を項目として設定することの意義は次の2点にある。すなわち，第一に，利用者が自らの要求内容を整理し，提示するうえで参考となる点があげられる。先の例であれば，2·26 事件について知りたい利用者の場合，2·26 事件という同一主題について，次のような異なる要求事項が想定される。すなわち，1)2·26 事件に関して歴史事典等におけるその解説を求めている，2)2·26 事件を考察した専門図書や研究論文を求めている，あるいは，3)事件当時の新聞報道を求めている，などの要求が考えられる。そこで，質問の類型が用意されているならば，自らの要求内容を類型として的確に提示することができるようになる。また，図書館のレファレンスサービスは，こうした多様な要求に対応した回答が提供可能であることを利用者に示すことにもなる。

第二の意義は，質問内容の類型が利用者から明示されたならば，その類型に応じて回答を提供するために選択すべき情報源（レファレンス資料）の類型を判断できるからである。その対応関係をまとめたのが表 41-1 である。

表 41-1　質問の類型と情報源の類型との関係

質問の類型	情報源の類型
言葉・文字	辞書・辞典
事物・事象	百科事典，専門事典，図鑑等
歴史・日時	歴史事典，年表
統計・数値	統計資料（一次統計書，二次統計書）
地理・地名	地理事典，地名事典
人物・団体	人名事典，団体名鑑
図書・雑誌等	書誌（一般書誌，販売書誌，主題書誌）
雑誌記事	雑誌記事索引
新聞記事	新聞記事索引

●…………探索の範囲・使用言語

探索の範囲については，主に文献を求める場合に該当するが，情報を求める場合でも期間の設定が問題となる。まず，文献を求める場合であるが，再度，2·26 事件の例でいえば，2·26 事件に関する雑誌記事を求めている場合，最近1年の範囲でよいのか，それとも遡及的な探索を求めているのかを把握することは必須といえる。また，「合計特殊出生率を知りたい」という情報を求める質問についていえば，最新のデータを求めているのか，それとも過去にさかのぼってその推移を求めているのか，を把握することが必要である。

使用言語については，主に文献を求める場合に該当するが，情報を求める質問においても関係する要素となる。たとえば，米国のある事項の解説を求める質問の場合，日本語で書かれた事典類では的確な回答が得られず，米国で刊行された事典（たとえば『Encyclopedia Americana』）で回答が得られた場合，日本語に翻訳することなく，原文（英語）での回答でよいのかどうかを判断する手がかりとなる。

●…………探索歴（参考資料等）

探索歴は，質問の文脈を理解する手がかりとなるものである。たとえば，ある用語についてその意味を知りたい，という質問の場合，その用語がある新聞記事を読んでいる中で登場したならば，利用者からその新聞記事を参考資料として併せて提示してもらえたならば，その用語が使用されている分野を知ることができ，適切な情報源（たとえば，当該分野の専門事典）の選択の手がかりとなる。また，次の「調査済み」の項目とも関わるが，すでに利用者自身で探索を試みており，一定の情報を得ている場合には，探索した情報源を提示してもらうことにより，回答を得るために選択すべき情報源を検討する手がかりとなる。

●…………調査済み（既知事項）

利用者自身がすでに一定の調査を行い，有用な結果を得ている場合，その結果とともに，調査に使用した情報源を提示してもらうことにより，重複した情報源の選択や回答の提供を回避できる。さらに，求める情報や文献の主題についてどの程度の知識をもっているのかを知ることにより，より専門性の高い（あるいは初学者向けの）情報あるいは文献を求めているのかどうかを判断する手がかりともなる。

口頭による質問受付の場合，利用者の開始質問において，以上の５項目の内容がすべて反映されていることはないので，図書館員は利用者にインタビューを行いながら，具体的に各項目の内容を確認していく必要がある。図書館のウェブサイト上に設定された質問受付のページに利用者が質問を入力する方式（バーチャルレファレンス）を採用する場合，インタビューに代わって，上記の５項目に関する入力フォームを用意しておくことが必要となる。現在，多くの公共図書館や大学図書館において，図書館のウェブサイト上に質問受付のページを開設しているが，「質問内容」という一項目を設定しているところがほとんどである。利用者が質問につい

バーチャルレファレンス

てどのようなことを入力すればよいか判断するためにも，以上の５項目に関する入力項目を設定する必要がある。

米国の『IPL』（http://www.ipl.org/div/askus/）では，次のような項目を設定し，利用者の質問提示を支援している。すなわち，「主題の類型（プルダウンメニューによる選択方式）」，「情報利用目的」，「学校の課題」，「質問内容」，「調査した情報源」である。質問受付票にはない項目として，「情報利用目的」の記述を求める項目がある。「学校の課題」は情報利用目的の一つといえるが，独立した項目として設定されている。この情報利用目的は，情報あるいは文献が必要となった問題状況を把握することにつながり，問題状況の解決に導く最適な回答を提供するための手がかりとなるものであり，わが国の図書館においても今後，採用すべき項目といえる。

『IPL』

●…………調査種別

受け付けたレファレンス質問への回答を提供するために，どのような調査が必要かを示しておくことは，レファレンス事例をその調査内容から類型化し，今後，同種のレファレンス質問を処理するうえで，重要な手がかりとなる。質問受付票では「調査種別」として国立国会図書館の『レファレンス協同データベース』における「調査種別」項目で採用されている，「事実調査，文献紹介，書誌的事項調査，所蔵調査，所蔵機関調査，利用案内，その他」の７項目を取り入れている（国立国会図書館編『レファレンス協同データベース事業データ作成・公開に関するガイドライン』日本図書館協会，2006，付 2-8～9）。文献紹介や書誌的事項調査は，その結果を受けて，所蔵調査や所蔵機関調査に進むこともあるが，その場合には，異なるレファレンス事例として処理することが望ましい。

『レファレンス協同データベース』

●…………演習問題

UNIT 25～26 の演習問題で取り上げたレファレンス質問について，図 41-1 の受付票に従って記録しなさい。

UNIT 42

◉レファレンス事例の記録と活用

レファレンス事例の記録

●…………質問受付票の記録の実際（1）

図 42-1 は質問受付票の記録例である。以下，各項目の内容について述べていく。まず「受付方法」であるが，このレファレンス質問は，利用者が来館し，レファレンスカウンターで提示したものとした。その場合，受付方法は「口頭」となる。

質問受付票

受付日時：2013 年 10 月 1 日 12 時 00 分

受付方法：［口頭］　電話　文書　ファックス　インターネット（ウェブ）、その他（　　）

氏　名　○○○○　　**所属**　○○大学

利用者（質問者）区分　未就学児　小中学生　高校生　［学生］　社会人　団体　図書館

連絡先　○○○○○　　**電話**　×××（○○○）△△△　内線（　　）

E-mail　　**ファックス**

質問内容

（情報を求める場合、次に該当するものがあれば○で囲み、求めていることを具体的に書いてください。

言葉・文字、事物・事象、歴史・日時、統計・数値、地理・地名、人物・団体、その他（　　）

（文献を求める場合、次に該当するものがあれば○で囲み、求めていることを具体的に書いてください。）

（図書）、雑誌、雑誌記事、新聞記事

登校拒否の問題について書かれた図書を知りたい。

探索の範囲

最近 1 年以内のもの　過去 3 年間のもの　その他（ 2011 年以降のもの）

使用言語　（［日本語］　英語　フランス語　ドイツ語　その他（　　））

探索歴（参考資料などどがあれば）

タイトルに「登校拒否」という語句を含む図書は NDL-OPAC で探索した。

調査済　既知事項（もしあれば）

タイトルに「登校拒否」という語句含む図書は把握している。

調査種別

事実調査　［文献紹介］　書誌的事項調査　所蔵調査　利用案内　その他（　　）

回答期限　　回答方法

月　日　時　00 分　口頭・電話・［文書］・ファックス・電子メール・その他（　　）

回答内容

NDL-OPAC を使って検索した結果に基づき、以下の図書を含む 32 件の図書の書誌データを回答。

小野昌彦著. 学校・教師のための不登校支援ツール ： 不登校ゼロを目指す包括支援ガイド. 風間書房, 2013.4. 160p. ISBN 978-4-7599-1994-3 .

処理中（　　に照会中）　［処理済み］　2013 年 10 月 2 日　12 時 10 分

回答不能（理由：　　）

担当者名　○○○○

図 42-1　質問受付票の記入例（1）

太線で囲まれた各項目は，利用者自身に記載してもらうか，あるいは，レファレンスインタビューを通して，利用者に確認しながら記載するものである。

「利用者（質問者）区分」は，ここでは「学生」としている。「質問内容」は「登校拒否の問題について書かれた図書を知りたい」である。よって，求める文献の類型は「図書」となる。探索の範囲については，「2011年以降に出版されたもの」としている。使用言語は「日本語」である。利用者は「登校拒否」という語をタイトルに含む図書については『NDL ONLINE』を使って検索済みであり，その書誌データも入手済みであるとする。こうした利用者の探索歴や既知事項は，図書館員が検索戦略を構築する際に重要な手がかりとなる。

「調査種別」は，ここでは「文献紹介」となる。回答方法については，この事例では直ちに調査に着手し，回答を提供したものとし，「口頭」としている。回答内容については，『NDL ONLINE』を使って検索された結果を回答としている。

●…………レファレンス事例の記録の実際（1）

図42-1の質問受付票の記録をもとに，レファレンス事例の記録を作成したものが図42-2（p.212参照）である。新たに記述される内容は，検索戦略あるいは検索プロセスに関する部分である。レファレンス事例の記録の目的の一つが，同種のレファレンス質問を今後，処理する上で参考にすることであるから，特に検索戦略について詳細に記録しておくことが重要である。回答を得るために選択した情報源とその理由，選定した検索語とその理由，検索語を使って作成された検索式について，詳しく記述していく必要がある。この事例では，情報源として『NDL ONLINE』を選択しているが，その理由は一般書誌・全国書誌としての網羅性にある点を記述しておくとよいであろう。次いで，検索語の選定については，利用者が「登校拒否」という語をタイトル中に含む図書をすでに検索し把握していることから，自由語による検索ではなく，統制語による検索，すなわち件名標目を検索語として選定している。それらの検索語を使って作成した検索式が示されている。

最後に，作成された検索式を使って検索を実行した結果，得られた回答内容が記録されている。

●…………質問受付票の記録の実際（2）

ここでは，調査種別が「事実調査」にあたるレファレンス事例を取り上げる。図42-3（p.213参照）は質問受付票の記録例である（斎藤文男，藤村せつ子『実践型レファレンス・サービス入門』日本図書館協会，2004，p.102に掲載されたレファレンス事例Ref26をもとに作成）。

レファレンス事例　記録票

受付日：2013 年 10 月 1 日
受付方法：口頭　電話　文書　ファックス　インターネット（ウェブ）、その他（　　）
利用者（質問者）区分：未就学児　小中学生　高校生　学生　社会人

質問内容
登校拒否の問題について 2011 年以降に出版された図書を知りたい。
探索の範囲
最近 1 年以内のもの　過去 3 年間のもの　その他（2011 年以降のもの）
使用言語　（日本語　英語　フランス語　ドイツ語　その他（　　））
利用者の探索歴
タイトルに「登校拒否」という語句を含む図書は NDL-OPAC で探索した。
利用者の既知事項
タイトルに「登校拒否」という語句含む図書は把握済。
調査種別
事実調査　文献紹介　書誌的事項調査　所蔵調査　利用案内　その他（　　）

検索戦略（検索プロセス）
質問の主題は「登校拒否」であり、要求事項は「2011 年以降に出版された日本語の図書」である。そこで、我が国で刊行された図書を網羅的に収録している「NDL-OPAC」を情報源として選択する。NDL-OPAC については、「詳細検索」を選択し、資料種別として「図書」を指定する。
検索語については、NDL-OPAC の図書の検索には「国立国会図書館件名標目表（NDLSH）」が使用できる。そこで、件名典拠検索機能(Web NDL Authorities)を使って、質問の主題である「登校拒否」を表す件名標目は「不登校」であることを確認のうえ、選定する。
その結果、検索式は、出版年の条件も含めて、「件名：不登校　AND 出版年：2011-2013」とした。

回答
検索式を使って検索した結果、得られた以下の図書を含めて 32 件の図書の書誌データを回答。
小野昌彦著. 学校・教師のための不登校支援ツール ：不登校ゼロを目指す包括支援ガイド. 風間書房, 2013.4. 160p. ISBN 978-4-7599-1994-3.

回答日　10 月 2 日
回答方法　口頭・電話・文書・ファックス・電子メール・その他（　　）

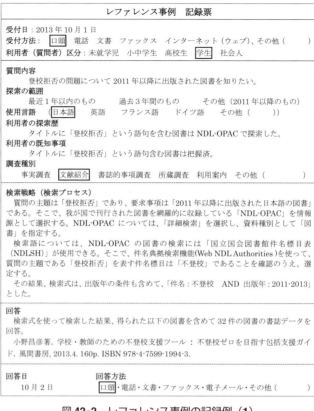

図 42-2　レファレンス事例の記録例（1）

この質問は社会人が提示したものとし，事実・事項，あるいは歴史・日時の類型に属する情報を求める質問であり，その内容は「戦争中に，召集令状の『赤紙』のほかに『白紙』というものがあって，庶民は恐れていたらしい。『白紙』とは何か」である。利用者は，代表的な日本の歴史事典である『国史大辞典』（吉川弘文館）と，わが国の代表的な百科事典である『日本大百科全書』（小学館）にあたったが，調べることができなかった，という探索歴をもつ。

『世界大百科事典』『日本史大事典』『昭和ニュース事典』

これを受けて，図書館員は，『世界大百科事典』（平凡社）と『日本史大事典』（平凡社）を使って検索し，回答を得ている。また，『昭和ニュース事典』（毎日コミュニケーションズ）にもあたり，当時の新聞記事の記述を得ている。これらの情報源から得られた回答は，「日中戦争全面化以降とられた労働力の強制動員政策としての徴用制である。軍隊への召集令状＜赤紙＞に対して徴用令状を＜白紙＞といって恐れる傾向が生まれた」（『世界大百科事典』，『日本史大事典』による）となる。『昭和ニュース事典』からは，『毎日新聞（東京）』の昭和 18 年 7 月 6 日の夕刊の記事として「米英撃滅の生産陣営に敢闘する白紙応召，徴用戦士の徴用」との回答が得られる。以上の内容を「回答内容」の項目に記録する。

質問受付票

受付日時：2013年10月1日15時00分

受付方法： [口頭] 電話　文書　ファックス　インターネット（ウェブ）、その他（　　）

氏　名　○○○○

利用者（質問者）区分　未就学児　小中学生　高校生　学生　[社会人]　団体　図書館

連絡先　○○○○○　**電話**　×××（○○○）△△△　内線（　　）

E-mail　**ファックス**

質問内容

（情報を求める場合、次に該当するものがあれば○で囲み、求めていることを具体的に書いてください。）

言葉・文字、(事物・事象)、(歴史・日時)、統計・数値、地理・地名、人物・団体、その他（　　　）

戦争中に、召集令状の「赤紙」のほかに「白紙」というものがあって、庶民は恐れていたらしい。「白紙」とは何か。

（文献を求める場合、次に該当するものがあれば○で囲み、求めていることを具体的に書いてください。）　図書、雑誌、雑誌記事、新聞記事

探索の範囲

最近1年以内のもの　過去3年間のもの　その他（　　　）

使用言語　（日本語　英語　フランス語　ドイツ語　その他（　　））

探索歴（参考資料などどがあれば）

『国史大辞典』や『日本大百科全書』で調べてみたが、見つけられなかった。

調査済　既知事項（もしあれば）

調査種別

[事実調査]　文献紹介　書誌的事項調査　所蔵調査　利用案内　その他（　　　）

回答期限　月　日　時　分

回答方法　[口頭]・電話・文書・ファックス・電子メール・その他（　　）

回答内容：『世界大百科事典』（平凡社）、『日本史大事典』（平凡社）より、「日中戦争全面化以降とられた労働力の強制動員政策としての徴用制である。軍隊への召集令状<赤紙>に対して徴用令状を<白紙>といって恐れる傾向が生まれた。」との回答を提供。また、『昭和ニュース事典』から得られた『毎日新聞（東京）』の昭和18年7月6日の夕刊の記事の一部にある「米英撃滅の生産陣営に敢闘する白紙応召、徴用戦士の徴用」との記述を提供。

処理中（　　　に照会中）　[処理済み]　2013年10月1日　12時10分

回答不能（理由：　　　）

担当者名　○○○○

図 42-3　質問受付票の記入例（2）

●…………レファレンス事例の記録の実際（2）

図 42-3 の質問受付票の記録をもとに，レファレンス事例の記録を作成したものが図 42-4（p.214 参照）である。レファレンス事例の記録で特に重要なのは，検索戦略の部分である。検索戦略の記録で重要なことは，選択した情報源において，索引語と見出し語の異同について明記することである。この事例では，検索語の唯一の手がかりは「白紙」であるから，索引にはこの「白紙」であたることになる。「白紙」を索引語にもつ情報源は，『世界大百科事典』と『日本史大事典』，さらに『昭和ニュース事典』であり，『国史大辞典』と『日本大百科全書』の各索引語には「白紙」が含まれていない。それゆえ，情報源としては『世界大百科事典』，『日本史大事典』，『昭和ニュース事典』を選択することになる。このように，検索の手がかりとして想定した語（ここでは「白紙」）を索引語にもたない情報源は，選択対象から除外されることになる。代表的な歴史辞典と百科事典である『国史大辞典』と『日本大百科全書』が選択されなかった理由が，ここで明確にされることになる。

『世界大百科事典』
『日本史大事典』
『昭和ニュース事典』

次に，選択した情報源における，索引語と見出し語の関係を明記することになる。

索引語
見出し語

『日本史大事典』
『世界大百科事典』

『日本史大事典』と『世界大百科事典』では，ともに索引語「白紙」から見出し語が「徴用」であることがわかる。すなわち，「白紙」という見出し語はなく，「徴用」という見出し語のもとに該当する記述があることになる。『昭和ニュース事典』では，索引語は「白紙応召」となっており，その索引語から見出し語は「国民徴用令改正」であることがわかる。

このように，想定した索引語が含まれている情報源の識別と，索引語から参照指示されている見出し語との関係について明記しておくことが重要である。こうした記録により，なぜ当該情報源が選択されたのか，そして実際に回答を得るためにどのような検索語（索引語と見出し語）を使用する必要があるのか，という検索において最も重要な点が記録され，以後の検索処理に活用されることになる。

レファレンス事例　記録票

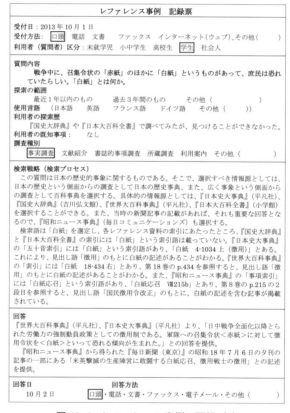

受付日：2013年10月1日
受付方法: [口頭]　電話　文書　ファックス　インターネット(ウェブ)、その他(　　)
利用者（質問者）区分：未就学児　小中学生　高校生　[学生]　社会人

質問内容
戦争中に、召集令状の「赤紙」のほかに「白紙」というものがあって、庶民は恐れていたらしい。「白紙」とは何か。
探索の範囲
最近1年以内のもの　過去3年間のもの　その他（　　）
使用言語　（日本語　英語　フランス語　ドイツ語　その他（　　））
利用者の探索歴
『国史大辞典』や『日本大百科全書』で調べてみたが、見つけることができなかった。
利用者の既知事項：　なし
調査種別
[事実調査]　文献紹介　書誌的事項調査　所蔵調査　利用案内　その他（　　）

検索戦略（検索プロセス）
この質問は日本の歴史的事象に関するものである。そこで、選択すべき情報源としては、日本の歴史という側面からの調査として日本の歴史事典、また、広く事象という側面からの調査として百科事典を選択する。具体的の情報源としては、『日本史大事典』(平凡社)、『国史大辞典』(吉川弘文館)、『世界大百科事典』(平凡社)、『日本大百科全書』(小学館)を選択することができる。また、当時の新聞記事の記載があれば、それも重要な回答となるので、『昭和ニュース事典』(毎日コミュニケーションズ）も選択する。
検索語は「白紙」を選定し、各レファレンス資料の索引にあたったところ、『国史大辞典』と『日本大百科全書』の索引には「白紙」という索引語は載っていない。『日本史大事典』の「五十音索引」には「白紙」という索引語があり、「白紙　4-1034上（徴用)」とある。これにより、見出し語「徴用」のもとに白紙の記述があることがわかる。『世界大百科事典』の「索引」には「白紙　18-434右」とあり、第18巻のp.434を参照すると、見出し語「徴用」のもとに白紙の記述があることがわかる。また、『昭和ニュース事典』の「事項索引」には「白紙応召」という索引語があり、「白紙応召　Ⅷ215b」とあり、第8巻のp.215の2段目を参照すると、見出し語「国民徴用令改正」のもとに、白紙の記述を含む記事が掲載されている。

回答
『世界大百科事典』(平凡社)、『日本史大事典』(平凡社）より、「日中戦争全面化以降とられた労働力の強制動員政策としての徴用制である。軍隊への召集令状＜赤紙＞に対して徴用令状を＜白紙＞といって恐れる傾向が生まれた。」との回答を提供。
『昭和ニュース事典』から得られた『毎日新聞（東京)』の昭和18年7月6日の夕刊の記事の一部にある「米英撃滅の生産陣営に敢闘する白紙応召、徴用戦士の徴用」との記述を提供。

回答日　10月2日
回答方法　[口頭]・電話・文書・ファックス・電子メール・その他（　　）

図 42-4　レファレンス事例の記録（2）

●…………演習問題

UNIT 25～26の演習問題で取り上げたレファレンスプロセスについて，図42-2～4に示した様式のレファレンス事例記録票に記録しなさい。

UNIT 43

◉レファレンス事例の記録と活用

レファレンス事例の分析と活用

●…………レファレンス事例の分析

UNIT 42 で示したレファレンス事例の記録様式は，他の事例との相互比較や同種の質問を受け付けた場合の参考事例とするなどの活用に適したものとはいえない。レファレンス事例の活用を図るには，レファレンス事例の記録を分析し，検索戦略の内容を定式化することが必要である。検索戦略は，1）質問の分析，2）情報源の選択，3）検索語の選定，4）検索式の作成，の 4 つの要素からなる。 検索戦略

第一の質問の分析では，質問内容の主題と要求事項を把握し，それぞれの内容を類型化しておく必要がある。表 43-1 は，主題と要求事項の類型化の例である。

表 43-1　質問の主題と要求事項の類型

主題の類型	言語・文字，事物・事象，歴史・日時，地理・地名，人物・団体，図書，雑誌・新聞，雑誌記事・新聞記事
要求事項の類型	事実検索質問：事実・データ・解説 文献検索質問：書誌的事項，所蔵機関

情報源の選択では，事実検索質問と文献検索質問に分けて，表 43-2 のように情報源を類型することができる。

表 43-2　情報源の類型

事実検索質問	辞書，事典，便覧，図鑑，年鑑，その他
文献検索質問	書誌，索引，蔵書目録，総合目録

なお，上記の情報源の各類型については，さらに詳細な類型を設定することができる。一例として，辞書の類型と書誌の類型を表 43-3 に示す。

表 43-3　情報源の詳細な類型（辞書と書誌の場合）

辞書	国語辞書，漢和辞書，難読語辞書，対訳辞書，多国語辞書
書誌	一般書誌，販売書誌，選択書誌，人物書誌，主題書誌，翻訳書誌

検索語
索引語
見出し語

検索語については，印刷メディアの場合，「索引語，見出し語，その他（目次等）」の3項目を識別することが重要である。見出し語数と索引語数の比はさまざまであるが，

『日本大百科全書』

『世界大百科事典』

『日本大百科全書　第2版』（小学館）では見出し語数約13万に対して索引語数約50万であり，『世界大百科事典　改訂新版』（平凡社）では見出し語数約7万に対して索引語数約30万となっており，見出し語数と索引語数の比はおおむね1：4となっている。索引語数の多さは検索の手がかりの充実を意味している。質問に対して，どのような索引語を使用して見出し語にいたり，その見出し語のもとに回答となりうる情報を入手したのか，ということは，検索過程に関する最も重要な部分といえる。

電子媒体の情報源の場合，検索語の選定と検索式の作成を統合した形式で分析を行う必要がある。まず，使用した検索項目と実際に入力した検索語を明記するとともに，複数の検索語を使用する場合，検索語をどのような論理演算子によって結合し検索式として作成したのかを明らかにする必要がある。

回答の分析については，同じ質問であっても，異なる情報源が常に同一の情報を提供するわけではないため，情報源ごとにどのような情報が得られたかを明示する必要がある。

図43-1は，以上のような分析内容を記録するためのレファレンス事例分析票である。この分析票の各分析項目に該当する情報を記録することにより，当該レファレンス事例の分析を進めることができる。

<table>
<tr><td colspan="2">質問内容</td><td colspan="3"></td></tr>
<tr><td colspan="5">質問の分析</td></tr>
<tr><td colspan="2">主題
（キーワード）</td><td></td><td>類型</td><td></td></tr>
<tr><td colspan="2">要求事項</td><td></td><td>類型</td><td></td></tr>
<tr><td colspan="5">検索戦略と回答</td></tr>
<tr><td rowspan="3">情報源</td><td>タイトル</td><td></td><td>類型</td><td></td></tr>
<tr><td>検索語</td><td colspan="3">索引語：
見出し語：
その他：</td></tr>
<tr><td>回答</td><td colspan="3"></td></tr>
<tr><td rowspan="3">情報源</td><td>タイトル</td><td></td><td>類型</td><td></td></tr>
<tr><td>検索語</td><td colspan="3">索引語：
見出し語：
その他</td></tr>
<tr><td>回答</td><td colspan="3"></td></tr>
<tr><td rowspan="3">電子情報源</td><td>タイトル</td><td></td><td>類型</td><td></td></tr>
<tr><td>検索語</td><td colspan="3">検索式：</td></tr>
<tr><td>回答</td><td colspan="3"></td></tr>
</table>

図43-1　レファレンス事例分析票

●…………レファレンス事例の分析と活用の実際（1）

ここでは，UNIT 42 で取り上げたレファレンス事例について，その記録票（UNIT 42，図 42-2）をもとに，図 43-1 の分析票を使って分析を行う。図 43-2 は，質問内容「登校拒否の問題について書かれた図書で，2011 年以降に出版されたものを知りたい」に関する事例を分析したものである。質問の主題は「登校拒否問題」であり，その類型は「事象（教育学 - 登校拒否）」となる。事象には当該事象の主題領域を付記し，当該質問の主題を特定化できるようにしておくとよい。主題領域の特定化にあたっては，NDC の第三次区分，あるいは第四次区分の分類項目を使用し，細目として当該質問の主題のキーワードを記述する方式とする。要求事項は「2011 年以降に出版された日本語の図書」であり，その類型は「書誌的事項」である。

<table>
<tr><td colspan="2">質問内容</td><td colspan="3">登校拒否の問題について書かれた図書で、2011 年以降に出版されたものを知りたい。</td></tr>
<tr><td colspan="5">質問の分析</td></tr>
<tr><td colspan="2">主題
（キーワード）</td><td>登校拒否の問題
（登校拒否）</td><td>類型</td><td>事象(教育学)</td></tr>
<tr><td colspan="2">要求事項</td><td>2011 年以降に出版された日本語の図書</td><td>類型</td><td>書誌的事項</td></tr>
<tr><td colspan="5">検索戦略と回答</td></tr>
<tr><td rowspan="3">情報源</td><td>タイトル</td><td>NDL ONLINE （詳細検索、資料種別：図書）</td><td>類型</td><td>一般書誌</td></tr>
<tr><td>検索語（検索式）</td><td colspan="3">件名：不登校　AND　出版年：2011-2013</td></tr>
<tr><td>回答</td><td colspan="3">次の図書を含めて 32 件の図書の書誌データを提供。
小野昌彦著. 学校・教師のための不登校支援ツール：不登校ゼロを目指す包括支援ガイド. 風間書房, 2013.4. 160p. ISBN 978-4-7599-1994-3.</td></tr>
</table>

図 43-2　レファレンス事例分析事例（1）

質問の分析結果を受けて，次に教育学領域の事象について書かれた図書の書誌的事項を収録している，という条件を満たす情報源を選択することになる。この条件を満たす情報源として，ここでは『NDL ONLINE』を選択し，「詳細検索」を使用し，検索対象となる資料種別を「図書」としている。情報源の類型は「一般書誌」となる。検索語（検索式）については，件名項目を選択し検索語を「不登校」とし，さらに出版年の条件を与え，それらの検索語を論理積 *AND* を使って結合して検索式としたことを明記する。

最後に，検索式による検索を実行した結果，情報源から得られた情報を回答として記載する。

以上の分析結果により，このレファレンス事例は同種のレファレンス質問の処理に活用することが可能となる。

なお，レファレンス事例の分析票を電子化する場合は，主題の類型（事象－教育学）と要求事項の類型（図書－書誌的事項）はプルダウンメニューなどによる選択方式とし，実際に入力するのは，主題のキーワード「登校拒否」とするとよい。

●…………レファレンス事例の分析と活用の実際（2）

ここでは，UNIT 42 で示した二つ目のレファレンス事例について，その記録票（UNIT 42，図 42-3）をもとに，図 43-1 の分析票を使って分析を行う。図 43-3 は，質問内容「戦争中に，召集令状の『赤紙』のほかに『白紙』というものがあって，庶民は恐れていたらしい。『白紙』とは何か」に関するレファレンス事例を分析したものである。質問の主題は「戦時中の『白紙』」であり，その類型は「歴史・日時－日本史」である。類型の「歴史・日時」には，「日本史」という細目を付与する。要求事項は「『白紙』の内容」であり，その類型は「事実・解説」である。

質問の分析結果を受けて，次に日本史の領域に属する事実を取り上げている情報源を選択することになる。この条件を満たす情報源として，ここでは，『日本史大事典』（平凡社），『世界大百科事典』（平凡社），『昭和ニュース事典』（毎日コミュニケーションズ）が選択されたことを記す。

検索語については，情報源ごとに索引語と見出し語を区別して記述する。『日本史大事典』と『世界大百科事典』では，索引語は「白紙」，その索引語によって指示された見出し語が「徴用」であったことを明記する。『昭和ニュース事典』では，索引語は「白紙応召」，その索引語によって指示された見出し語が「国民徴用令改正」であることを明記する。ここで重要なことは，いずれの情報源も索引語と見出し語が異なるという点である。すなわち，索引語を使用することなく，見出し語から直接検索した場合，「白紙」に関する情報は得られず，回答を提供することはできない，ということになる。

各情報源から得られた回答は，質問受付票ではまとめて記載したが，分析票では情報源ごとに別個に記述しておくことが重要である。これにより，情報源によって得られる回答の異同が明確になる。

以上の分析結果により，このレファレンス事例は同種のレファレンス質問の処理に活用することが可能となる。

<table>
<tr><td colspan="2">質問内容</td><td colspan="3">戦争中に、召集令状の「赤紙」のほかに「白紙」というものがあって、庶民は恐れていたらしい。「白紙」とは何か。</td></tr>
<tr><td colspan="5">質問の分析</td></tr>
<tr><td colspan="2">主題
(キーワード)</td><td>召集令状の「白紙」
(「白紙」)</td><td>類型</td><td>事象－日本史</td></tr>
<tr><td colspan="2">要求事項</td><td>「白紙」の内容</td><td>類型</td><td>事実・解説</td></tr>
<tr><td colspan="5">検索戦略と回答</td></tr>
<tr><td rowspan="3">情報源①</td><td>タイトル</td><td>『日本史大事典』(平凡社)</td><td>類型</td><td>歴史事典</td></tr>
<tr><td>検索語</td><td colspan="3">索引語：　五十音索引「白紙　4-1034 上（徴用)」
見出し語：　「徴用」</td></tr>
<tr><td>回答</td><td colspan="3">「日中戦争全面化以降とられた労働力の強制動員政策。徴用制は国家総動員法のもと、国民職業能力申告令による国民登録制の整備を背景にして、1937 年 7 月に国民徴用令が公布されて開始した。[中略] 軍隊への召集令状＜赤紙＞に対して徴用令状を＜白紙＞といって恐れる傾向が生まれたのである。」</td></tr>
<tr><td rowspan="3">情報源②</td><td>タイトル</td><td>『世界大百科事典』(平凡社)</td><td>類型</td><td>百科事典</td></tr>
<tr><td>検索語</td><td colspan="3">索引語：　索引「白紙　18-434 右」
見出し語：　「徴用」</td></tr>
<tr><td>回答</td><td colspan="3">「日中戦争全面化以降とられた労働力の強制動員政策。徴用制は国家総動員法のもと、国民職業能力申告令による国民登録制の整備を背景にして、1937 年 7 月に国民徴用令が公布されて開始した。[中略] 軍隊への召集令状＜赤紙＞に対して徴用令状を＜白紙＞といって恐れる傾向が生まれたのである。」</td></tr>
<tr><td rowspan="3">情報源③</td><td>タイトル</td><td>『昭和ニュース事典』(毎日コミュニケーションズ)</td><td>類型</td><td>新聞記事索引</td></tr>
<tr><td>検索語</td><td colspan="3">索引語：　事項索引「白紙応召　Ⅷ215b」
見出し語」：　「国民徴用令改正」</td></tr>
<tr><td>回答</td><td colspan="3">「徴用工員の期間を延長　　昭和 18 年 7 月 6 日　毎日(東京) 夕刊
米英撃滅の生産陣営に敢闘する白紙応召、徴用戦士の徴用は、大東亜戦開始の一昨年八月から始められ、[以下、省略]」</td></tr>
</table>

図 43-3　レファレンス事例の分析例（2）

●…………演習問題

UNIT 42 の演習問題で作成したレファレンス事例の記録をもとに，図 43-1 のレファレンス事例の分析票を作成し，同事例を分析しなさい。

UNIT 44

◉発信型情報サービスの実際

発信型情報サービスの概要

●…………発信型情報サービスの必要性

発信型情報サービス
潜在利用者

発信型情報サービスは，利用者から具体的な質問や情報要求の提示を待つことなく，図書館側から潜在利用者に向けて提供されるものである。この発信型情報サービスの意義と必要性は，知識獲得に関する次のような特性から説明することができる。図書館利用とは，レファレンスサービスにおける質問回答サービスの利用に象徴されるように，利用者にとって，わからないことがあり，そのわからないことを知りたいと思い，そのわからないことを質問として表現し，そのわからないことを調べ，わかったという状態になるための行動である。ここで重要なことは，その人にとって，何がわからないかは，情報源を参照することを通じてはじめて明らかになる，という点である。表44-1は，Aについてわからない人とAに関する情報源との関係を示したものである。

表44-1　利用者の知識状態のパターン

知識状態	情報源X	
	a	b
1	○	○
2	○	×
3	×	○
4	×	×

知識状態

説明を単純化するために，いまAという主題について扱っている情報源Xには，Aという主題に関して，aとbの二つの知識が含まれているものとする。そこで，Aに関する人間の知識状態は表44-1に示したように4通り考えられる。このとき，Aについてわからないという利用者の知識状態は2，3，4のいずれかである。厳密には，Aについてわからない利用者の知識状態は4と考えられるが，Aに関する学習を通じて，Aについてはaの部分はわかっているが，bの部分はまだわかっていないという状態も考えられる。むしろ，後者のように学習を進める中で，わかっていることとわからないことが判明してくる，というのが一般的といえる。

ゆえに，A についてわからない，ということがわかっている利用者の知識状態は 2，3 を含めて考える必要がある。その場合，a がわからないのか，b がわからないのかは，A に関する情報源を参照し，利用することによってはじめて把握できるという点が重要である。このことは次のことを意味する。すなわち，ある主題に関する自らの知識状態は，その主題を扱った情報源に含まれている知識を実際に参照し，わかっていることとわからないことを判別することによってのみ把握される，ということである。このように，情報要求というものは，情報源を参照することによってはじめて具体的に特定化され明確になるのである。 情報要求

ここで注意すべきことは，情報要求の特定化，すなわち，わからないことが何かがわかる時点と，情報要求の充足，すなわち，わからないことがわかった時点が一致する，ということである。情報要求を特定化したうえで情報源を参照し，知識を獲得するという順序は成立しない。このことは，情報要求を十分に特定化したうえで情報源を探索し，知識を獲得することはできない，ということを意味している。よって，利用者からある程度，情報要求の特定化が行われた段階，すなわち，それ以上利用者が情報要求の特定化ができなくなった時点で，利用者に情報源を提示し発信していくことが，図書館の情報サービスには求められる，ということになる。

ところで，上記の例は，A についてわからない，ということをわかっている利用者の場合である。しかしながら，A についてわからない，ということ自体がわかっていない人間をも想定する必要がある。すなわち，その人間にとって，A に関する知識を獲得することが重要であるにもかかわらず，A を知ることの重要性に気づいていない場合である。あるいは，A について潜在的に興味・関心をもっている人間の場合も同様である。このとき，その人間が A に関する情報源の存在を知ったならば，その人間は A に関する知識の重要性に気づき，あるいは潜在化していた興味・関心が喚起され，情報利用行動を開始するであろう。この情報源の存在を気づかせることが，発信型サービスの重要な目的である。

さて，発信型サービスが必要となるもう一つの理由は，A についてわからないと認識している人間であっても，A についての知識を得るためには，A に関する知識が含まれている情報源に関する知識が必要になる，という点である。すなわち，わからないことに関する知識を直接的知識とするならば，わからない知識が得られる情報源に関する知識は，直接的知識を得るための間接的知識といえ，その間接的知識を得ることによって，直接的知識が獲得できるのである。換言すれば，情報源に関する知識をもたない場合，直接的知識を獲得することはできないことになる。ゆえに，情報源に関する知識を十分にはもたない利用者に対して，積極的に情報源に関する案内を行い，情報源の存在を発信していくサービスが求められるのである。図書館が情報源の存在と利用方法に関する案内を発信することにより，利用者は間 直接的知識 間接的知識

接的な知識である情報源に関する知識を獲得し，直接的な知識の獲得に必要な情報源の選択・利用が可能となるのである。

●…………発信型情報サービスの種類

以下のUNITで取り上げる発信型情報サービスは，利用者にとってわからないこと，知りたいこと，すなわち情報要求が顕在化している程度により，図44-1に示したサービスに分類することができる。すなわち，情報要求が潜在化している程度がきわめて高い場合，図書館全体の「広報活動」が有効といえる。たとえば，図書館が提供する種々のサービスに関する情報をウェブサイト上で広報し，発信するサービスの提供は，どのようなことを調べ，知ることができるのか，ということを人々に知らせることにより，人々の中に潜在化していた情報要求をわずかでも顕在化させ，図書館利用を促す効果が期待できる。

広報活動

広報活動が図書館のサービスに関する情報全般を広く提供するのに対して，「利用案内」は広報活動によって図書館利用を動機づけられた人々が実際に図書館を利用するために必要な情報を提供するサービスといえる。ゆえに，情報要求の潜在化の程度は広報活動が有効なレベルより弱まり，顕在化の程度が高まっているものといえる。「パスファインダーの作成・提供」は，特定のテーマを設定し，そのテーマに関する情報源の紹介と探索法の案内に関する情報を提供するものである。このサービスは，利用者がそうした情報源と探索法に関する知識を得ることにより，どのような情報要求が情報源の利用を通して充足可能かを知ることになり，情報要求をより一層顕在化させる効果があるといえる。

利用案内

パスファインダー

カレントアウェアネスサービスとして提供される「コンテンツサービス」は，指定された分野の雑誌の最新号の目次や新着図書の書誌情報を提供するものであり，分野が特定されているという点で，情報要求が顕在化している利用者に有効なサービスである。「資料リストの作成・提供」は，多くの利用者から提示される可能性の高い主題について，あらかじめ文献調査を行い，資料リストを作成し，ウェブサイトやパンフレット類で発信，提供するサービスである。よって，特定の主題に関して顕在化している情報要求を有している利用者向けのサービスといえる。

カレントアウェアネスサービス
コンテンツサービス

カレントアウェアネスサービスとして提供される「選択的情報提供（SDI）サービス」は，具体的に特定化されている情報要求を表現した検索式を作成し，定期的に検索を実行し，検索された文献の書誌情報を提供するサービスであり，情報要求が最も顕在化されている利用者向けのサービスといえる。

選択的情報提供

情報要求	情報サービスの種類
潜在化の強度 強　　弱 弱　　強 顕在化の強度	広報活動 利用案内 パスファインダーの作成・提供 コンテンツサービス(カレントアウェアネスサービス) 資料リストの作成・提供 選択的情報提供(SDI)サービス (カレントアウェアネスサービス)

図 44-1　発信型情報サービスの種類と情報要求の顕在化・顕在化の程度

●…………演習問題

図書館情報学のうち，図書館情報資源論に関する内容について，複数の図書館・情報学に関するレファレンス資料（『図書館ハンドブック』（日本図書館協会)，『図書館情報学ハンドブック』（丸善）ほか）を参照し，自分にとって何がすでにわかっており，何がまだわかっていないか，すなわち，自らの知識状態を評価，確認しなさい。

UNIT 45

◉発信型情報サービスの実際

広報活動

●…………定義・目的

広報とは，組織が施策などを広く一般の人に知らせることであり，図書館での広報は，「掲示板，図書館報，ポスター，展示，自治体広報紙，ホームページ，マスコミの利用など，様々な手段によって図書館の利用方法，資料案内，行事予定などを利用者や住民一般に知らせること」（図書館用語辞典編集委員会『最新図書館用語大辞典』柏書房，2004）である。広報活動により，図書館のサービス対象者でありながらこれまで図書館を利用したことのなかった住民（潜在利用者）に，図書館のことを知らせる，ひいては図書館を利用するようになってもらうという，利用者の開拓は広報の重要な役割の一つである。また，すでに図書館を利用している人々が，よりスムーズに図書館を利用できるように，そして図書館に対する理解を一層深めることができるようにするため，図書館の案内，利用方法，資料や行事の情報を提供することも目的である。

潜在利用者

広報は，図書館の存在やその活動を知ってもらう，あるいは興味をもってもらうための「アピール」，図書館のことをより詳しく知り，理解してもらうための「図書館案内」，そして図書館を利用するにあたり必要な情報を提供する「利用案内」に分けて考えることができる。アピールは，潜在利用者に対してのみ行われるものではない。すでに図書館を利用している人であってもその図書館に関して未知のことは数多くある。既存の利用者が図書館の新たな一面を知ることによって，図書館に更なる魅力を感じることもあるので，継続的に，図書館内外で新たな魅力をアピールしていくことが必要である。図書館案内は，図書館の存在を知った人，あるいは図書館に興味をもった人々に対し，さらに図書館のことを説明する材料の提供である。図書館はどこにあるのか，何があるのか，何ができるのか，理念や運営方針は何か，組織・予算はどうなっているか，特色は何かなど，利用者は図書館についてより深く知ることができる。そして，図書館を利用してみようと思った人々あるいは実際に利用している人に対して，開館日時，図書館へのアクセス方法，電話・ファクシミリ番号，メールアドレス，利用資格，サービス内容，利用方法などの具体的な利用に関する情報を提供するのが利用案内の広報である。

アピール

図書館案内
利用案内

利用案内は，単に図書館の利用方法を「知ってもらう」だけではなく，資料の探し方や使い方などを「学んでもらう」ための案内にも用いられる。この場合は，広報というよりは，利用指導・利用案内（UNIT 46 参照）で述べる「間接的な利用教育」の概念に近いであろう。しかし，どこまでが広報（知らせること）で，どこからが利用教育（教えること）かといった厳密な区切りをつけることは難しく，このUNITでは利用教育的な内容についても広報に関わるものとして取り上げる。

間接的な利用教育

なお，広報は図書館の広義の「PR 活動」の一部であること，そして住民や利用者といった個人に対してのみ行うものではないということを付け加えておく。PR（public relations）とは，コミュニケーション活動により組織が対社会との関係を築いていくことである。個人はもちろん，地域，行政機関，企業といった組織や機関に対して広く図書館のことを知ってもらうことで，図書館と社会とのよい関係を築いていくことも，図書館の広報活動の目的であり，重要な役割でもある。

PR

●…………広報の内容

実際に広報ではどのような情報を提供するのか，その内容を以下の５つに分けてみていく。どの情報をアピールに用い，何を図書館案内や利用案内の内容として盛り込むかは，広報の対象者，広報の具体的な目的，使用する媒体等により取捨選択することになる。

1）　利用・施設に関すること
2）　サービスに関すること
3）　資料に関すること
4）　図書館全般に関すること
5）　お知らせ

1）には開館日・時間，所在地とアクセス方法，電話・ファクシミリ番号，利用資格，利用規程，資料の配置場所や排架方法，閲覧・貸出方法，フロアマップ，利用できる機器や施設などがある。多くの図書館では，これらの情報をまとめて「図書館利用案内」と呼ばれるパンフレットやリーフレットにし，新規利用者や外部の関係者などに配布している。「図書館利用案内」は，児童，ヤングアダルト，一般向けといった対象者別や，視覚，聴覚障害者に配慮したもの，外国人利用者向けに多言語で作成した案内などもある。また，館内での資料・施設の場所，開館時間，カウンターサービスの案内，図書館利用の際の注意事項といった事項は，図書館内の掲示でも利用者に案内をしている。

図書館利用案内

2）は閲覧・貸出サービス，蔵書検索システム（OPAC），レファレンスサービス，相互貸借などについての案内で，前述の「図書館利用案内」資料には通常これらの情報も含まれている。大学図書館でよくみられるが，対象者により利用できるサービスが異なる（たとえば卒業生，地域住民，コンソーシアムや協定校の構成員が利

コンソーシアム
協定校

用できるサービスと，大学に所属している学生・教職員のそれとは大きく異なることがある）場合は，対象者別の図書館利用案内が必要である。

3）は蔵書数，資料種別や構成，収書方針，電子資料，データベース，貴重書，郷土・地域資料，特殊コレクションなどである。貴重書や特殊コレクションといった，図書館の特色ある資料の目録を別途作成する図書館もある。4）は沿革，組織，電話・ファクシミリ番号，メールアドレス，規程，統計，刊行物案内など，5）は展示・行事案内，新着資料案内，サービスの新規・停止・変更のお知らせなどである。

●…………手段と媒体

広報の手段や媒体は，大きく分けると次のようになる。

1）印刷物の広報資料作成
2）掲示・展示による広報
3）視聴覚・デジタルメディアの利用

以下，それぞれを簡単にみていく。

●…………印刷物の広報資料

図書館報

要覧
年次報告書
ブックリスト

印刷物の広報資料は，広報で最も多く利用されている手段であろう。図書館で独自に作成する広報資料としては，前述の「図書館利用案内」のほか，「図書館報」，「要覧」，「年次報告書」，「ブックリスト」などがある。図書館報は，行事のお知らせや実施報告，図書館の使い方，資料紹介，利用者の声などを盛り込んだ，図書館が定期的に作成する刊行物である。多くの人に読んでもらうため，親しみやすい内容，デザインで作成する。地域住民，学生などの図書館利用者が作成に関わることも増えてきており，より利用者の視点に立った広報資料の作成ができるだけでなく，利用者参加型の図書館づくりの一環ともなる。

要覧や年次報告書は，図書館の現状，組織，予算，統計などがまとめられており，年度ごとに作成される。利用者よりも関係者や団体に配布することを想定した資料である。ブックリストは，児童向けの推薦図書，ビジネスや時事関連といったテーマごとの図書，展示を行っていればその関連図書など，さまざまな切り口で資料を紹介するリストであり，資料の利用促進，読書推進，学習支援，知的関心の育成といった効果が期待できる。このような図書館独自の広報資料以外にも，自治体の広報紙，地域の情報誌や新聞などに図書館の紹介，利用案内，行事案内などを掲載するなど，図書館という枠にとらわれずに積極的に広報活動を行うことが大切である。

●…………掲示・展示

掲示は，館内ではカウンターやOPACなどの場所を示すため，施設・機器利用についての注意事項を示すため，そして行事案内やその他図書館からの一時的なお知らせをするためなどに用いられる。最近では館内掲示にデジタルサイネージ（電子掲示）を導入する図書館も出てきた。デジタルサイネージを使用すると，動きのあるコンテンツやインタラクティブな掲示ができ，利用者の目を引く広報ができる。加えて，掲示物の印刷や取り替えの手間がなくなる，即時の情報を流すことができるなどの利点があるので，今後積極的に取り入れていくとよいだろう。

デジタルサイネージ

館外の掲示には，図書館の場所を示す案内板や，図書館からのお知らせ，行事案内のポスターなどがあり，普段図書館に来ない潜在利用者に対するアピールには欠かせない広報手段である。展示では，日常は公開されないような貴重書や特別コレクションを展示ケースに入れて公開することや，テーマに沿って集めた図書を一か所に集めてディスプレイし，利用者が手に取ったり貸出をしたりすることができるようにすることも考えられる。棚板を斜めにして図書の表紙を見せて排架できるような書架もあり，展示といった大掛かりなものではなく，日常的に書架で図書をディスプレイするなどして利用者の目に留まるような工夫をすることもできる。

館外の掲示

潜在利用者

●…………**視聴覚・デジタルメディアを活用した広報**

視聴覚・デジタルメディアを活用した広報は，従来テレビやラジオといったマスコミの利用が中心であったが，近年はインターネット上でのウェブサイトの公開という広報活動が多くなってきた。図書館利用，サービス，資料，図書館についてといった，印刷物の広報資料にある情報はすべて載せることができるし，加えて動画，音声の公開など，デジタルメディアならではの情報の提供もできる。図書館紹介や利用方法を説明した動画を作成し，ウェブサイトに掲載することも，今ではそれほど難しいことではない。その他にも最新のお知らせを常時出すことができる，利用者からのコメントや質問を受け付けることができるなど，ウェブサイトの活用は他の媒体にはない利点が数多くある。

図書館ウェブサイトは，OPACやデータベース，電子資料，貸出延長・予約等のオンラインサービスの入り口を載せるなど，広報だけではなく，利用を助けるツールとしての側面もある。しかし，便利な媒体である一方，日常的なメンテナンスやさまざまな利用者を意識したユーザビリティへの配慮が必要など，ウェブサイト利用の際の注意点もある。

図書館ウェブサイト

ウェブサイトのほかにも，ブログ，フェイスブック，ツイッターなどのソーシャルネットワーク（SNS）ツールを広報に利用する図書館も増えてきたが，その用法は図書館からの発信といった，一方向のものが多いようだ。今後はSNSの利点を活かし，利用者と図書館の双方向性のコミュニケーションツールとなることが期待される。このようなデジタルメディアの利用は今後さらに広がっていくであろうが，

ソーシャルネットワーク

双方向性のコミュニケーション

デジタルメディアを利用しない利用者や住民もいるので，印刷物等アナログメディアによる広報活動の継続も忘れてはならない。

図書館グッズ
図書館見学
オリエンテーション

最後に，その他の広報活動として，図書館グッズの製作，図書館見学やオリエンテーション，イベントの開催などをあげておく。設置自治体や大学，あるいは図書館のロゴが入ったバッグや文具などのグッズを製作し，新規利用者やイベントの参加者などに配布することも広報活動の一つである。見学やイベントの開催は多くの人を実際に図書館に呼ぶよい機会にもなり，積極的に取り入れるとよいであろう。

●…………広報活動の実践

効果的な広報活動を行うためには，まず「何を」，「誰に」，「なぜ」知らせたいのかを明らかにし，その上で最も適切な手段・方法を選択することが大切である。また，すでに行っている広報活動は，開始後に定期的に見直す必要がある。古くなった掲示は初めて図書館に来た利用者の印象を悪くするので気をつけたい。一方，図書館ウェブサイトを新しくする際は注意が必要である。先に述べたとおり，図書館ウェブサイトは広報のためだけのものではなく，図書館利用のツールでもあるので，その使い方が頻繁に変わるようでは利用者にとっては不便である。図書館側の都合だけでウェブサイトの中身やレイアウトを大幅に変えてしまうことなどがないよう，注意が必要である。

図書館ウェブサイト

高度情報化社会・生涯学習社会になり，図書館の存在意義は大きく変わった。公共図書館は図書の貸出サービスが中心だったものが，市民の情報活用能力を向上させる場所，情報格差を解消する機関としての役割も果たすようになってきている。大学においては，「情報・知の集積庫」と位置づけられていた図書館が，共に学び，知を共有するラーニングコモンズの機能も合わせ持つようになってきた。しかし，まだ市民や学生の中では図書館は単に本を読み，借りるだけの場所であるかもしれない。新たな図書館像をより広く知らせるという意味でも，図書館の広報活動は今後一層重要になっていくであろう。

ラーニングコモンズ

●…………演習問題

1) 複数の公共図書館のウェブサイトを調査し，レファレンスサービスについてどのような説明がされているか比較しなさい。
2) 身近な公共図書館で行われている広報活動について，その方法（媒体）と内容を調査しなさい。
3) SNSを使用した広報活動を行っている図書館を探し，どのような方法で利用されているか，調べなさい。また，SNSを図書館の広報として利用する場合のメリット，デメリットについて述べなさい。

UNIT 46

◉発信型情報サービスの実際

利用指導・利用案内の演習

「利用指導・利用案内」は，図書館側が利用者に対して「図書館」，「資料」，「文献」，「情報」の利用に関わる案内や教育を行うことである。用語は「指導・案内」以外にも多く存在し，館種により使われる用語が異なる。用語や定義といった概要については，『情報サービス論』UNIT 7（利用指導／利用案内）を参照してもらうこととし，本UNITでは，公共図書館の利用案内および大学図書館の利用教育の具体例，および「図書館利用教育」の構築について述べる。

利用指導
利用案内

利用教育

●…………公共図書館での利用案内

公共図書館で提供される利用案内や利用援助は，従来図書館や文献の利用方法を個別に案内するという内容が中心であった。その中でも，利用ガイドや手引きといった印刷物の作成は，公共図書館で多く用いられている利用案内の方法である。図書館の概要や利用方法を全体的に説明する利用案内のパンフレットを作成し，新規利用者に対して配布するということはどこの公共図書館でも行われているであろう。児童向けに利用方法を簡単に説明した案内，外国人向けに外国語で書かれた利用案内を作成している図書館も少なくない。館内サインの設置も，利用案内の一手法であり，カウンターなどのサービスポイントや資料の場所，OPAC端末などの機器の場所を指示する，あるいは利用方法を書いて必要な場所に掲示しておくことで，利用者の図書館利用を助けている。また，日常的なレファレンスサービスの一つとして，質問に応じて検索の方法や資料の使い方を個別に説明するといった利用案内も行っている。非来館者に対しては電話，電子メールでも質問を受け付けている図書館もある。その他，障害者に対しては，点字，音声，筆談等による利用案内・援助も行うなど，対象者に合わせたさまざまな利用案内が展開されている。

利用ガイド

このような利用者の直接の図書館利用を援助する利用案内とは異なり，利用教育に近い活動も行われている。たとえば児童向けやヤングアダルト向けの推薦図書，新着図書の紹介リストを作成すること，あるいはおはなし会やブックトークなどのイベントを開催することなどは，読書推進や図書館の利用を促すという効果ももっており，公共図書館での利用教育と考えることができるであろう。大学図書館に比べると数は少ないが，グループに対する図書館見学ツアーや情報検索の講習会も開催されている。こういった取り組みは決して新しいことではないが，公共図書館ではこのような活動に「利用教育」という言葉はほとんど用いず，あくまで対象者別の利用サービスと位置づけることが多い。その理由としては，公共の施設である図書館は教育機関ではなく，図書の貸出など「サービス」を提供する場であって，「指導」，「教育」という言葉がなじまない，大学図書館や学校図書館と比べ，利用者層が幅広く，体系的な利用教育の企画実施が難しい，といったことが考えられる。

利用教育

その一方で，近年は図書館資料の検索方法やデータベースの利用方法講習会，「調べ方講座」や「インターネット活用術」など，情報の検索，活用に関する講習会の実施が増えてきている。その背景には，高度情報化社会の中で公共図書館が地域の情報拠点としても位置づけられたこと，生涯学習における情報リテラシー能力の重要性が認識され，公共図書館がその学習機関としての役割を果たすことを求められるようになったことなどがある。

情報リテラシー能力

●…………大学図書館での図書館利用教育

大学図書館での「利用指導」，「利用案内」は「利用教育」として捉えられることが多い。「図書館利用教育」とは，「すべての利用者が図書館を含む情報環境を効果的・効率的に活用できるようにするために，体系的・組織的に行われる教育」（『図書館利用教育ガイドライン－総合版－』（http://www.jla.or.jp/portals/0/html/cue/gl-c.html））である。その内容は「図書館オリエンテーション」と「文献利用指導」に大きく分けることができる。

『図書館利用教育ガイドライン』

図書館オリエンテーション

文献利用指導

図書館オリエンテーションは，集団に対して図書館の概要や基本的な使い方の案内や説明を行うもので，説明だけを行う場合，あるいは実際に館内を回って施設の利用方法，資料の排架方法などを説明する場合（図書館ツアー）などがある。文献利用指導は，情報をより効果的に入手するための検索方法指導であり，OPACやデータベースの利用講習会などがある。講師が説明やデモンストレーションをし，その後学生がパソコンを使って実際に検索を行うという形式が多い。近年はこれらの二つに加え，情報活用全般といった情報リテラシーに関することや，レポートの書き方やプレゼンテーションの方法などのアカデミックスキルに関することについての指導も大学図書館で行われるようになってきた。

図書館ツアー

アカデミックスキル

この変化の背景には，大学教育の質保証が求められていることに加え，大学図書館にも「学習支援」，および「教育活動への直接の関与」がより一層強く求められてくるようになったことがある。大学図書館はこれまでのような「図書館」や「文献」に関することへの支援や教育だけでなく，「情報を主体的に使いこなす能力」である情報リテラシー，そしてアカデミックスキルに対する支援・教育も，図書館の学習支援活動（学修支援活動）の一つと位置づけ，取り組みを行っている。この

学習支援

変化に伴い，図書館員もこれまでになかった役割を果たすようになってきた。アメリカではすでにインストラクショナル・ライブラリアンという役職が定着しているが，日本でも最近は「情報リテラシー教育担当」という役割をもつ職員が増えてきている。

インストラクショナル・ライブラリアン

●…………大学図書館での図書館利用教育の方法

図書館利用教育を方法別にみると，ツアー，ガイダンス，講習会，ワークショップ，授業，レファレンスカウンターでの指導といった，人が対面で指導を行う「直接的」指導と，利用・検索ガイド，オンラインチュートリアル，パスファインダー，レファレンス事例の公開といった，自主学習ができるツールを作成して提供する「間接的」方法がある。レファレンスカウンターでの指導やマニュアル等の間接的方法は，それ自体は体系的・組織的な教育とはいえないかもしれないが，講習会や授業等を補完するものとして必要である。また，近年はレファレンスカウンターで指導を行うほかにも，レポート作成支援等のために別のカウンターを設置し，個別に指導を行う事例もある。

大学図書館で行われている利用教育は次の4つの方式に分類することができる（『図書館ハンドブック』第6版補訂2版，日本図書館協会図書館ハンドブック編集委員会，日本図書館協会，2016）。

1）　図書館独自の指導
2）　学科関連指導（course-related）
3）　学科統合指導（course-integrated）
4）　独立科目方式（course）

1）は図書館が企画し，利用者が参加できるような形で開催される，データベース講習会・ワークショップ，ツアーなどである。内容によって，15分から60分程度で，1回完結形式が多いが，シリーズとして数回行うこともある。2）は学部・学科ガイダンスにおける図書館オリエンテーションや，授業あるいはゼミの一コマで図書館員が図書館ツアーや情報検索の実習などを行うものである。学部・学科，教員からの要請により実施されることが多い。3）は学部・学科授業の中に図書館の利用方法，文献探索方法の内容が組み込まれているものである。4）はリテラシー教育，文献探索方法などの内容を単独で扱い授業科目にするもので，まだあまり事例はないが，教員，あるいは教員と図書館員が講師となり授業を設けている大学もある。

データベース講習会
ワークショップ
ツアー

図書館利用教育は内容，方法，方式の組み合わせで何通りも考えることができ，目的や大学または図書館の環境，事情にあった，最も効果的な組み合わせで利用教育を実施することが望ましい。オリエンテーション，文献利用指導，情報リテラシー・アカデミックスキルに関する教育を，直接的，間接的な方法を用いてさまざまな方式で実施すること，それが大学図書館での「体系的・組織的」な教育である。

●…………大学図書館における利用教育の構築

図書館利用教育をどのように体系的・組織的に構築していくか，前述の『図書館利用教育ガイドライン』（以下，『ガイドライン』）の手順に沿って，大学図書館の場合を考えていく。図書館利用教育の構築にあたり，『ガイドライン』では，10の項目（理念，組織，現状分析，目的・目標，方法・手段，財政，担当者，施設・設備，協力体制，評価）を検討すべき事項としてあげている。理念を共有することは，担当する側にとってはもちろん大切であるが，図書館外の組織や人々の理解・支援を得るためにも明文化しておくことが必要である。また，担当者のやる気と力量だけ，あるいはその場限りの利用教育にならないためには，利用教育を実施していく組織体制づくり，予算，担当者の研修体制，施設・設備，外部との協力体制を整えていかなければならない。さらに，個々の利用教育を企画する際は，目的・目標を立て，目的達成のための最善の方法・手段を考え，実施後には必ず点検・評価を行うことで，改善を図る必要がある。利用教育の目的は，『ガイドライン』で次の5つの領域にまとめられている。

領域1：印象づけ

各自の情報ニーズを充たす社会的機関として図書館の存在を印象づけ，必要が生じた場合に利用しようという意識をもつようにする。

領域2：サービス案内

各自の利用する図書館の施設・設備，サービスおよび専門的職員による支援の存在を紹介し，その図書館を容易に利用できるようにする。

領域3：情報探索法指導

情報の特性を理解すると同時に，各種情報源の探し方と使い方を知り，主体的な情報探索ができるようにする。

領域4：情報整理法指導

メディアの特性に応じた情報の抽出，加工，整理，および保存ができるようにする。

領域5：情報表現法指導

情報表現に用いる各種メディアの特性と使用法を知り，目的に合った情報の生産と伝達ができるようにする。守るべき情報倫理を伝える。

これらの目的を大学4年間で達成していくためには，たとえば次のような流れで教育を行うことが考えられる。まず入学時にガイダンス，オリエンテーション，図書館ツアーを行い，大学図書館について，高校までの図書室や公共図書館とは異なるその存在や利用する意義とともに，図書館の概要，利用方法の説明をする（領域1，領域2）。次の段階では，図書館の資料（冊子・紙媒体だけでなく電子も含めて）について，その探し方，利用の仕方を学ぶ（領域3）。必要があれば，図書館資料に限らず，インターネット情報など幅広い情報について，その検索と利用方法を説明する。最終的には，集めた情報を使って成果物を作成するところまで組み込むことができれば理想である（領域4，領域5）。

このプロセスにおいて，領域3は実際に検索を行い学ぶと効果的であり，教員と連携して授業内で演習形式により指導をする，あるいは図書館で独自に，検索実習を含めた講習会を実施するのがよいであろう。講習会やゼミのガイダンスに参加できない学生のため，また，参加はしたけれども復習が必要な学生のため，利用ガイドやパスファインダーなどを準備し，さらにはレファレンスカウンターあるいはその他，学生が気軽に質問できる場所を設けておく。レポートの書き方指導を図書館員が行うことに対する抵抗感，外部からの批判も少なからずあるが，構成，書式，引用方法など，ある程度規則や形式が決まっていることなど，教員ではなくても指導・サポートをすることは可能である。実際，レポートの書き方サポートの取り組みを実施している大学図書館も増えてきている。

パスファインダー

個々の利用教育においては，詳細な目標を定め，指導後に達成できたかという評価を行わなければならない。『ガイドライン』にはそれぞれの領域で，「〜を理解する」，「〜を習得する」といった具体的な目標が提示されている。目標の設定は学生の状況や置かれている環境を考慮しつつ個々に行われるべきであるので，『ガイドライン』にある目標をすべて当てはめる必要はないが，どのようなことを個々の利用教育の目標とすればよいかといった参考にすることはできるであろう。そして「〜を理解する」，「〜を習得する」といった目標を立てた後は，図書館の利用教育を受けて実際に「理解できたか」，「習得できたか」という評価を行わなければならない。評価は，学生や教員に対してアンケートを行う，学生の実際の成果物（レポートなど）を見る，学生の情報探索行動を調査するなど，さまざまな方法がある。

●…………演習問題

1）複数の公共図書館の利用案内を収集し，その内容を比較分析しなさい。

2）図書館OPACに関して，どのような利用案内やガイダンスが提供されているか，身近な図書館を調査しなさい。また，その利用案内やガイダンスを実際に利用し，内容を評価しなさい。

3）大学図書館で新入生向けに実施する図書館ガイダンスを企画しなさい。その際，ガイダンスの目標，内容，方法，広報手段，評価方法を明示すること。

UNIT 47

◉発信型情報サービスの実際

資料リストの作成

利用者からの要求に対する回答の形式として，利用者から求められて，あるいは利用者の状況を考えて，個別の情報ではなく情報源となりそうな資料群として提示することがあるだろう。近年はOPACで検索結果の出力が再加工可能な機械可読形式を利用できることも増えていて，利用者の目的に応じて検索結果に一定の加工を行い，利用者が使いやすい形で提供することがより容易となっている。このUNITでは，初歩的な情報技術を活用した資料リスト作成を説明していく（検索およびリスト作成に使用した機能はいずれも2020年1月時点のものである）。

『NDL ONLINE』

●…………『NDL ONLINE』のリスト作成

『NDL ONLINE』の検索結果一覧（検索式は資料を図書に限定して，著者に“中田邦造”で検索している）を見ると，「マイリストに保存」と表示されているプルダウンボタンがある。ここをクリックして，メニューを確認すると，TSVかBibTeXかの形式で書誌情報をダウンロードするという選択肢が表示される（図47-1)。あらかじめダウンロードしたい文献を選択し，TSV形式を保存して選択すると，ファイルが保存される。TSVはタブをレコード中のフィールドの区切り記号として使用するファイルであり，テキストファイルとして保存しているので取り扱いが容易である。

区切り記号

保存したファイルをテキストファイルとしてテキストエディタで開いてみると，図47-2の通りになる。各行URLの記述の後ろにタブが挿入されて整理されていることがわかる。このままでもある程度再加工可能であるが，表計算ソフト等を活用すると，さらにきれいになる。たとえば，Microsoft社のExcelを起動してTSV表示されている部分をコピーしてExcelに貼り付ける，あるいは「外部データの取り込み」機能の中から「テキストデータ」を選択してテキストファイルウィザードを活用するといった方法がある。後者はダイアログ形式で取り込みが可能になる。これらの機能を活用すると，1行につき1レコードが表現されることになる。後は，空白の行や列を削除したり，レコードによっては列がずれていることがあるので調整したりすれば，きれいな一覧形式でリストを作成できる。

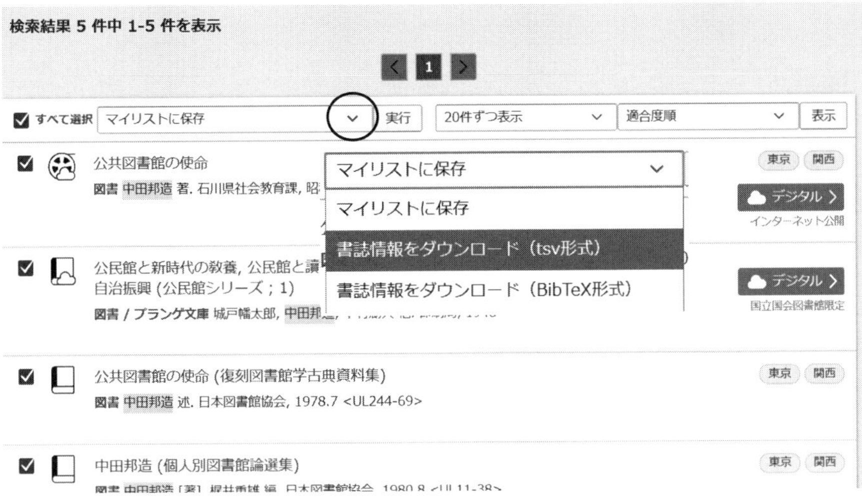

図 47-1　『NDL ONLINE』の検索結果一覧

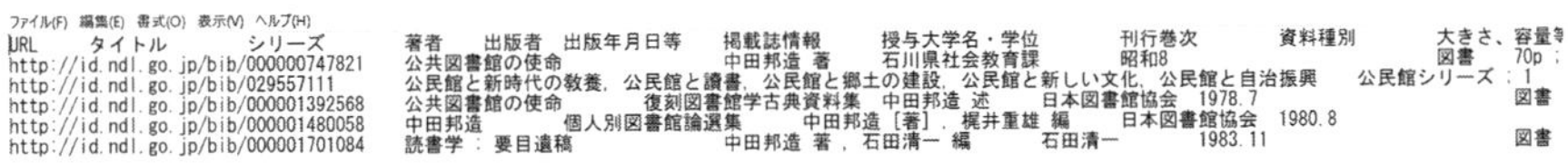

ファイル(F) 編集(E) 書式(O) 表示(V) ヘルプ(H)
URL　タイトル　シリーズ　著者　出版者　出版年月日等　掲載誌情報　授与大学名・学位　刊行巻次　資料種別　大きさ、容量等
http://id.ndl.go.jp/bib/000000747821　公共図書館の使命　中田邦造 著　石川県社会教育課　昭和8　図書　70p ;
http://id.ndl.go.jp/bib/029557111　公民館と新時代の教養, 公民館と讀書, 公民館と郷土の建設, 公民館と新しい文化, 公民館と自治振興　公民館シリーズ ; 1
http://id.ndl.go.jp/bib/000001392568　公共図書館の使命　復刻図書館学古典資料集　中田邦造 述　日本図書館協会　1978.7　図書
http://id.ndl.go.jp/bib/000001480058　中田邦造　個人別図書館論選集　中田邦造 [著], 梶井重雄 編　日本図書館協会　1980.8
http://id.ndl.go.jp/bib/000001701084　読書学 : 要目遺稿　中田邦造 著, 石田清一 編　石田清一　1983.11　図書

図 47-2　ダウンロードの結果表示

●…………『CiNii Articles』のリスト作成

『CiNii Articles』

『CiNii Articles』の検索結果（検索式は簡易検索で“RDA　図書館”と入力している）を見ると，一覧表示のすぐ上にプルダウンメニューが複数ある。対象となる論文を選択して（ここではすべて選択している）から，プルダウンメニュー群のうち一番左側にある初期設定で「新しいウィンドウを開く」のメニューを開くとさまざまなメニューが表示されるが，この中にやはり「TSV 形式」が用意されている。『NDL ONLINE』と同様，あらかじめ出力したレコードを選択して「TSV で表示」を選択する。そうすると，表示が文字だけの簡素なタブが開き，各レコードが表示される（図 47-3）。『NDL ONLINE』では，ファイルとして保存されているのに対して，『CiNii Articles』では新たなタブに表示されるという違いがあるが，この表示されたものをコピーして表計算ソフトに貼り付ける，あるいは，いったんテキストファイル形式で保存してから改めて表計算ソフトで TSV ファイルを取り込むことで，『NDL ONLINE』の結果と同様に利用できるようになる。

TSV

```
著者名	論文名	雑誌名	ISSN	出版者名	出版日付	巻	号	ページ	URL	URL(DOI)
高野 真理子	講演 RDAと目録の書誌的宇宙 (2018年度 東地区部会 研究会(交流会)) 私立大学図書館協会会報 = Bulletin of Japan Association of Private University Libraries	0288-7002	私
立大学図書館協会	2019-09	152	60-66	https://ci.nii.ac.jp/naid/40022025185/
橋詰 秋子	RDA,NCR1987,NCR2018における「著作」 : 同一性の操作的定義の視点による比較分析	Library and information science 0373-4447	三田図書館・情報学会	2018	80
1-23	https://ci.nii.ac.jp/naid/40021748326/
谷口 祥一	RDAとNCR2018にとって適切なメタデータスキーマとは何か	日本図書館情報学会研究大会発表論文集	2187-9990	日本図書館情報学会	2018	66	53-56
https://ci.nii.ac.jp/naid/40021741454/
蟹瀬 智弘,情報組織化研究グループ	日本目録規則2018年版 (NCR2018) 条文案のRDAとの比較および今後の展開について: (特集・第59回研究大会グループ研究発表)	図書館界	0040-9669
日本図書館研究会	2018	70	2	442-447 https://ci.nii.ac.jp/naid/130007492513/ 10.20628/toshokankai.70.2_442
木村 麻衣子	なぜ典拠コントロールをしなければならないのか : 日本目録規則(NCR)2018年版(仮称)における典拠データの位置づけ (特集 新しい『日本目録規則(NCR)』)	現代の図書館 = Libraries
today	0016-6332	日本図書館協会	2017-12 55	4	184-191 https://ci.nii.ac.jp/naid/40021493184/
蟹瀬 智弘	NCR2018年版(案)とRDAの比較 (特集 新しい『日本目録規則(NCR)』)	現代の図書館 = Libraries today	0016-6332	日本図書館協会	2017-12 55	4	177-183
https://ci.nii.ac.jp/naid/40021493168/
渡邊 隆弘	新しい『日本目録規則』のすがた : 何が新しくなるのか (特集 新しい『日本目録規則(NCR)』)	現代の図書館 = Libraries today	0016-6332	日本図書館協会	2017-12 55	4
167-176 https://ci.nii.ac.jp/naid/40021493160/
岡田 智佳子	デジタル資源の活用を進め社会的学問的ニーズを満たす目録作成におけるRDA (Resource Description & Access) の可能性について : 東京大学経済学図書館所蔵アダム・スミス文庫NACSIS-
CAT書誌レコード修正作業を通して 東京大学経済学部資料室年報	2186-8972	東京大学経済学部資料室	2017-03-31	7	57-65	https://ci.nii.ac.jp/naid/120006602935/
info:doi/10.15083/00076880
橋詰 秋子	「著作」の操作的定義 : NCRとRDAの比較分析 三田図書館・情報学会研究大会発表論文集	1344-3283	三田図書館・情報学会	2017	29-32
https://ci.nii.ac.jp/naid/40021358624/
村山 泰啓	研究データ共有の国際動向と図書館の役割 : RDA第7回総会報告	カレントアウェアネス	0387-8007	日本図書館協会	2016-06-20	328	10-14
https://ci.nii.ac.jp/naid/40020868029/
岡田 智佳子	デジタル資源の活用を進め社会的学問的ニーズを満たす目録作成におけるRDA (Resource Description & Access)の可能性について : 東京大学経済学図書館所蔵アダム・スミス文庫NACSIS-
CAT書誌レコード修正作業を通して 東京大学経済学部資料室年報 = Annual bulletin of Resources and Historical Collections Office (Shiryo-shitsu), The Library of Economics, The University of
Tokyo	2186-8972	東京大学経済学部資料室	2016	7	57-65	https://ci.nii.ac.jp/naid/40021176908/
池内 有為	オープンサイエンスの論点 : Research Data Alliance第7回総会の議論と日本の趨勢	情報管理	0021-7298	国立研究開発法人 科学技術振興機構	2016	59	4
241-249 https://ci.nii.ac.jp/naid/130005159438/ 10.1241/johokanri.59.241
野口 武悟	第63回日本図書館情報学会研究大会シンポジウム記録「情報資源組織化が切り拓く未来-RDA,新NCR,BIBFRAME,Linked Dataがもたらすもの-」	日本図書館情報学会誌	1344-8668	日
本図書館情報学会	2016	62	1	72-77	https://ci.nii.ac.jp/naid/110010039414/ 10.20651/jslis.62.1_72
清水 悦子	RDAがやってきた : 国立国会図書館における目録規則の動き (特集 これからの目録の話をしよう)	大学の図書館	0286-6854	大学図書館問題研究会	2015-05 34	5
66-69	https://ci.nii.ac.jp/naid/40020499748/
山中 秀夫	和古書資料組織化のRDA適用における基本的課題	図書館学	0495-9302	西日本図書館学会	2015-03	106	25-34
https://ci.nii.ac.jp/naid/40020459956/
佐藤 義則,高久 雅生,渡邊 隆弘	第63回日本図書館情報学会研究大会シンポジウム 情報資源組織化が切り拓く未来 : RDA、新NCR、BIBFRAME、Linked Dataがもたらすもの	日本図書館情報学会研究大会
```

図 47-3　TSV 表示による CiNii Articles の結果表示

●…………検索結果のダウンロード機能のさらなる活用

文献管理ツール

ここまで見てきた検索結果の出力表示を活用した資料リストの作成は，一番単純な出力形式を活用したものである。現在はさまざまな文献管理ツールが提供されていて，出力結果のダウンロード形式が最初からそれらのツールに対応していることも多い。たとえば『CiNii Articles』の例でいうと，「RefWorks に書き出し」，「EndNote に書き出し」をはじめとする多くのメニューが用意されている。これらは，文献管理ツールあるいは同様の機能を有するサービスに直接取り込んだり，文献管理ツールやその他ツールに便利な形になるように表示したりするために用意されている。これらの機能を活用すれば，単純なダウンロードでは一体化するのが面倒な書式が異なる複数のデータベースの検索結果をきれいにまとめて表示することが可能である。

なお，文献管理ツールは，単に文献を管理するだけではなく，参考引用文献リスト作成の支援も行っている。学術文献を作成するときには，分野や媒体によって異なるさまざまな書式で記述することが求められてその作業は相当大変なのであるが，これらのツールが参考引用文献作成時に支援を行ってくれ，作業を軽減してくれる。このため大学図書館を中心に導入され，学生たちへの提供も進んでいる。

●…………演習問題

1） 以下の対象について，TSV を使用して検索結果をダウンロードしたり表示したりして，最終的に検索結果を表計算ソフトに取り込み，一覧リストを作成しなさい。

a. 『NDL ONLINE』を使用して，資料種別に図書を選択して，タイトルにビブリオバトルと入力して検索した，その結果のすべて。

b. 『CiNii Articles』の論文検索を使用して，あなたがよく知っている大学教員や研究者の名前で検索を行って，刊行された順に最大 20 件を選択して表示し

た結果。

2) あなたがよく利用する公共図書館の所蔵検索に，検索結果のダウンロード機能が用意されているのか調べなさい。周囲の人の結果も確認して全体の状況を確認しなさい。なお，周囲の人がみな同じ公共図書館をよく使う場合には，分担していろいろな公共図書館を調べなさい。

3) あなたがよく利用する大学図書館（大学図書館を利用していない場合には，自分が知っている大学図書館）の所蔵検索検索結果のダウンロード機能が用意されているのか調べなさい。周囲の人の結果も確認して全体の状況を確認しなさい。なお，周囲の人がみな同じ大学図書館をよく使う場合には，分担していろいろな大学図書館を調べなさい。また，大学図書館と公共図書館の状況にどのような違いがあるのか答えなさい。

4) あなたがよく利用する大学図書館（大学図書館を利用していない場合には，自分が知っている大学図書館）のウェブサイトを確認して，文献管理ツールが導入されているか，導入されている場合どのようなツールが導入されていて，さらにツールの使用法等利用者に対する説明資料がきちんと提供されているか調べて答えなさい。

UNIT 48

◉発信型情報サービスの実際

カレントアウェアネスサービスの演習

カレントアウェアネス

●…………カレントアウェアネス

カレントアウェアネスは，最新の状況を利用者に把握できるように情報を提供していくサービスである。受動的に利用者の要求に応えるのではなく，図書館側から随時最新の情報を提供していくことから能動的であるともいわれる。このサービスについては，ある主題について継続的に最新の状況を把握したいというニーズをもつ利用者がいることが提供の前提にあること，また，図書館側から能動的に働きかけていくため，一般公衆の大量のニーズに対応しにくいところがあるといわれた。その結果，利用者は主題専門家などが対象となり，そういった利用者が多いと想定できる大学図書館や専門図書館で提供されることが多いとされてきた。

コンテンツサービス

選択的情報提供 SDI

カレントアウェアネスで提供する情報としては，文献リスト（書誌，索引），雑誌の最新号の目次（コンテンツサービス），データベース等の検索結果，ニュース，記事そのものが考えられる。カレントアウェアネスサービスの種類としては，文献リストの配布，コンテンツサービス（contents service），選択的情報提供（SDI: Selective Dissemination of Information）などがある。

コンテンツサービスは，定期的・継続的に特定領域の新着雑誌の目次を複製し，利用者に提供するサービスである。かつては，図書館で目次を複製して利用者に提供することが行われてきたが，電子メール等で機械的・定期的に利用者に提供することも可能となっている。

プロファイル

選択的情報提供は利用者の求める情報をプロファイルとして事前に登録してもらい，そのプロファイルに基づいた検索を定期的に行い，その検索結果を利用者に提供するサービスである。多くの場合，検索式の形でプロファイルとして登録することになる。

●…………情報通信技術とカレントアウェアネス

従来，新着のさまざまな情報を自動的に利用者に提供する手段や技術に乏しかったため，カレントアウェアネスサービスを実施する場合，多くは情報サービス機関が複製物を用意したり，検索を代行しその結果を提供することが多かった。

しかし，近年情報通信技術の発展により，比較的容易に情報提供が可能になってきている。たとえば，電子ジャーナルのサイトに登録することで利用者が必要とする雑誌の目次情報や抄録を電子メールで受け取ることができたり，RSSを活用して利用者のほうで簡単に新着情報を収集できるようになっていたりする。これらの技術をすべての図書館が活用しているわけではないが，これらのサービスに活用される技術は情報通信技術としてはすでに定着しているものであり，ハードルが高いものではない。図書館としては，できるだけコストをかけないように最新の情報を提供していく方法や可能性を意識していくべきである。

RSS

●…………コンテンツサービスの実施例

ここでは，ある主題領域における一定期間で受け入れた図書館の新着雑誌の目次を複写してまとめて提供するという形で紹介したい。まず図書館の所蔵目録をもとにその主題領域における関連雑誌を特定する作業が必要である。いわゆるコアジャーナルだけではなく，ある程度周辺的な雑誌についてもニーズがあるのか確認しておく必要がある。次に最初の作業で把握した雑誌群について，図書館業務システムや場合によっては図書館の蔵書印等も確認しながら，期間内で受入が行われたのかを検索していく。そして，刊行された雑誌の目次を複写して利用者に提供する。

●…………情報通信技術を活用した新着情報提供

旧来のカレントアウェアネスサービスは多くの場合，提供の過程で図書館員が何かしらの作業を行っていた。しかし，近年では電子メールやRSSを活用して，利用者がプロファイルの登録を行えば，システム的に自動で対応するサービスも多い。

RSSは，ウェブページの更新情報を記述し，発信するための書式フォーマットの総称（RSSと略す複数の規格がある）である。図書館サイトにおいて新着資料案内や検索結果もウェブページとして表示されているので，RSSの機能で新着情報を提供することができる。

たとえば，現在（2020年1月現在）国立国会図書館が提供している『雑誌記事索引』では新着記事のRSS配信を行っている。雑誌記事採録誌一覧を見ていくと，現在収集を継続している雑誌名の横には雑誌の書誌情報と同時にRSS配信のアイコンが用意されている。これをブラウザの機能やRSSリーダーと呼ばれるアプリケーションを利用することで，雑誌の新着情報を簡単に収集できる。RSSで表示された情報を入手するためにはURL先にアクセスする必要があるが，定期的に自動的にアクセスするアプリケーションやサービスがあるので，組み合わせることで定期的な情報収集が可能になる。また，この配信を電子メールで受け取ることができるようにするアプリケーション等もあるので，メールの形で受け取ることもできる。なお，ブラウザのうちInternet Explorer，Operaなどにはブラウザに RSS

RSSリーダー

リーダー機能が搭載されているので容易に利用できる。

●…………情報通信技術を活用した選択的情報提供

選択的情報提供は，利用者からプロファイルを登録してもらい，検索結果を提供するサービスであるので，新着情報以上に電子メールや RSS を活用して定期的・継続的な情報提供を行っていきたい。CiNii の場合 RSS 購読のアイコン等は用意されていないが，検索結果の URL を RSS リーダー等で購読していくことで定期的に収集できる（『CiNii Articles』での活用については，右記 URL を参照。https://support.nii.ac.jp/ja/cinii/api/api_outline#OpenSearch_B）。

アラートサービス
『googleアラート』

選択的情報提供については，この種のサービスはアラートサービスとも呼ばれているが，ニュースのアラートサービスの一つとしてあるのが『google アラート』（https://www.google.co.jp/alerts）である。Google アカウントに紐づいているメールアドレスでの登録が必要になるが，ニュース，ブログ，書籍等に対象を限定したり，提供件数や頻度を設定したりすることができる。図 48-1 は，“図書館”を検索語に，24 時間の間に日本語で日本の地域に配信されたニュースのうち検索結果上位を 1 日 1 回配信してもらうように登録しているものである。

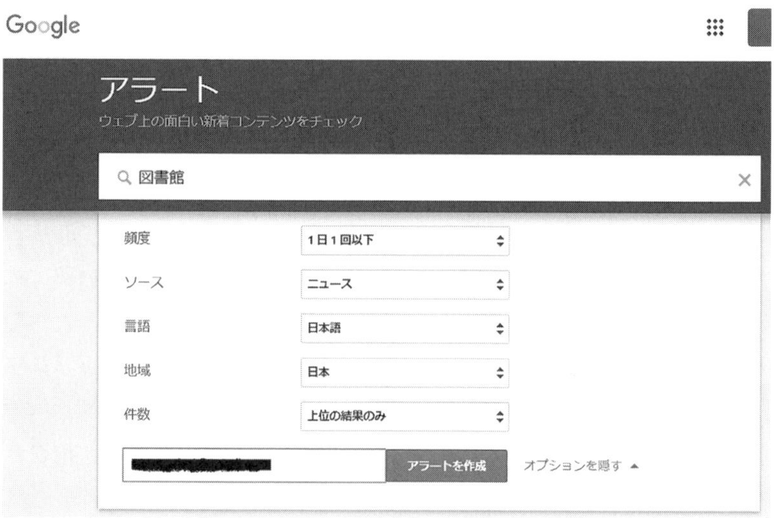

図 48-1 『google アラート』の登録画面

●…………演習問題

1） あなたがよく利用している図書館で，「図書館」に関係する雑誌の最近 1 か月の目次をすべて複写して，まとめて綴じたものを 1 部用意しなさい。さらにその中からもっとも気になった記事名を 5 点あげなさい。

2) RSSリーダーの機能があるブラウザを使用して,『国立国会図書館サーチ』の簡易検索で「図書館　情報技術」で検索を行い,検索結果の画面右下にある“検索結果を出力”にある“検索結果のRSS”をクリックして情報を収集しなさい。そして1か月後に最新の情報を取得し,新着情報の有無を確認しなさい。

3)『CiNii Articles』で「図書館　経営」で検索を行い,その検索結果ページをRSSリーダー機能を使用して情報を収集しなさい。そして1か月後に最新の情報を取得し,新着情報の有無を確認しなさい。なお,この機能については,『CiNii Articles』の“よくあるご質問－外部システムとの連携について”(https://support.nii.ac.jp/ja/cia/faq/external_system_linkage)の“キーワードの検索結果を定期的に受け取りたいです”の説明も参考にしなさい。

UNIT 49

◉発信型情報サービスの実際

パスファインダーの作成

パスファインダー

●…………パスファインダー

パスファインダー（pathfinder）とは，「利用者に対して特定の主題に関する各種情報資源や探索方法を紹介・提供する初歩的なツール」（『図書館情報学用語辞典』第4版）である。調べ方について解説がつけられている点が重要で，単なる資料のリストではない。また，その図書館で利用しうる情報資源やサービスを対象に紹介するのが基本である。私立大学図書館協会東地区部会企画広報研究分科会ではパスファインダーの条件として，以下の4つをあげている（http://www.jaspul.org/pre/e-kenkyu/kikaku/pfb/pfb_frameset.htm）。

1）　特定のトピックを扱っている
2）　ナビゲーション機能がある
3）　資料・情報源の一覧性がある
4）　簡便に情報にアクセスできる

1）のトピックとは，学術的な分野とかではなく，利用者が疑問に感じたり，情報ニーズを感じたりする主題を指している。したがって，学校図書館や大学図書館ではよく教員から課される具体的な課題の調べ方についてのパスファインダーも想定される。2）のナビゲーション機能とは，パスファインダーには情報資源にたどりつく過程も示すことがあるからである。4）の簡便とは，利用者にとって簡単にたどりつけるようにするために，パスファインダーも簡潔にまとめることを意味する。紙媒体のパスファインダーではリーフレット形式であるのが通例であった。ウェブ上では物理的な制約はないものの，分量が多すぎると利用者がコンテンツを見ていくのが苦痛になるので，そうならないように簡潔にまとめていくことが必要である。

現在，パスファインダーはパスファインダーという表現を使用していなくても図書館で用意され，利用者に提供されている。特に，多くの大学図書館で用意されている。公共図書館においても，利用者の調べものに対してサービスを提供しようとする図書館では用意されていることが多い。ただし，上記の4つの条件をすべて満たしていないものも多い。

●…………パスファインダーの作成法

パスファインダーを作成するときは，以下の手順で考えていく。この手順は，私立大学図書館協会企画広報研究分科会『初めての人のパスファインダー作成マニュアル』をもとに作成しているが，このサイトにはパスファインダーの雛型も公開されているので参考にするとよい。

『初めての人のパスファインダー作成マニュアル』

1） トピックを設定する

2） 利用対象を決める

3） 既存パスファインダーを調べる

4） 掲載する情報を収集する

　a. キーワード

　b. 基本的な情報源

　c. 図書，雑誌・雑誌記事，ウェブ上の情報源，類縁機関

5） 編集作業

トピックの設定では，図書館のレファレンス事例をもとに，候補を集めていく。そのうえで，質問数の多さ，重要度等から自館に合ったものをトピックとしていく。次に，利用者の中からそのトピックに関するパスファインダーを必要とする利用対象を考えていく。たとえば，大学図書館でも学部生に対するものと大学院生に対するものとでは，説明は自ずと変わってくるだろう。

次に先行する既存パスファインダーを参考にしていくと，必要な情報を収録しそこねることが避けられるだろう。また，既存パスファインダーの利便性（残念ながら利便性が低いものも多い）も利用者の立場に立って確認していくことで，編集の参考になるだろう。既存パスファインダーについては，公共図書館では国立国会図書館『リサーチ・ナビ』にある『公共図書館パスファインダーリンク集』（https://rnavi.ndl.go.jp/research_guide/entry/pubpath.php）が参考になる。

『リサーチ・ナビ』『公共図書館パスファインダーリンク集』

そして，掲載する情報を収集することになる。キーワードは関連情報を収集するための手がかりとなり検索語として使用できるので，トピックの関連分野の用語集，事典，シソーラス，件名標目表を参照して収集する。次に基本的な情報源としてそのトピックを理解したり学習したりするうえで有効な情報源として辞書，用語集，事典，便覧，そして入門書といった情報源の中から適切なものを選択していく。図書と雑誌・雑誌記事については検索ツールと検索法，さらに関連図書・雑誌を紹介できるよう情報を集めておく。同時に請求記号や排架場所といった情報も必要である。ウェブ上の情報資源は，信頼性に注意しながら収集する必要がある。また，URL が大変長かったり，変更されていたりすることがあるので，情報源があるサイト名や，情報源に容易に到達できる検索語を示しておくなどの配慮も必要である。そして，利用者が利用できる他の図書館や類縁機関の連絡先，ウェブサイトの

URLなどを収集しておく。

これらの作業を経て編集になる。紙媒体で利用者に配布することなども考えると，ウェブ上での提供が主であっても，コンパクトにまとめることになる。分量が膨大になっている場合には，優先順位を考えてパスファインダーからは外すなどの判断が必要になってくる。また，紙媒体がメインの場合には1枚ものリーフレットに収めるために，2ページ以内で作成することになる。

●…………パスファインダーのメンテナンスと図書館協力

パスファインダーで紹介される情報源は少しずつ更新されていくので，図書館としては作成後もこまめに内容を確認して情報源を差し替えたり，更新していく作業が不可欠である。少なくともパスファインダーを利用者に講習会等で提示する場合には，内容を確認しておかなければならない。

『LibGuide』

このように，パスファインダーは作成した後のメンテナンスが大変で実用性を維持することが大変であるが，こういった問題を解決するツールとして米国Springshare社が提供するパスファインダー作成・共有ツール『LibGuide』がある。日本ではあまり導入されていないが，世界的にはすでに多くの図書館で導入されている。図書館に求められる情報サービスは量的にも質的にも拡大が求められ，図書館協力によって利用者のニーズに対応していくのが現代の図書館である。パスファインダーにおいても図書館が連携協力していく必要があるだろう。

●…………演習問題

1）あなたがよく利用する公共図書館にパスファインダー，あるいはそれに類するものがあるだろうか。もしある場合には，パスファインダーの条件をどれだけ満たしているのかチェックして評価しなさい。

2）あなたがよく利用する大学図書館（大学図書館を利用していない場合には，自分が知っている大学図書館）にパスファインダー，あるいはそれに類するものがあるだろうか。もしある場合には，パスファインダーの条件をどれだけ満たしているのかチェックして評価しなさい。

3）あなたの関心のある領域について，トピックを一つ設定してパスファインダーを作りなさい。ただし，このUNITに書かれた作成法に則って作業を行って，過不足なく作り上げなさい。

4）あなたは，身近な公共図書館の中央館の職員であるとする。高校生を対象に，進路に関するパスファインダーを作りなさい。図書館の資料やヤングアダルトコーナーの状況に注意しながら，このUNITに書かれた作成法に則って作業を行って，過不足なく作り上げなさい。

UNIT 50

◉総合演習

総合演習

ここでは，これまでのUNITで学んだ内容を総合的に用いて解答する演習問題を出題している。問題に取り組む際に，留意すべき調査・考察のポイントも併せて示してある。

●…………演習問題 1

公共図書館２館を選び，各図書館のレファレンスコレクションについて，言葉・文字，事象・事項，日時・統計，地理・地名，人物・団体の各領域のうちから，一領域を選択し，当該領域について所蔵されている印刷媒体の事実検索用情報源を比較考察しなさい。

1）調査上の留意点

a. 調査対象とする公共図書館は，奉仕対象人口が同規模である館としたうえで，設置されている地域の特性（住宅街，ビジネス街，地域住民の年齢分布など）が異なる館を選択すること。

b. 調査対象とするレファレンスコレクションの領域については，適宜，領域をさらに特定化すること。たとえば，事象・事項については，「教育」分野に特定化するなど。

2）考察のポイント

a. 規模がほぼ同じ公共図書館であっても，地域の特性に応じて，レファレンスコレクションの内容に違いが出てくるのかどうか。

b. 地域の特性にかかわらず，当該領域において公共図書館が収集・提供すべき基本的なレファレンス資料群が特定できるかどうか。

●…………演習問題 2

ある特定の公共図書館または大学図書館のいずれか１館を選び，電子媒体（インターネット）により有料で提供されている文献検索用情報源と事実検索用情報源のうち，図書館が契約し，館内において利用者に無料で提供している情報源にどのようなものがあり，それらの情報源が利用案内のパンフレットや図書館のウェブサイト上でどのように案内・紹介されているかを調査しなさい。さらに，当該レファレンス資料の利用をさらに促進するためには，図書館のウェブサイトや利用案内のパンフレット等により，利用者にどのような案内をすればよいか，検討しなさい。

＜調査・考察のポイント＞

電子媒体のレファレンス資料は，書架に排架されている印刷メディアのレファレンス資料とは異なり，利用者にとって，その存在が見えにくい。ゆえに，その存在をいかに利用者に案内するかが，電子資料の利用促進の鍵となる。案内方法には，ウェブサイト，館内サイン，利用案内のパンフレット等があるが，実際に，図書館ではどのような方法により，電子資料の存在をPRしているかを把握する。同時に，そうしたPR自体が利用者にとって認知しやすいものかどうか，という観点からも考察する。

●…………演習問題 3

大学図書館または公共図書館を利用して，図書館情報学の領域において興味・関心のある課題やテーマを設定し，その課題・テーマに関するレポートを作成するために必要な情報資料を探索・収集しなさい。実際に利用した事典類と書誌・索引類からそれぞれ一つ選択し，UNIT 6の観点に従って評価しなさい。

レポート作成のための情報資料の選択にあたっては，UNIT 3の図3-1（「利用者の問題解決過程と情報源の生産過程との関係」）に示したレファレンス資料の類型を踏まえ，各類型に属する具体的な情報源を実際に利用すること。

＜調査・考察のポイント＞

レファレンスコレクションは，レポート作成にあたって，段階的に必要となるような情報や文献の収集が可能なように，異なる類型からなる多様な情報源によって形成されている。特定の主題領域を例に検証し，レファレンスコレクションを構成する類型とその類型に属する情報源の存在を把握すること。

●…………演習問題 4

次の質問1）～3）について，以下のa.～d.の設問に答えなさい。

質問：

1）学校教育と関わりのある「オアシス運動」とは何か知りたい。

2）合計特殊出生率について，過去10年間の推移を知りたい。

3）犬や猫をはじめとする身近な動物の寿命について知りたい。

設問：

a. 百科事典や専門事典等のレファレンス資料を情報源とする検索戦略と，得られた情報（回答）を示しなさい。

b. 検索エンジンによって検索されたウェブサイトを情報源とする検索戦略と，

得られた情報（回答）を示しなさい。

c. ウェブサイトの選択にあたっては，その信頼性を評価し，信頼性が十分に保証されているかどうかを検討する必要がある。そこで，選択したウェブサイトの信頼性が保証されていると判断した根拠を説明しなさい。

d. 上記のレファレンス資料からの回答とウェブサイトからの回答について，それぞれ比較しその内容の違いを考察しなさい。また，選択したウェブサイトの典拠としての妥当性について検証しなさい。

＜調査・考察のポイント＞

レファレンスサービスにおける質問回答サービスにおいて，最も重視すべきことの一つは，回答を提供する上で利用する情報源の信頼性である。この信頼性はその情報源が典拠（authority）としての機能を有していることを意味している。特に検索エンジンで検索されたウェブサイトを情報源として選択する場合，そのウェブサイトが典拠としての機能を有しているかどうか，という点の評価が重要となる。

図書館の情報サービス，とりわけレファレンスサービスにおける質問回答サービスにおいては，信頼性が保証された情報源に依拠して回答することがきわめて重要である。このことを，上記の質問の回答を得る作業を通じて，確認すること。

●…………演習問題５

次の５つの課題解決支援サービスから一つを選び，特定の公共図書館を対象に，その図書館で実際に提供されている当該サービスの実態を以下のａ～ｃの観点から調査し，考察しなさい。

1） 健康医療情報サービス
2） ビジネス支援サービス
3） 法律情報サービス
4） 子育て支援サービス
5） 学校教育支援サービス

＜調査・考察のポイント＞

a. 館内で，当該サービスに関するサインが用意されているか。用意されている場合，そのサインによって利用者を誘導するサービスポイントはどこか（レファレンスカウンター，貸出カウンター，当該サービスのための専用のカウンター，当該コレクションの排架場所等）。

b. 当該サービスに関して，ウェブサイト上でどのように紹介されており，ウェブサイト上での紹介は利用者に認知されやすいものか。たとえば，検索エンジン（『Google』，『Yahoo!』，『Bing』）で当該サービスの検索は可能か。その場合に使用すべき検索語は何か。

c. 当該サービスが扱う課題に関する情報源はどのように形成されているのか。具体的には，当該課題に関する図書，雑誌，パンフレットからなる情報源を，専用のスペースを設けて一か所に集積しているのか。電子メディアについては，案内資料とともに当該サービス専用のコンピュータを同スペース内に配置しているのか。

参考文献

（著者名の五十音順）

市古みどり編『資料検索入門：レポート・論文を書くために』慶應義塾大学出版会，2014，160p.

伊藤民雄『インターネットで文献探索　2019年版』日本図書館協会，2019，203p.（JLA図書館実践シリーズ　7）

大串夏身『調べるって楽しい！：インターネットに情報源を探す』青弓社，2013，170p.

大串夏身『チャート式情報アクセスガイド』青弓社，2006，180p.

大串夏身『レファレンスサービス演習』日本図書館協会，1997，138p.（JLA図書館情報学テキストシリーズ　5）

大串夏身，田中均『インターネット時代のレファレンス』日外アソシエーツ，2010，216p.

大谷康晴編『情報検索演習』日本図書館協会，2011，142p.（JLA図書館情報学テキストシリーズII　6）

岡紀子，田中邦英『図書館と情報技術：情報検索基礎能力試験の過去問題と解説収録』樹村房，2013，199p.

小田光宏編『情報サービス論』日本図書館協会，2012，254p.（JLA図書館情報学テキストシリーズIII　5）

小野寺夏生ほか『新訂　情報検索の知識と技術』情報科学技術協会，2010，268p.

岸田和明『情報検索の理論と技術』勁草書房，1998，314p.（図書館・情報学シリーズ）

北研二ほか『情報検索アルゴリズム』共立出版，2002，212p.

木本幸子『図書館で使える情報源と情報サービス』日外アソシエーツ，2010，197p.

斎藤文男，藤村せつ子『実践型レファレンス・サービス入門　補訂2版』日本図書館協会，2019，203p.（JLA図書館実践シリーズ　1）

高鍬裕樹『デジタル情報資源の検索　増訂第5版』京都図書館情報学研究会，2014，94p.（KSPシリーズ　18）

田中功ほか『CD-ROMで学ぶ情報検索の演習　新訂4版』日外アソシエーツ，2013，100p.

長澤雅男，石黒祐子『新版　問題解決のためのレファレンスサービス』日本図書館協会，2007，294p.

長澤雅男，石黒祐子『レファレンスブックス：選びかた・使いかた　三訂版』日本図書館協会，2016，242p.
中西裕，松本直樹，伊藤民雄『情報サービス論及び演習　第2版』学文社，2019，159p.
日本図書館協会図書館利用教育委員会編『情報リテラシー教育の実践：すべての図書館で利用教育』日本図書館協会，2010，180p.（JLA図書館実践シリーズ　14）
日本図書館協会図書館利用教育委員会編『図書館利用教育ガイドライン合冊版：図書館における情報リテラシー支援サービスのために』日本図書館協会，2001，81p.
日本図書館協会図書館利用教育委員会編『図書館利用教育ハンドブック　大学図書館版』日本図書館協会，2003，209p.
日本図書館協会日本の参考図書編集委員会編集『日本の参考図書　第4版』日本図書館協会，2002，1081p.
原田智子編著，江草由佳，小山憲司著『改訂　情報サービス演習』樹村房，2016，221p.（現代図書館情報学シリーズ　7）
松本勝久『情報検索入門ハンドブック』勉誠出版，2008，288p.

事項索引

＊個別のレファレンスツール等は「タイトル索引」に収録した。

タイトル索引

【アルファベット順】

執筆者紹介

（UNIT 執筆順）

編著者

齋藤　泰則（さいとう　やすのり）

所　　属：明治大学

関心領域：レファレンスサービス、情報要求

主要著作：『情報サービス論』（共著，日本図書館協会，2012）

『利用者志向のレファレンスサービス』（勉誠出版，2009）

『図書館とレファレンスサービス：論考』（樹村房，2017）

『レファレンスサービスの射程と展開』（共著，日本図書館協会，2020）

担　　当：UNIT 0，3～7，19～24，41～44，50

大谷　康晴（おおたに　やすはる）

所　　属：青山学院大学

関心領域：図書館政策，図書館員養成・継続教育

主要著作：『新しい時代の図書館情報学』補訂版（共著，有斐閣，2016）

『図書館制度・経営論』（日本図書館協会，2016）

『情報検索演習』（日本図書館協会，2011）

担　　当：UNIT 1，2，16～18，37～40，47～49

執筆協力者

間部　　豊（まべ　ゆたか）

所　　属：帝京平成大学

関心領域：レファレンスサービス，出版流通，電子書籍，電子図書館

主要著作：『日本の図書館におけるレファレンスサービスの課題と展望』（共著，国立国会図書館，2013）

『情報サービス論』（共著，日本図書館協会，2012）

担　　当：UNIT 8～10，25，26

栗原　智久（くりはら　ともひさ）

所　　属：明治大学（兼任講師），日本女子大学（非常勤講師），江戸東京博物館図書室

関心領域：レファレンスサービス（情報サービス），博物館図書室（専門図書館）

主要著作：『大江戸調査網』（講談社，2007）

「『燕石十種』レファレンス索引（衣・食・住・生業編）」（『東京都江戸東京博物館研究報告』第16号，2010）

「江戸図　デジタルアーカイブ調査」（『東京都江戸東京博物館紀要』第6号，2016）

「演習授業でのレファレンスインタビュー」（『びぶろす－Biblos』75号，2017）

担　　当：UNIT 11，12，27～30

畑田　秀将（はただ　ひでまさ）
所　　属：山形県立米沢女子短期大学
関心領域：情報リテラシー教育，情報検索
主要著作：『情報サービス論』（共著，日本図書館協会，2012）
「大学における司書課程受講生のジェネリックスキルに関する一考察」（『図書館学』第107号，2015）
担　　当：UNIT 13，31，32

青柳　英治（あおやぎ　えいじ）
所　　属：明治大学
関心領域：図書館経営，図書館員養成・教育訓練
主要著作：『専門図書館の役割としごと』（共編著，勁草書房，2017）
『ささえあう図書館：「社会装置」としての新たなモデルと役割』（編著，勉誠出版，2016）
『図書館制度・経営論：ライブラリーマネジメントの現在』（共著，ミネルヴァ書房，2013）
担　　当：UNIT 14，33，34

三浦　太郎（みうら　たろう）
所　　属：明治大学
関心領域：図書館情報学，メディア史
主要著作：『図書・図書館史：図書館発展の来し方から見えてくるもの』（編著，ミネルヴァ書房，2019）
『図書館と読書をめぐる理念と現実』（共著，松籟社，2019）
『現代の図書館・図書館思想の形成と展開』（共著，京都図書館情報学研究会，2017）
担　　当：UNIT 15，35，36

矢野　恵子（やの　けいこ）
所　　属：明治大学図書館
関心領域：情報リテラシー，リテラシー教育評価
主要著作：「『教育の場』としての大学図書館：リテラシー教育活動とその評価」（『明治大学図書館情報学研究会紀要』5，2014）
「大学図書館における情報リテラシー教育のアウトカム・アセスメント手法」（『大学図書館研究』105，2017）
担　　当：UNIT 45，46

情報サービス演習　新訂版

JLA図書館情報学テキストシリーズⅢ　7

2015年 3 月25日 ［シリーズ第3期］初版第1刷発行ⓒ
2020年11月15日　新訂版第1刷発行
2023年 2 月15日　新訂版第2刷発行

定価：本体1,900円（税別）

編著者……………………大谷康晴・齋藤泰則
シリーズ編集……………塩見昇・柴田正美・小田光宏・大谷康晴

発行………………………公益社団法人 日本図書館協会
〒104-0033　東京都中央区新川1丁目11–14
TEL 03-3523-0811（代）
〈販売〉TEL 03-3523-0812　FAX 03-3523-0842
〈編集〉TEL 03-3523-0817　FAX 03-3523-0841

印刷………………………藤原印刷株式会社
ブックデザイン…………笠井亞子

JLA202224
ISBN978-4-8204-2000-2

本文用紙は中性紙を使用しています。　Printed in Japan.